Monika Reiter
Dieter Schlautmann

100 Zeichen-techniken

Inhalt

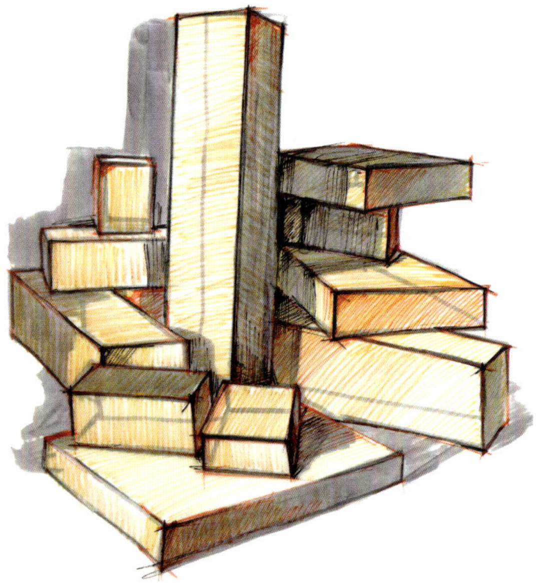

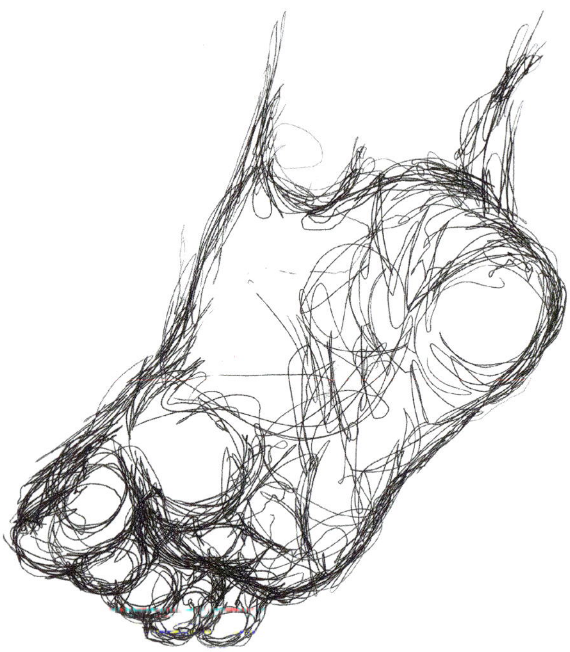

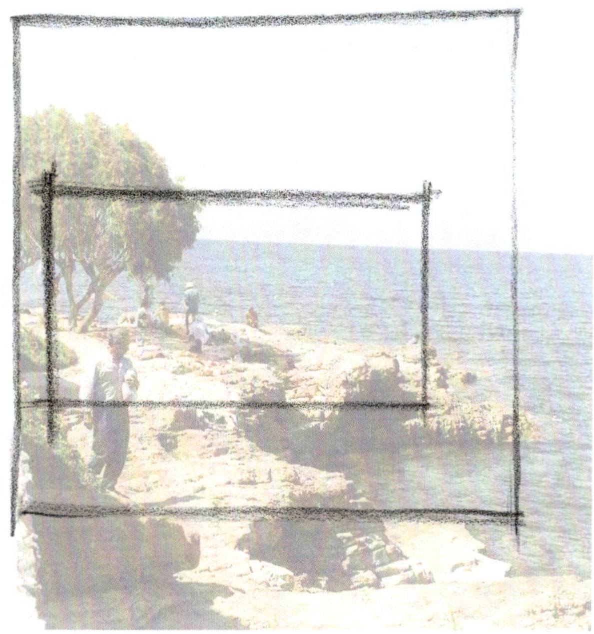

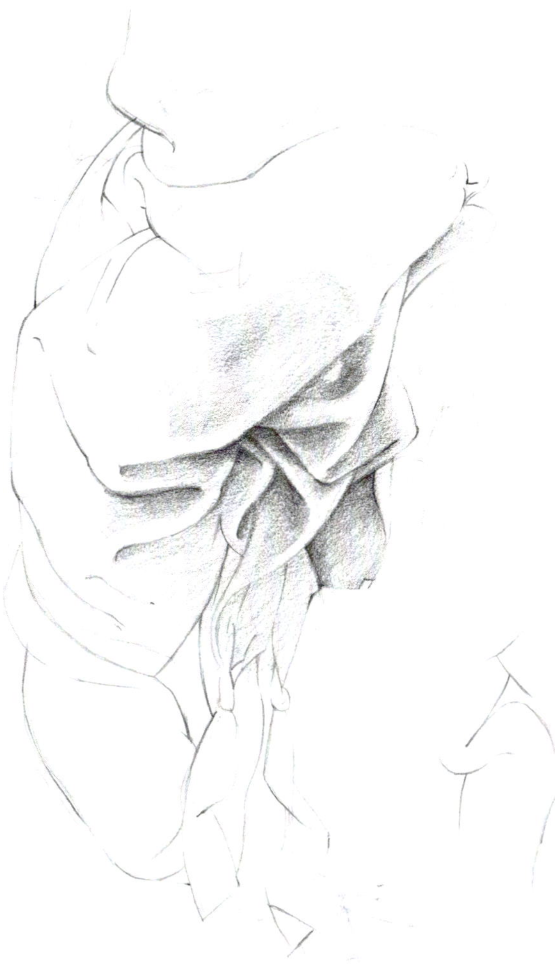

Vorwort

Willkommen zu „100 kreative Zeichentechniken“

In diesem Buch stellen wir Ihnen Methoden und Techniken vor, mit denen es Spaß macht, das Zeichnen zu erlernen. Spielerisch und ganz nebenbei werden Sie schon bald den eigenen Fortschritt feststellen und erste Erfolge verzeichnen können.

Viele Übungen führen zu einem sicheren Umgang mit dem Stift und zu Ihrer persönlichen Handschrift. Dabei dürfen Sie Logik und Radiergummi ruhig beiseite legen. Stattdessen zeichnen Sie mit allen Sinnen und dürfen sich auch auf ungewohnte Wege trauen. Dazu gehören das Überzeichnen mit Transparentpapier, das Spiel mit geometrischen Formen oder auch lockernde Übungen wie das Zeichnen mit geschlossenen Augen. Die Angst vor dem weißen Blatt Papier gerät dadurch schnell in Vergessenheit. Die Zeichen-Tagebücher ermöglichen es Ihnen, Ihre neuen zeichnerischen Erfahrungen direkt umzusetzen und festzuhalten.

Wir empfehlen Ihnen, der Reihe nach mit den für Sie leicht zu bewältigenden Übungen zu starten. Falls eine Übung nicht funktioniert, gehen Sie einfach zurück und wiederholen Sie die Übung davor.

Wir wünschen Ihnen viel Erfolg und jede Menge spannende Zeichenerlebnisse!

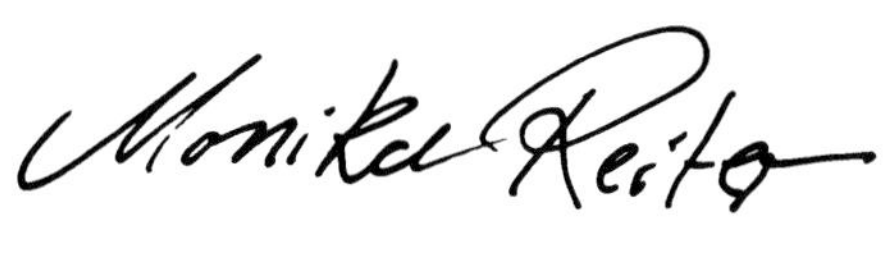

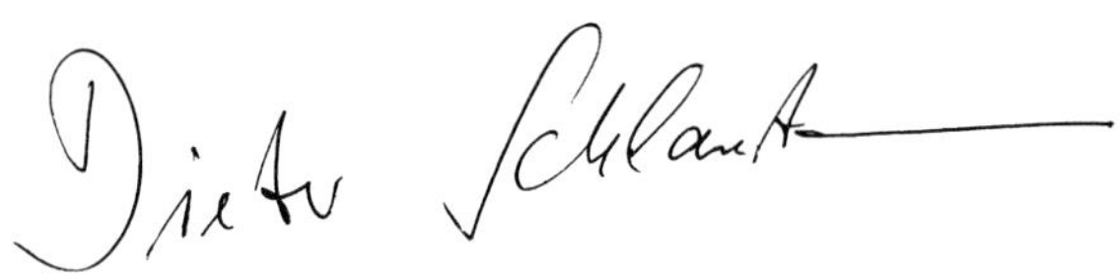

Einleitung

Überzeichnen mit Transparentpapier

Im Laufe meiner langjährigen Tätigkeit als Leiterin von Mal- und Zeichenkursen habe ich eine Methode entwickelt, die ich „Überzeichnen mit Transparentpapier" nenne. Diese Methode bereitet meinen Schülerinnen und Schülern nicht nur sehr viel Freude, sondern macht ihnen Zeichengrundlagen und -vorgänge buchstäblich transparent.
Auch wenn es auf den ersten Blick so scheint, mit Abpausen hat diese spielerische Herangehensweise ans Zeichnen überhaupt nichts zu tun. Das Transparentpapier hilft stattdessen dabei, den Charakter eines Motivs einzufangen und auf eigene Weise dazustellen. Und das ist bereits der erste Schritt zum eigenen Zeichenstil!

So geht's:

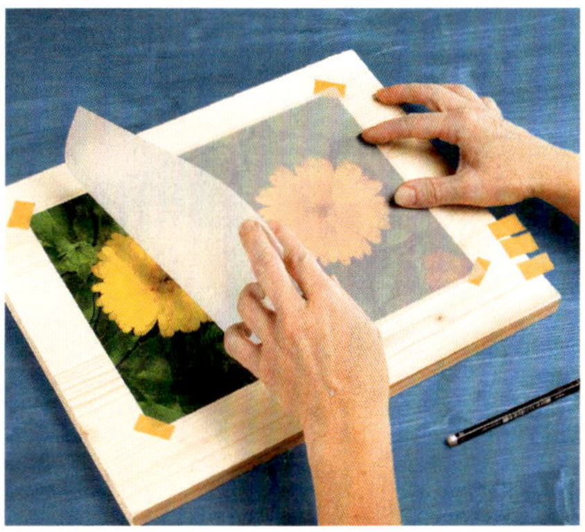

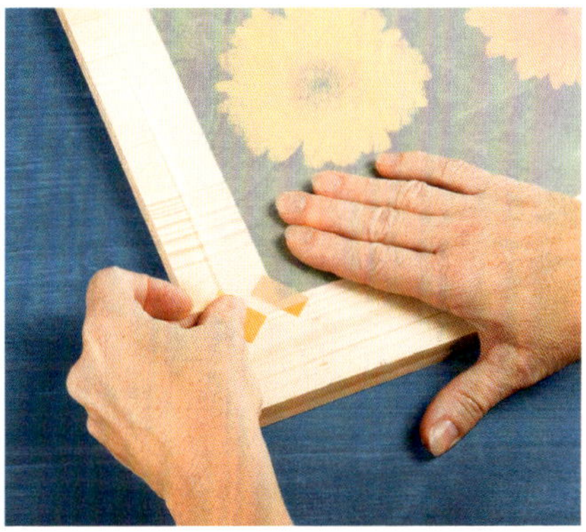

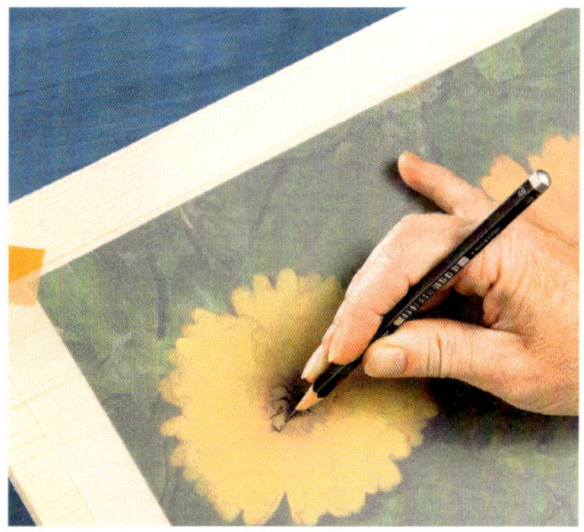

Zuerst legen Sie das Transparentpapier auf Ihr Motiv. Dann kleben Sie das Transparentpapier mit Maler-Kreppband auf dem Motiv fest. So kann das Transparentpapier beim Zeichen nicht verrutschen. Sie können natürlich auch auf das Festkleben verzichten, z. B. wenn Sie ein Foto in einem Buch oder einer Zeitschrift überzeichnen. In diesem Fall müssen Sie das Transparentpapier während des Zeichenvorgangs gut festhalten.

Jetzt können Sie mit einem Bleistift oder einem anderen Zeichengerät Ihrer Wahl (siehe dazu auch das Kapitel „Material", Seite 6ff.) das Motiv erfassen.

Das Zeichen-Tagebuch

In diesen Kapiteln (Seite 60 ff. und 128 ff.) präsentiere ich Ihnen zunächst einige Beispiele aus meinem eigenen Zeichen-Tagebuch. Sie sehen dort u. a., wie mich eine Woche lang verschiedene Hilfslinien und Formen zu sieben Zeichnungen inspirierten. Der zweite Teil des Zeichen-Tagebuchs ist für Sie bestimmt und wartet nur darauf, von Ihnen gefüllt zu werden.

Material

Das meiste Material haben Sie sicherlich bereits im Haus. Viele Übungen können Sie einfach mit einem Blatt Papier und einem Bleistift bewältigen. Dazu noch einige Bogen Transparentpapier und Sie können sofort mit Zeichnen loslegen. Dabei spielt es keine Rolle, wo Sie beginnen, da jede Übung eine andere Fähigkeit trainiert.

Bleistifte

Gibt es in verschiedenen Härten:
7H (sehr hart) bis **HB** (immer noch hart, eignet sich gut für Vorzeichnungen, da er leichter radiert werden kann). Die harten Stifte „laufen" schlechter übers Blatt, da sich ihre Spitze leicht „einfräst".
2B (weicher, guter Anfängerstift) bis **7B** (sehr weich, für freies Arbeiten sehr gut geeignet).
Tipp: Arbeiten Sie immer von oben nach unten bzw. von hinten nach vorne und legen Sie ein Schmierpapier unten den Handballen!
Gute Bleistifte erkennt man übrigens daran, dass beim Spitzen die Holzfassung nicht aufsplittert.
Und noch ein Tipp: Druckbleistifte haben den Vorteil, dass ihre Minen je nach Bedarf beliebig lang eingesetzt werden können!

Buntstifte

Künstlerfarbstifte sind wisch- und wasserfest und nur mit Terpentin lösbar. Sie bestehen aus einer Öl- oder Wachsmine mit Holzmantel. Durch Übereinanderzeichnen können Sie die Farben zu neuen Farbnuancen mischen. Daher sind als Grundausstattung 12 oder 24 Farbstifte absolut ausreichend. Legen Sie Vorzeichnungen für Farbstiftbilder grundsätzlich mit einem Farbstift an, da Bleistiftlinien zu stark sichtbar bleiben und das im Stift enthaltene Fett die Farben verschmutzt. Und noch was: Legen Sie beim Zeichnen mit Farbstiften immer ein Schmierpapier unter Ihre Hand, damit Sie nichts verwischen!

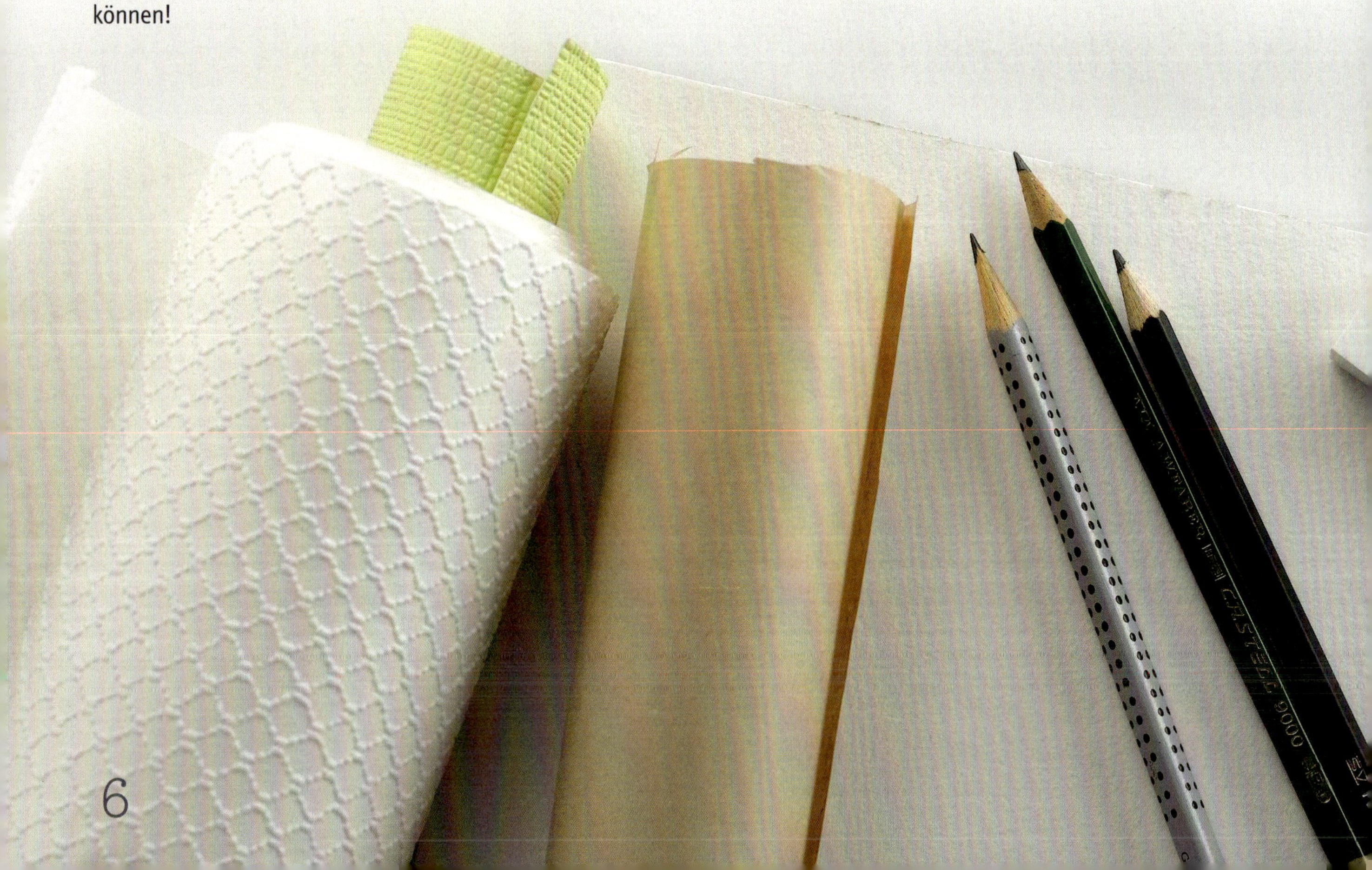

Radierer

Bitte immer zuerst auf weißem Papier säubern!
Für leichtere Korrekturen genügt ein **Naturkautschuk**, für härter eingegrabene Linien empfiehlt sich ein **Kunststoffradierer**. Der beliebig formbare **Knetgummi** eignet sich besonders gut für schwache Linien sowie für Kohlen und Kreiden.
Übrigens: Radierer eignen sich außer zur Korrektur auch zum Verwischen, zum Setzen von Lichtern usw.

Spitzer

Wichtig: Die Mine sollte lang und spitz werden!
Sehr praktisch sind Spitzer mit Auffangbehälter für Holzreste. Und noch was: wählen Sie lieber Metallspitzer als Plastikspielzeug.
Noch besser zum Anspitzen eignet sich ein **Teppichmesser** (Cutter), da Sie dabei die Minenlänge selbst bestimmen können. Außerdem erhalten Sie dadurch breite, flache und dünne Linienmöglichkeiten auf einmal.

Fixiermittel

Wenn Sie mit pulvrigen oder kreidigen Zeichenstiften wie Kohle, Grafit, Farbstiften oder Kreiden arbeiten, sollten Sie Ihre Zeichnung nach Fertigstellung fixieren. Fixative sind in Sprühdosen oder in Fläschchen mit Zerstäuber erhältlich. Sprühen Sie aus einer Entfernung von mindestens 30 cm, damit das Papier nicht zu nass wird. Alternativ können Sie auch Haarspray oder Haarlack zum Fixieren verwenden.

Zeichenbretter

Zeichenbretter in vielen Variationen bietet der Fachhandel. Aber vielleicht liegt ja auch eine etwa 30 cm x 40 cm große Sperrholz- oder Kunstfaserplatte in Ihrem Keller.
Wichtig ist, dass Sie auf einer leichten Schräge (etwa 30 Grad) arbeiten, um Verzerrungen und Verkürzungen zu vermeiden. Testen Sie, welcher Winkel Ihnen am meisten zusagt. Natürlich genügt auch ein altes Brett oder eine Kunststoffplatte.

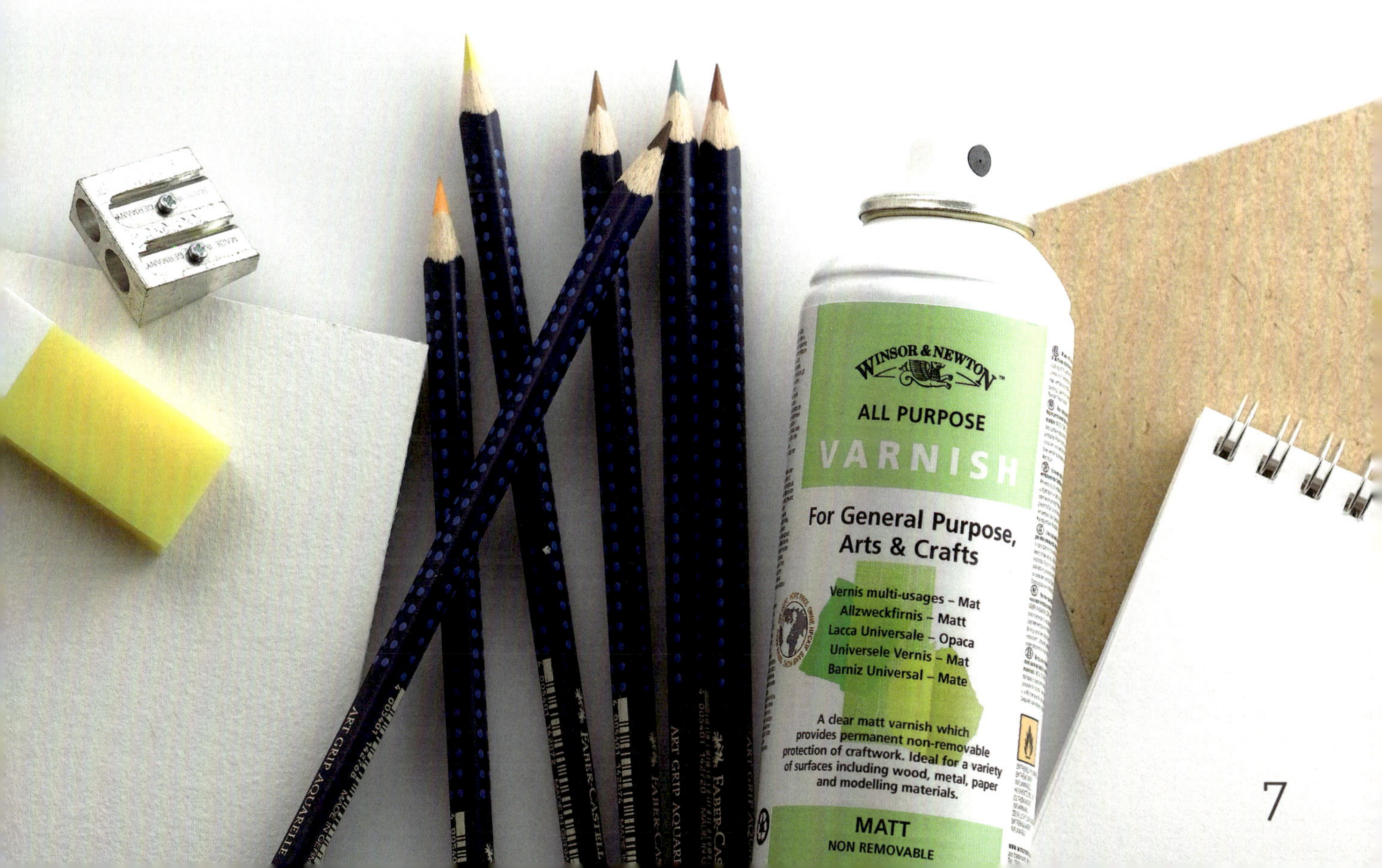

Vertrauen Sie nicht auf die Lichtechtheit und bewahren Sie Ihre Arbeiten in einer Mappe auf!

Tusche und Feder

Tusche und Feder sind nach wie vor sehr beliebte Materialien, da sie durch ihre Unregelmäßigkeit lebendige Striche erzielen. Feder und Halter der Tusche sind preiswert zu erhalten und vielseitig einsetzbar. Neben den Metallfedern und Tuschefüllern behaupten nach wie vor traditionelle Federn wie angespitzte Gänsekiele und Bambus- oder Schilfrohre ihren Platz.
Tusche gibt es sowohl in Schwarz und Weiß als auch in einer Vielzahl von Farben und zwar jeweils wasserlöslich und wasserfest. Die wasserlöslichen Sorten eignen sich verdünnt für Lasuren, sind jedoch nur bedingt lichtecht. Wasserfeste Tuschen sind meistens lichtecht, dafür etwas teurer und glänzen leicht nach dem Trocknen.

Fettstifte

Diese tiefschwarzen Stifte sind eigentlich in erster Linie zur Beschriftung von Glas, Metall und Plastik gedacht.

Aquarellfarbstifte

Im Gegensatz zu normalen Farbstiften sind sie wasserlöslich und können sowohl trocken eingesetzt als auch mit Wasser vermalt werden. Aufgrund dieser zweifachen Verwendbarkeit eignen sie sich hervorragend zum Kolorieren von Zeichnungen. So können Sie ganz einfach bestimmte Teile des Bildes aquarellieren und an anderen Stellen die Farbstiftstriche deutlich hervortreten lassen.
Achtung! Achten Sie darauf, dass Sie nicht zu viel Wasser verwenden, damit Ihr Bild feucht statt nass wird!

Fineliner, Tintenroller, Marker, Filzstifte

Zum schnellen Skizzieren und für Schraffuren besonders gut geeignet. Darüber hinaus sind die genannten Stifte gut miteinander kombinierbar und erlauben eine weiche Strichführung, die gerade Anfängern gut bekommt.

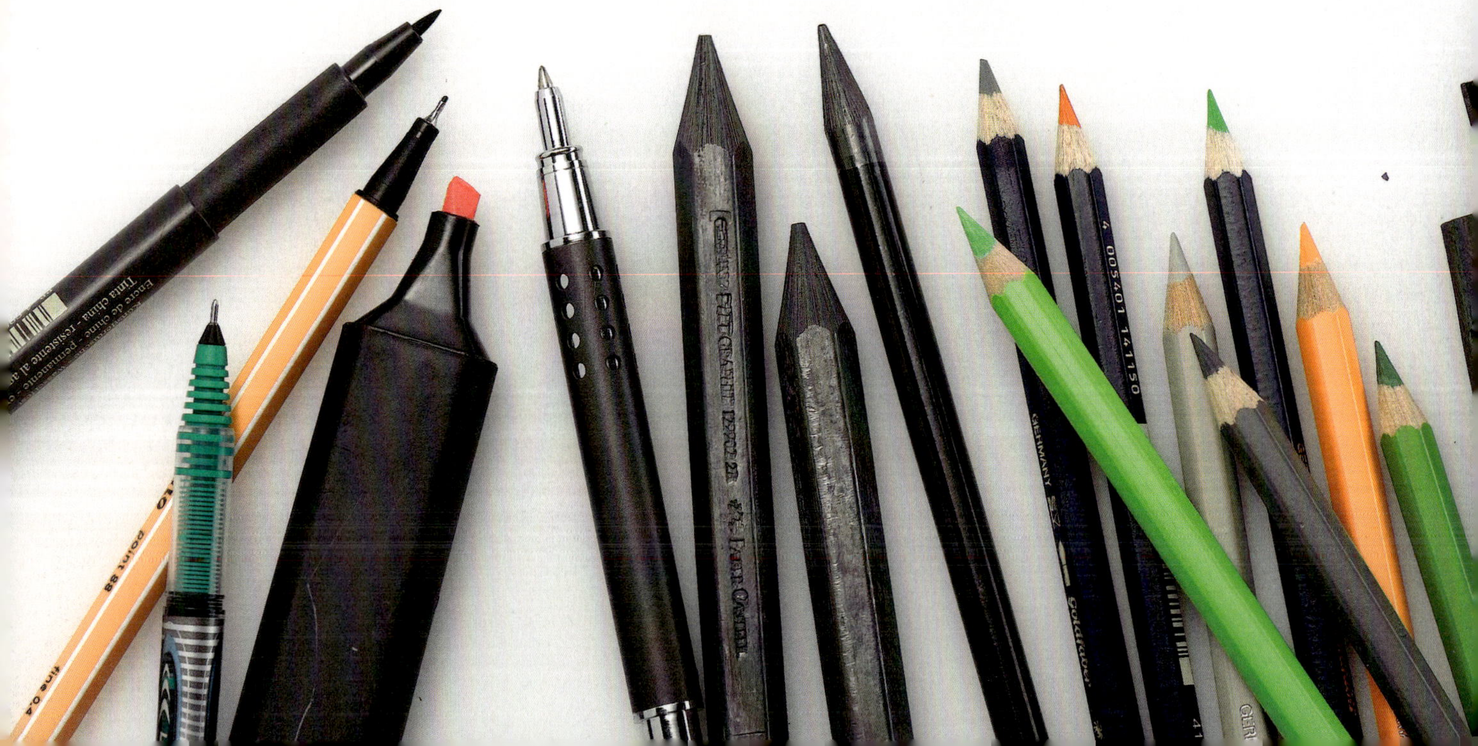

Kreiden

Natürliche Kreiden bestehen aus Naturgrundstoffen wie Eisenoxid, Feldspat, Kohlen, Mangan, Titanerz, Pflanzen usw., die mit Leim, Wasser und Ton vermischt gebrannt werden. Kreiden gibt es als Stifte oder Minen.

Pastellkreiden

Achten Sie bei Pastellkreiden auf eine gute Qualität mit einem hohen Pigmentanteil und wenig Bindemittel. Diese Kreiden eignen sich hervorragend zum Verwischen und haben einen ausgesprochen malerischen Charakter. Durch den starken Pigmentstaub müssen Sie Ihre Zeichnung zwischendurch immer wieder fixieren, damit Sie weitere Schichten anlegen können. Ideal ist ein Kasten mit 36 Farbtönen. Für Farbübergänge arbeiten Sie bei großen Flächen mit Lappen, Pinsel und Watte, für Details verwenden Sie am besten einen Papierwischer (Estompen).

Kohle

Gibt es als Kohlestäbchen in verschiedenen Dicken, Härten und Formen, von 3H bis 6B. Da Kohle sehr zum Verschmieren neigt, sollten Sie damit besonders konzentriert arbeiten. Benutzen Sie zum gezielten Verwischen einen weichen Pinsel oder sauberen Lappen.
Bitte nicht die Finger, da die Haut Fett absondert und dadurch Flecken entstehen! Wenn Sie saubere Finger behalten möchten, wickeln Sie die Kohlestäbchen in Folie oder benutzen Sie Einmalhandschuhe.
Kohlezeichnungen müssen grundsätzlich fixiert werden.

Zeichnen Sie vorzugsweise auf rauerem Papier, da die Kohle besser haftet und Ihre Skizze ausdrucksstärker wird!

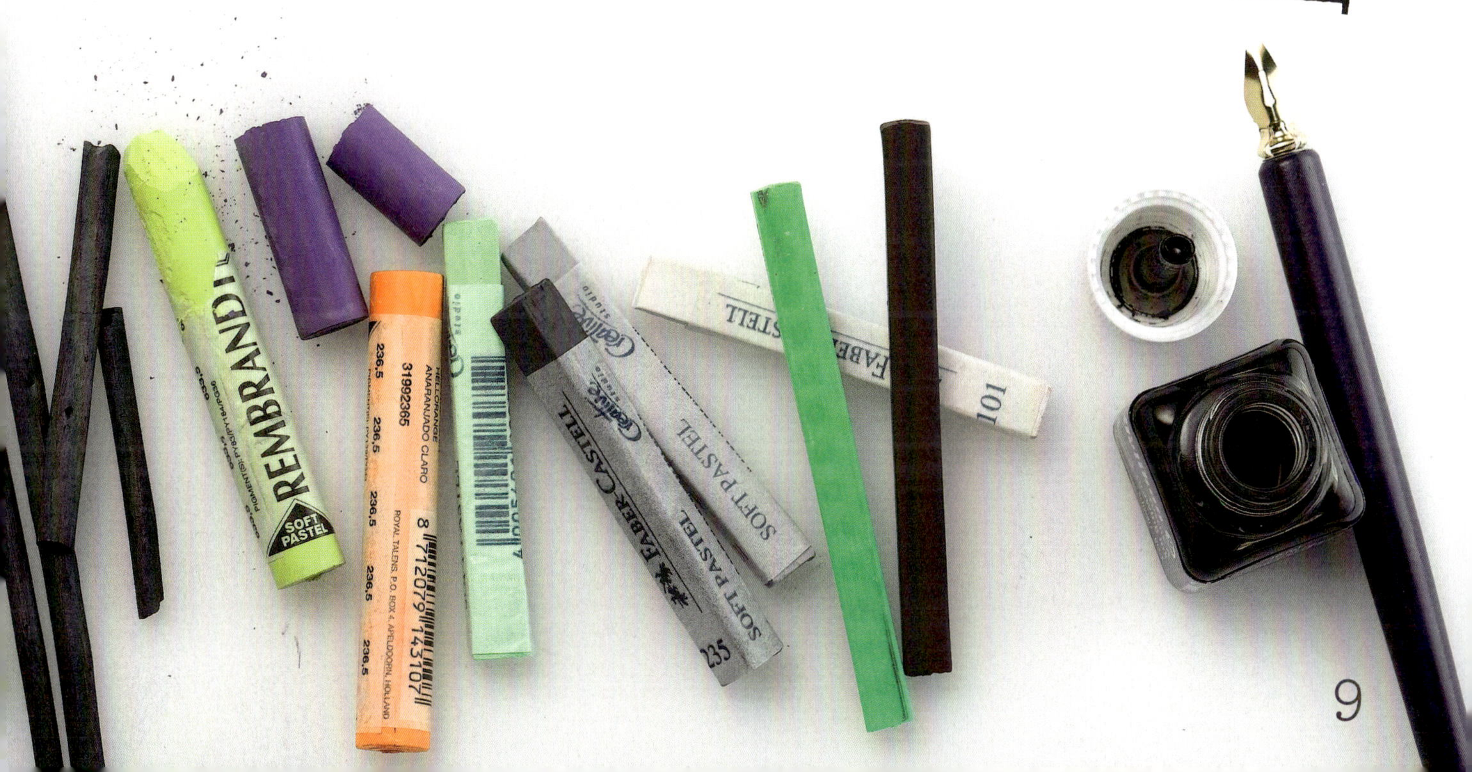

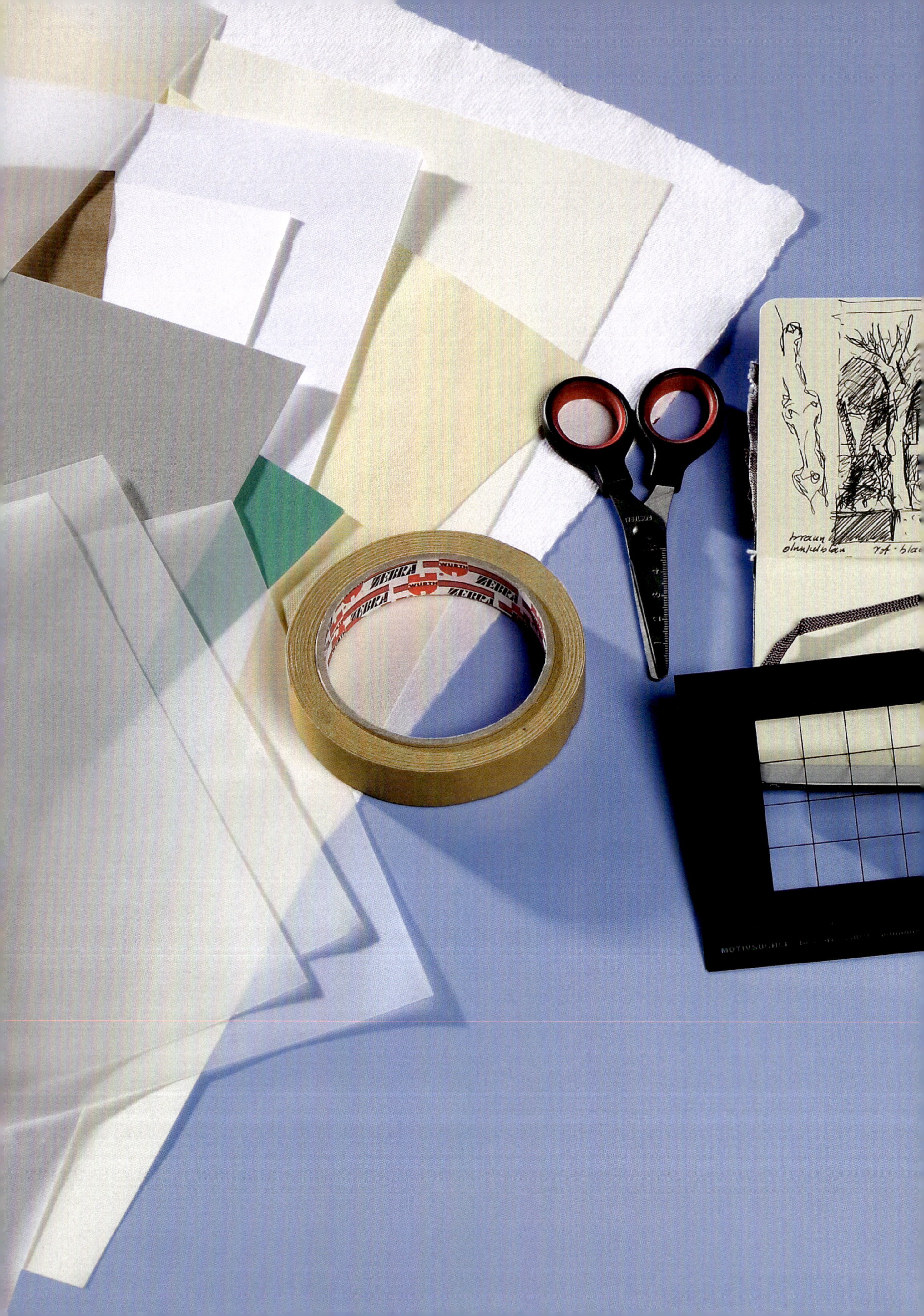
ZEBRA
braun
dunkelblau
MOTIVSUCHER

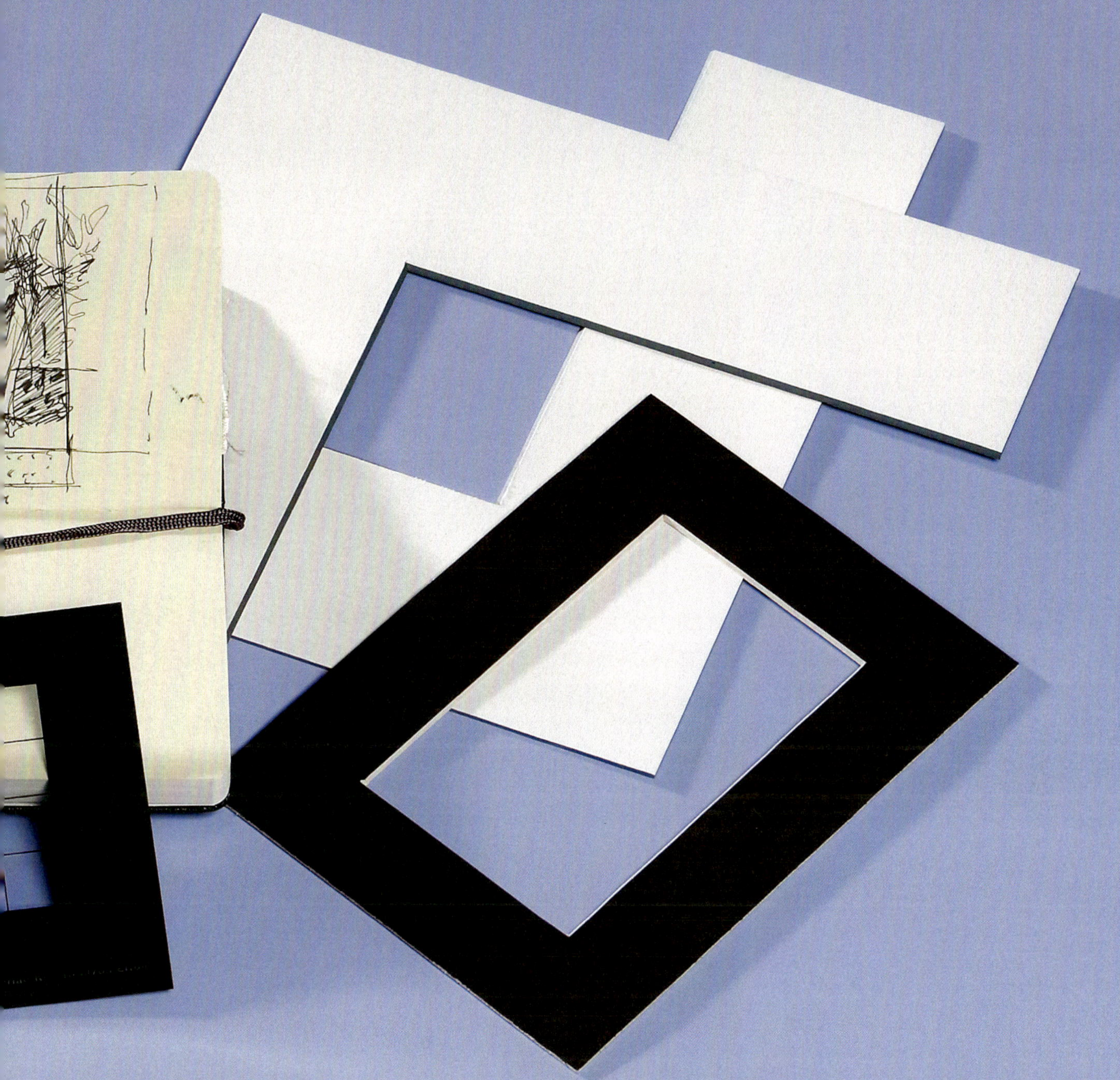

Papier

Um die verschiedenen Zeichentechniken sowie unterschiedliches Zeichenmaterial ausprobieren zu können, sammeln Sie verschiedene Papiersorten und Zeichenuntensilien. Dabei eignet sich alles zum Zeichnen: alte Tapeten, Packpapier, Kopierpapier usw. Wichtig ist, welche Wirkung Sie mit Ihrer Technik erzielen möchten:
So benötigt Tusche beispielsweise eher glattes Papier, Kreide und Kohle eher rauere Papiersorten. Für Bildgestaltungen und um Ideen festzuhalten eignet sich ein Skizzenbuch ganz besonders.
Um Bildausschnitte festzulegen, gibt es verschiedene Hilfsmittel. Zwei Papierecken als Motivsucher sind wohl die wichtigsten Helfer. Sie können Sie auch leicht selbst anfertigen.

Grundlagen

Ihr Arbeitsplatz

Schaffen Sie sich einen übersichtlichen Platz an einem Tisch und lassen Sie sich nicht stören.
Nützlich ist ein Brett, auf dem Sie Ihr Papier befestigen. Die Tischkante dient zum schrägen Auflegen des Bretts.

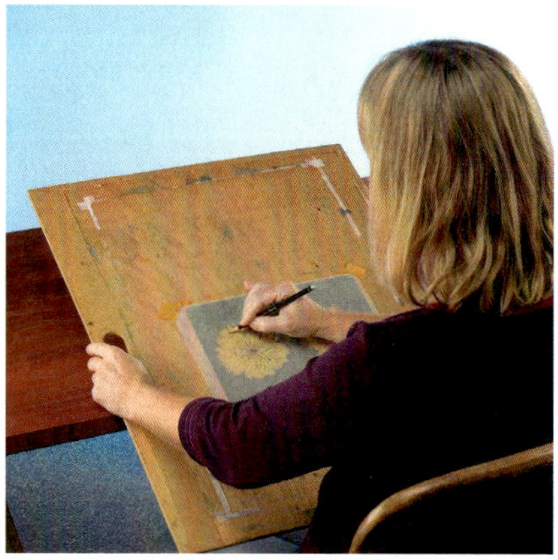

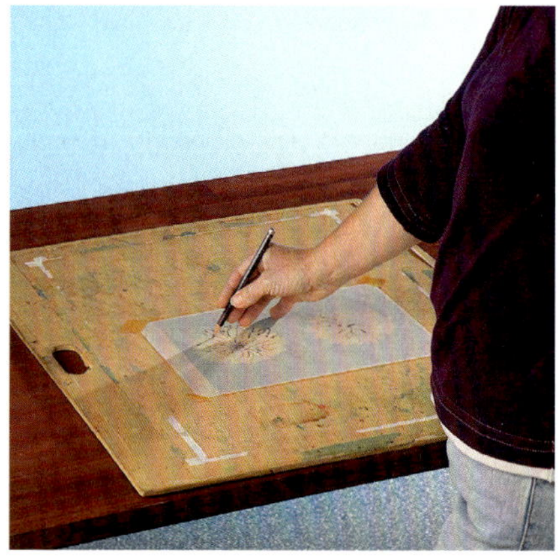

Einen guten Überblick haben Sie auch im Stehen. Dafür legen Sie Ihre Zeichnung flach auf den Tisch.

Wenn Sie eine Staffelei besitzen, dann ist diese natürlich auch sehr gut geeignet, um davor zu sitzen oder zu stehen. Damit Sie nicht ständig den Kopf drehen müssen, achten Sie darauf, dass sich Ihr Motiv in der gleichen Blickrichtung wie Ihr Bild befindet.

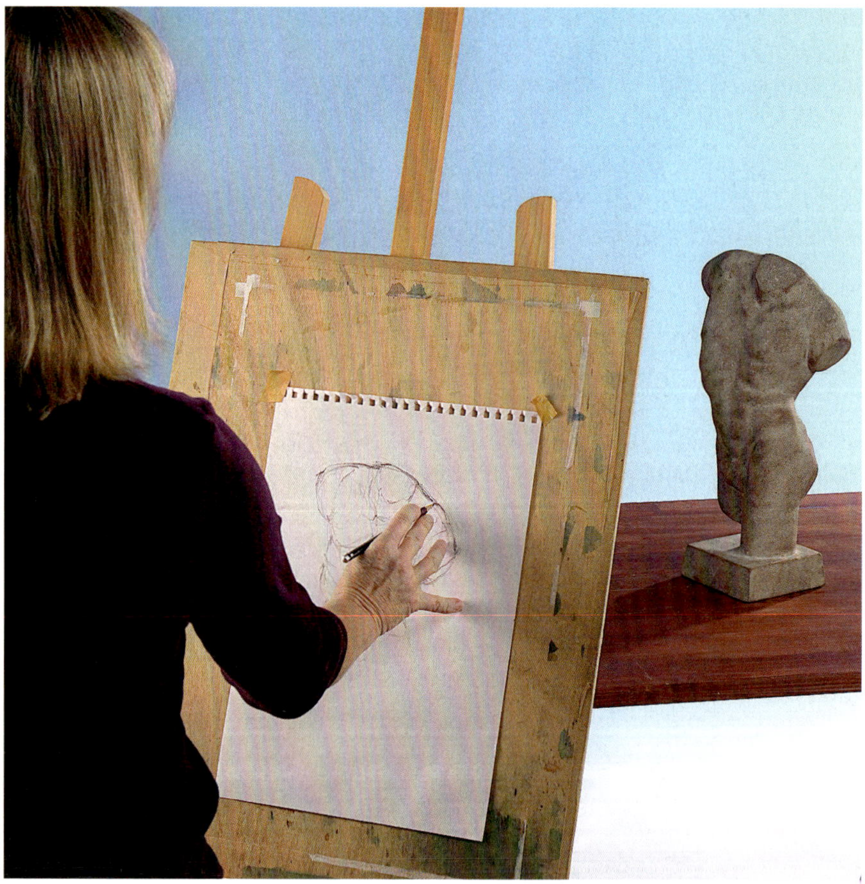

Vor dem Start

Ein paar Lockerungsübungen zu Anfang machen Sie mit Zeichenmaterial und Untergrund bekannt. Denken Sie daran: Auch Sänger müssen sich vor dem Auftritt einsingen!

Auch in Ihrem Skizzenbuch können Sie sich über Ihr Bildmotiv klar werden. Notieren Sie darin auch wichtige Gedanken!

Motive festhalten

Den geringsten Aufwand im Freien haben Sie, wenn Sie die Motive mit der Kamera festhalten. Ihr Skizzenbuch sollte Sie jedoch auf jeden Fall dabei begleiten.

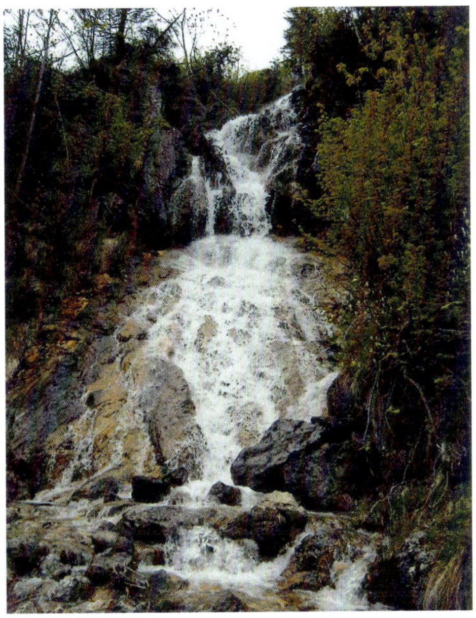

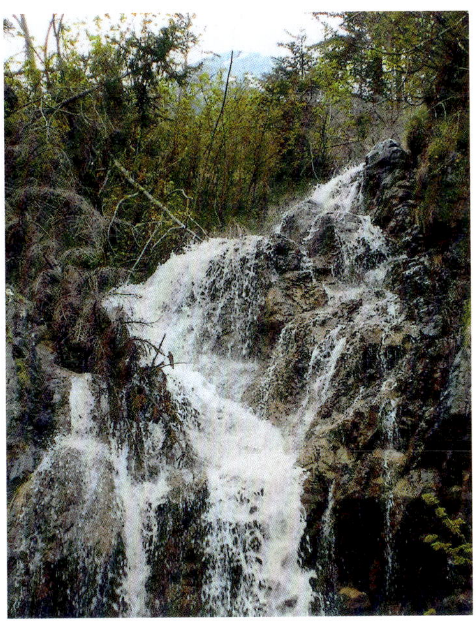

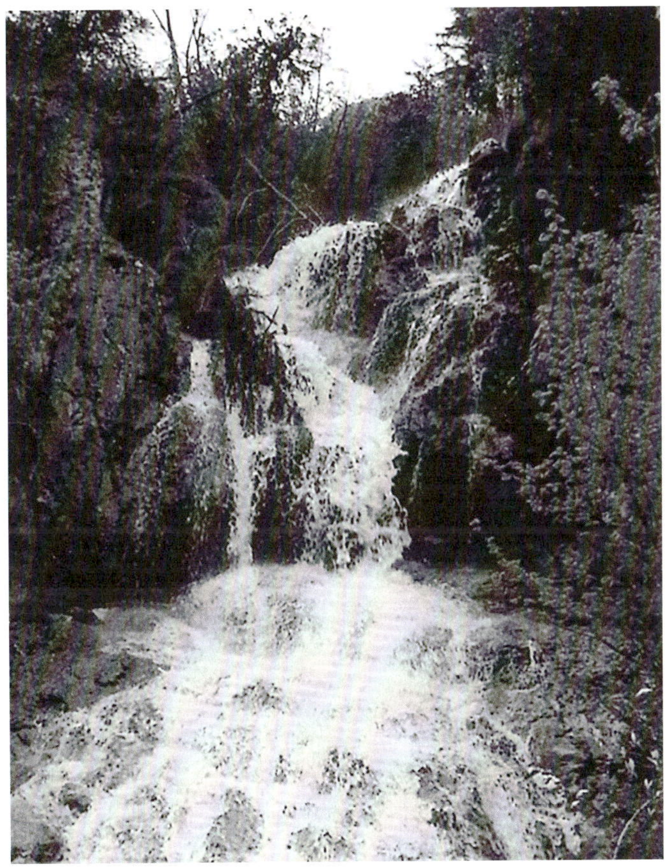

Eine Digitalkamera oder Ihr Handy bieten Ihnen viele Möglichkeiten, Motive umgehend im Computer zu bearbeiten und auszudrucken.

Unterschiedlicher Druck

Sie können die Übungen im Buch mit einem einzigen Bleisift bewältigen. Zeichnen lässt sich jedoch mit vielen verschiedenen Materialien. Jedes Material hinterlässt andere Spuren. Sie entscheiden, ob Sie etwas neu anschaffen oder Vorhandenes verwenden.
Wenn man den Druck mit dem Bleistift beim Zeichnen verändert, entsteht automatisch eine räumliche Wirkung. Überschneiden sich zwei Körper, so kann ihre Räumlichkeit zusätzlich durch die Betonung ihrer Überschneidungen hervorgehoben werden. Drücken Sie beim Zeichnen einfach stärker auf und schon wirkt der Strich kräftiger.

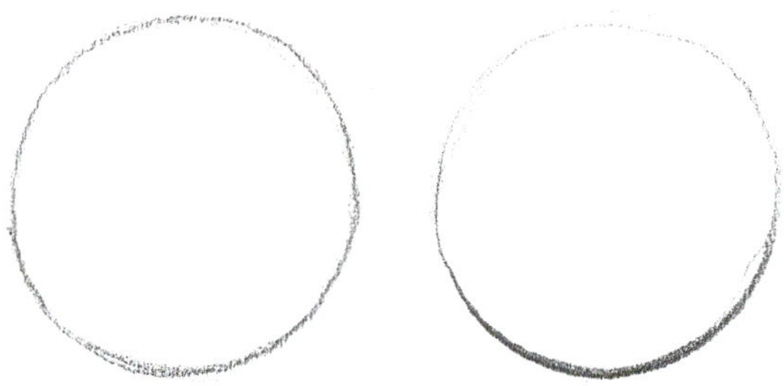

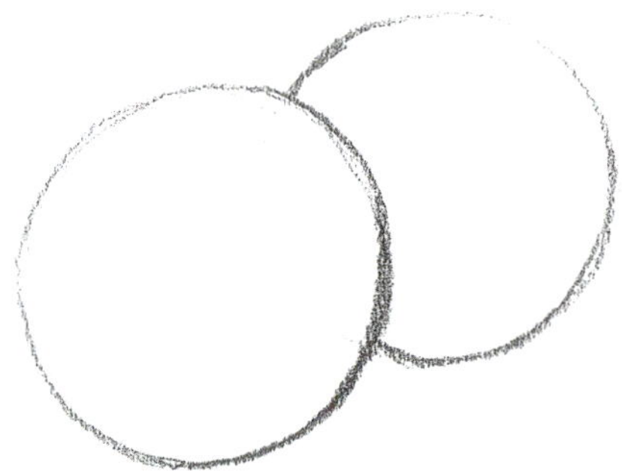

Mit Hilfe verschiedener Zeichentechniken werden Umrisslinien zu räumlichen Körpern.

Hier sehen Sie fünf gängige Bleistift-Härtegrade und ihre unterschiedliche Graufärbung.

H

HB

2B

4B

6B

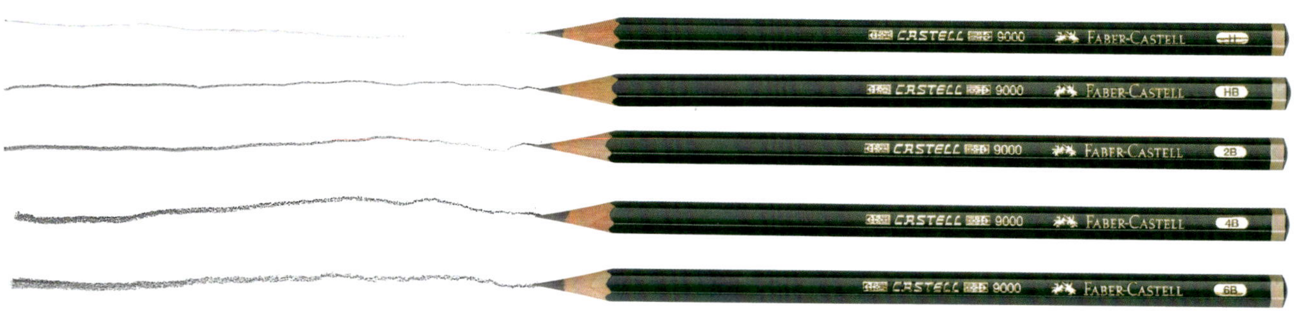

Bleistifte

Sowohl Bleistifte als auch Minen in Haltern gibt es in unterschiedlichen Härtegraden, von extrem hart (8–10H) bis sehr weich (8B). Harte Bleistifte hinterlassen hellgraue Linien. Weiche Bleistifte können fast schwarz wirken.

Wichtig ist nur: Experimentieren Sie!

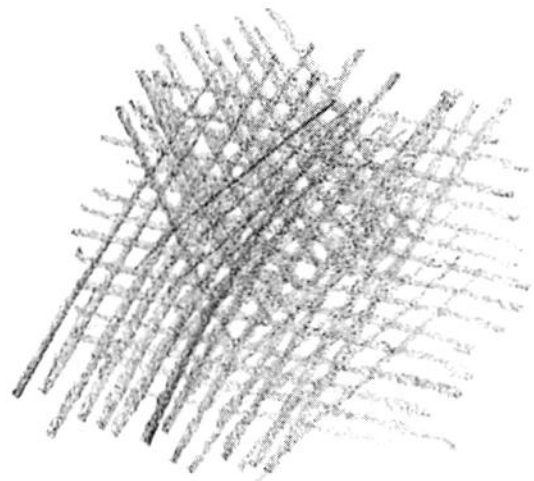

Abdunkeln durch Kreuzschraffur

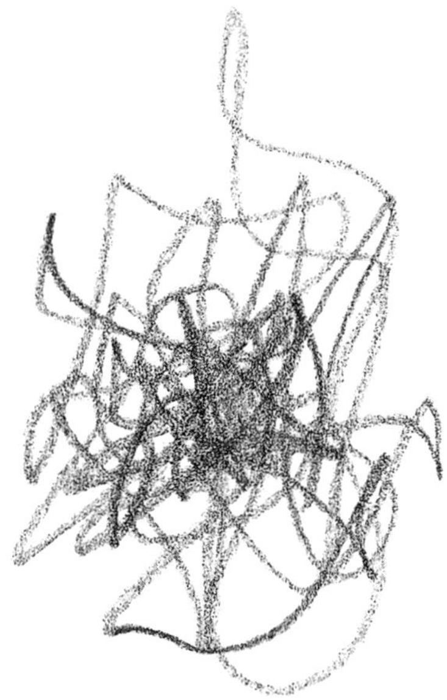

Abdunkeln durch Verdichten des Strichs

harter Bleistift,
bildet exakte Linien

unterschiedlicher Druck

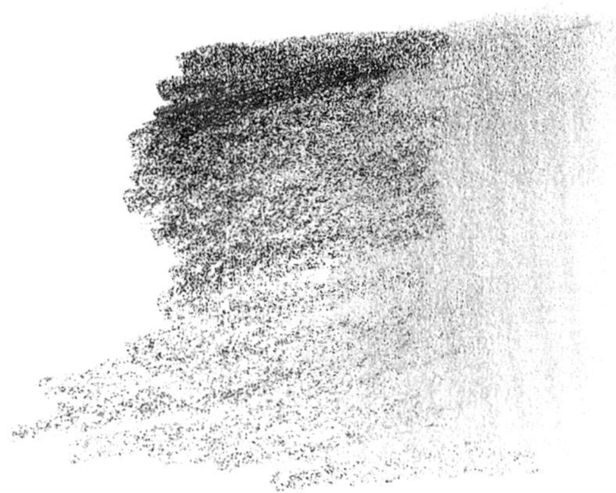

weicher Bleistift,
flach aufgesetzt und verwischt

Tiefe

Um Tiefe in einem Motiv zu erzeugen, arbeiten Sie **von hinten nach vorne** – vom harten H-Bleistift bis zu den weichen B-Bleistiften.

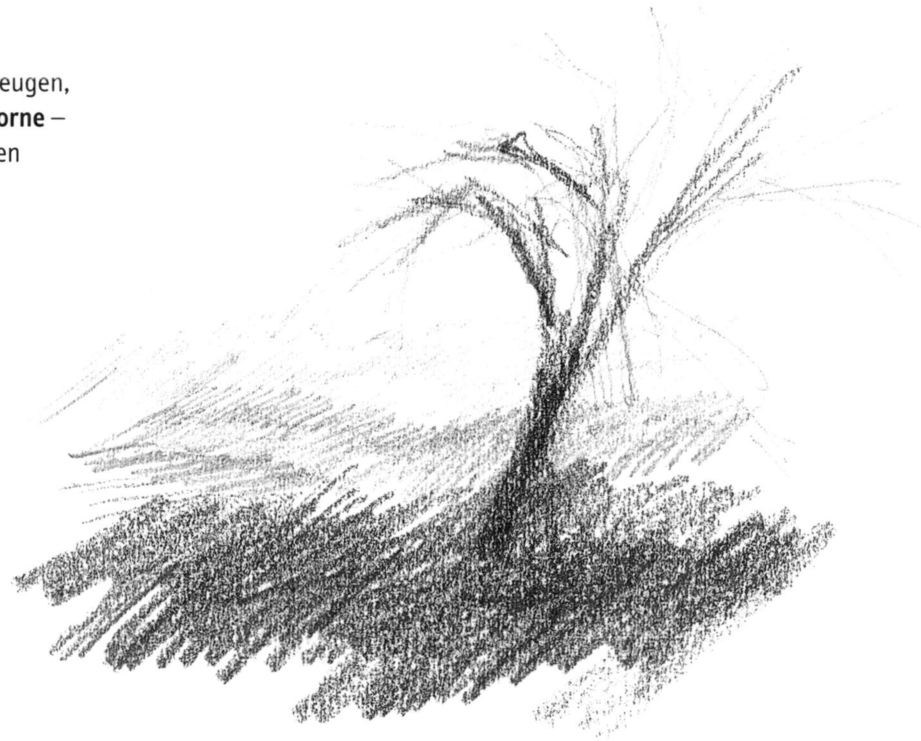

H-Bleistift

B-Bleistift

Schraffur

Die Schraffur ist eine klassische Zeichentechnik. Auch hier kann man mit harten Bleistiften grau beginnen und arbeitet dann die größten Dunkelheiten mit weichen Bleistiften aus.

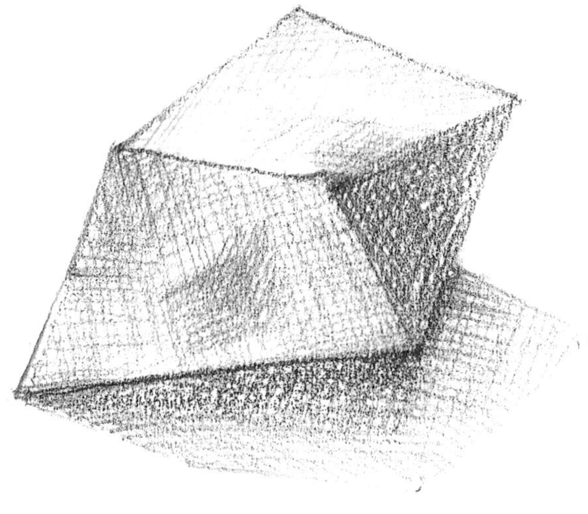

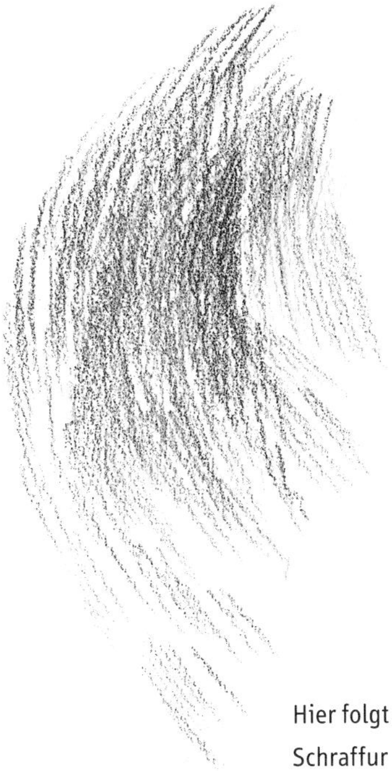

Hier folgt die Schraffur der Form.

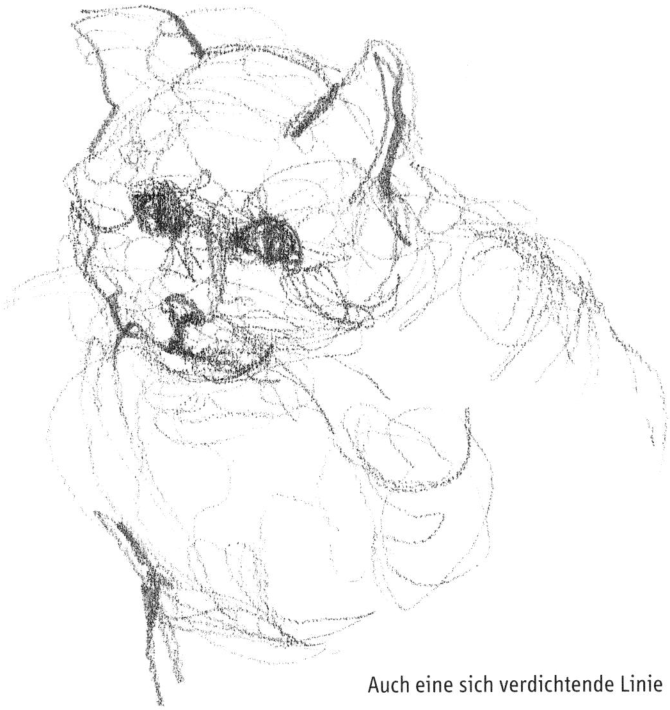

Auch eine sich verdichtende Linie erzeugt Räumlichkeit.

Schummern und Wischen

sind zwei sehr beliebte Techniken. Sie arbeiten dafür mit der flach gehaltenen Spitze Ihres Stifts oder Ihrer Kreide und können die diffusen Spuren zusätzlich mit dem Finger oder einem Wischer (Estompe) verreiben.

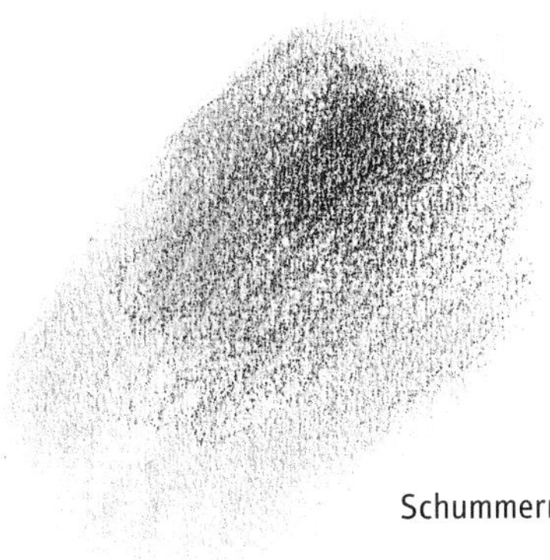

Schummern

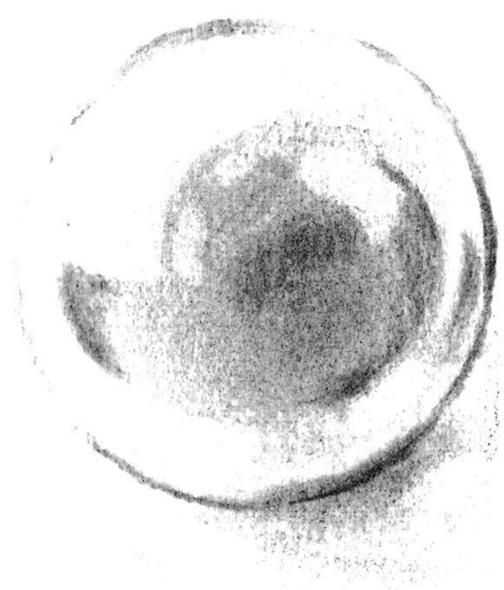

Kreide geschummert, anschließend wurden die Lichter mit Knetgummi weggenommen

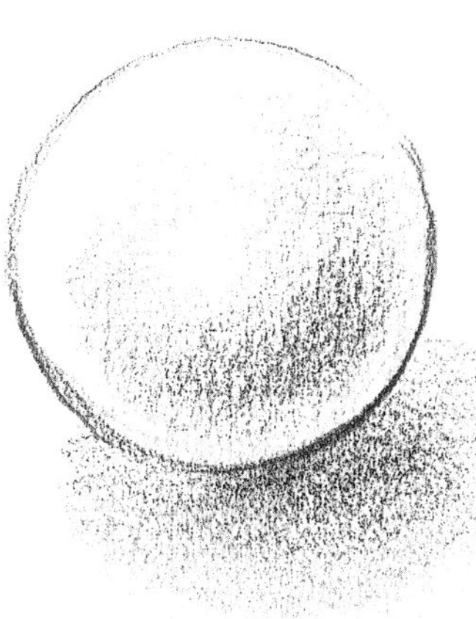

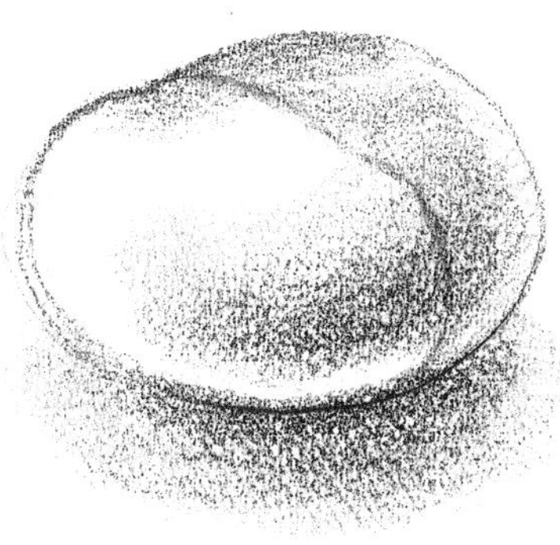

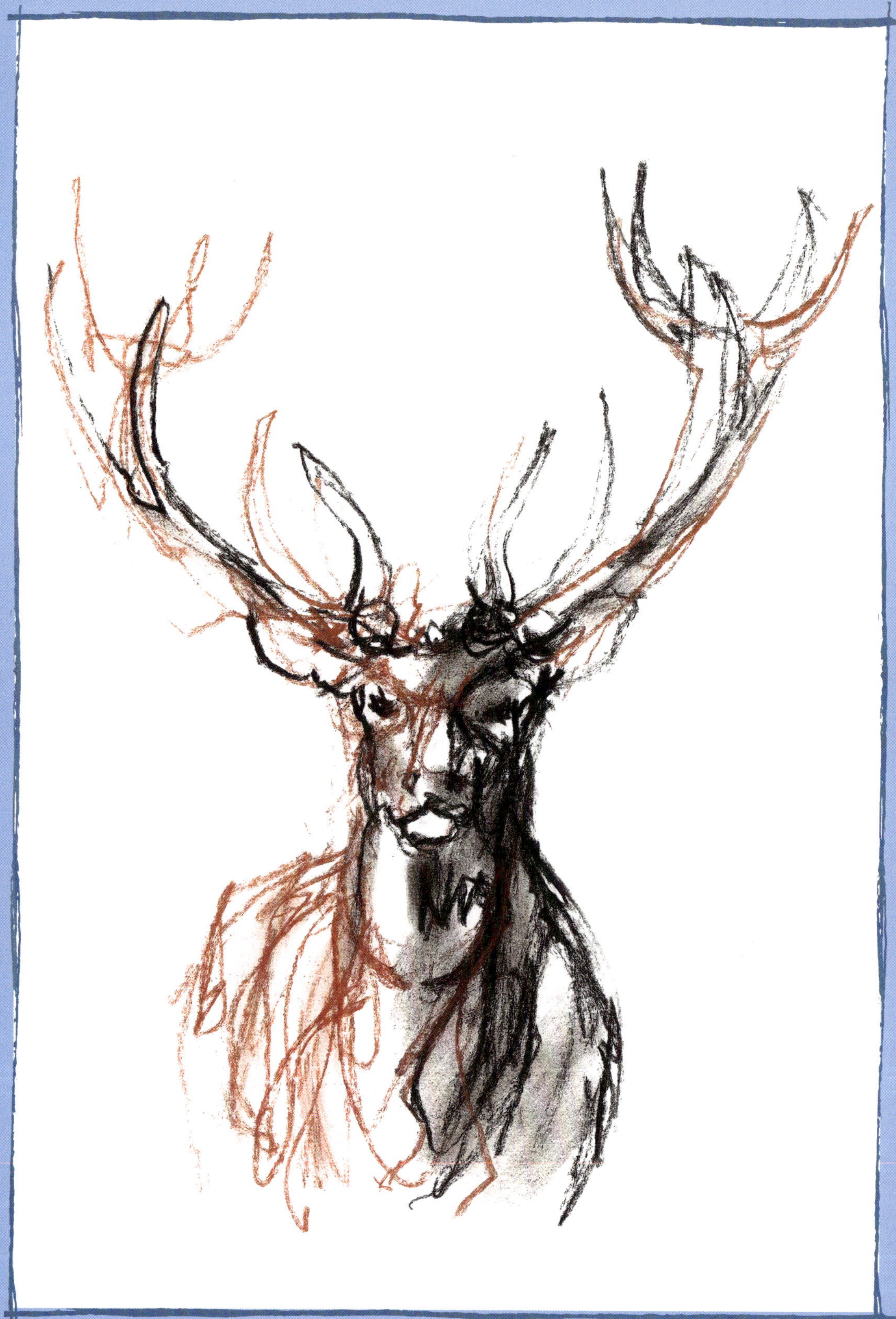

Kapitel **1**

Kreativ zeichnen

In diesem Kapitel dreht sich alles um ungewohnte Zeichentechniken. Hier arbeiten Sie mit beiden Händen gleichzeitig, mit dem ganzen Körper, Sie zeichnen blind und suchen Formen – im Wolkenhimmel, auf dem Straßenpflaster, in Fotos und in Farbflecken. Kurz – experimentieren Sie nach Herzenslust!

Strukturen entdecken

Falls Sie das Spurensuchen schon verlernt haben, dann werden Sie jetzt wieder zum Kind. Denn wer es verlernt, wie ein Kind zu denken, verliert den Zugang zur Kreativität.

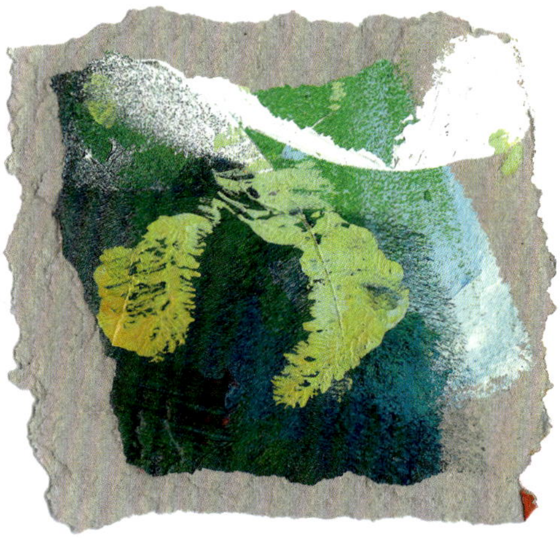

Ein Kaffeefleck oder verschiedene Farbflecken auf einer Malunterlage regen unsere Fantasie an.

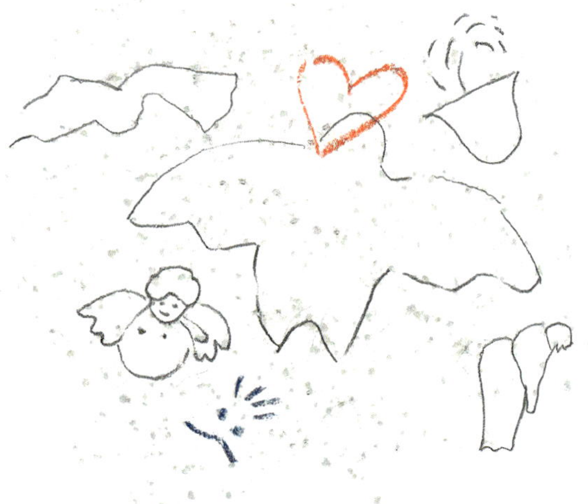

Spuren und Figuren können wir in Wolkenbildern, Materialoberflächen wie Putz, Marmor, Holz usw. erkennen.

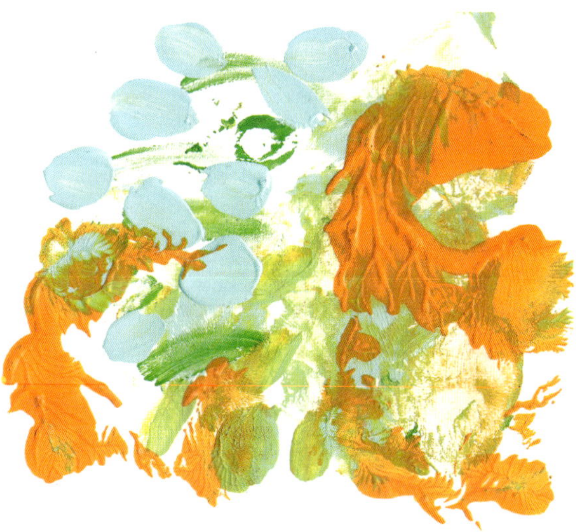

Der ganze Körper kann zum Zeichnen eingesetzt werden. Zeichnen Sie zur Abwechslung mal mit den Fingern. Auch Körperabdrücke sind eine Möglichkeit, Spuren zu bilden.

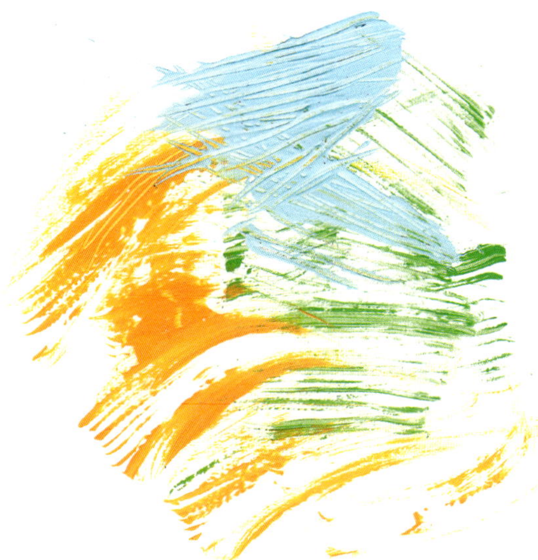

Hinterlassen Sie mit unterschiedlichen Werkzeugen Zeichenspuren, z. B. mit alten Pinseln, Zahnstochern, Federn.

Linien suchen

Eine Zeichnung mit lebendigen forschenden Linien erfreut unser Auge. Und mit der Zeit merkt jeder Zeichner, dass nicht die Wiedergabe eines Gegenstandes eine gute Zeichnung ausmacht, sondern es die lebendige Linie ist, die uns anspricht.

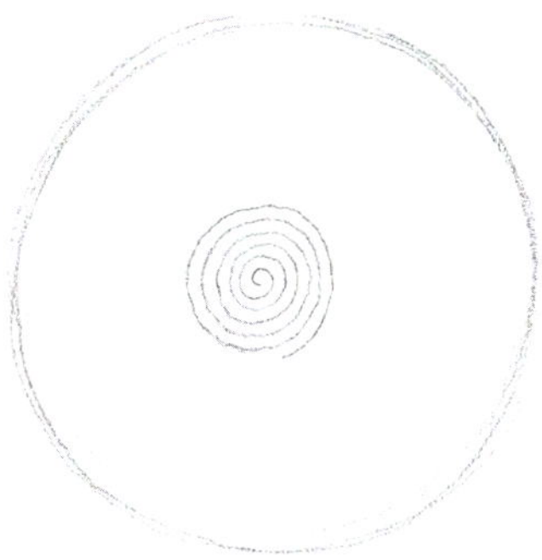

Eine grundlegende Übung ist das Zeichnen eines Kreises mit einer zusammenhängenden Linie. Sie können auf diese Weise auch eine Spirale zeichnen.

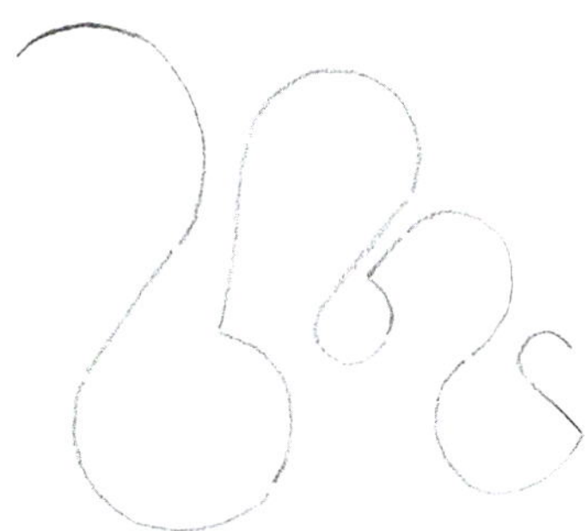

Beim Zeichnen setzen Sie immer wieder Bogen und gerade Linien zusammen, die die Richtung wechseln. Trainieren Sie nach Vorgabe rechter Bogen, geradeaus, linker Bogen, geradeaus, rechter Bogen usw.

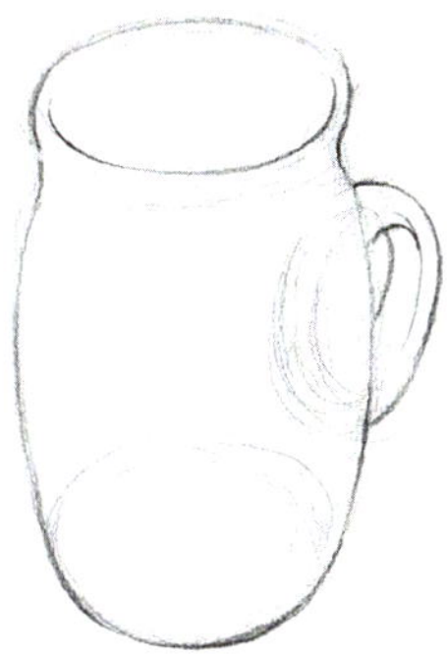

Stellen Sie ein einfaches Motiv auf einen Tisch und zeichnen es ab. Verdeutlichen Sie zunächst den Gegenstand mit vielen zarten Linien, anschließend verstärken Sie die gewünschte Linie.

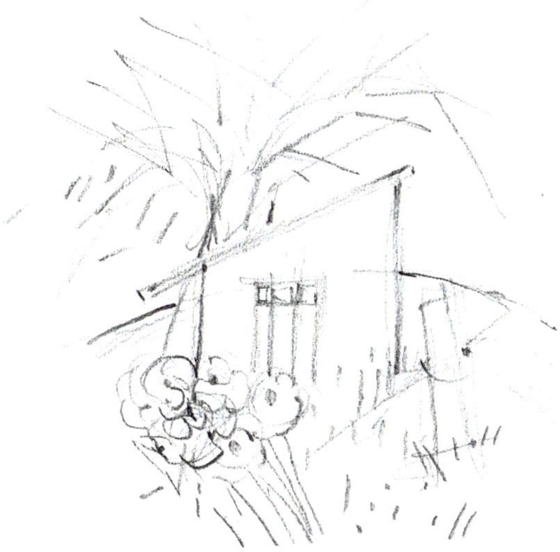

Zeichnen Sie nicht schneller, als Sie denken können! Denn Sie führen Ihre Hand und nicht umgekehrt.

Suchen Sie die Linien eines Motivs mit Ihrem Stift erst einmal in der Luft und übertragen Sie dann den Rhythmus auf Ihr Blatt. Jedes Motiv setzt sich vereinfacht gesprochen aus gebogenen und geraden Linien zusammen.

Hand lockern

Bei den nachfolgenden Übungen 1 bis 7 möchte ich Sie dazu auffordern, nicht immer mit derselben Hand zu zeichnen. Probieren Sie es stattdessen mit beiden Händen. Dadurch bekommt Ihr Strich eine ganz neue Qualität. Es entstehen lockere Linien, die weder akkurat-langweilig noch unsicher wirken.

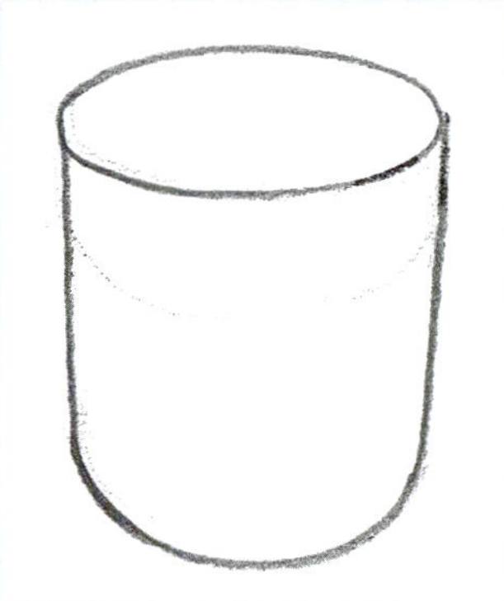

langweilige Linienführung

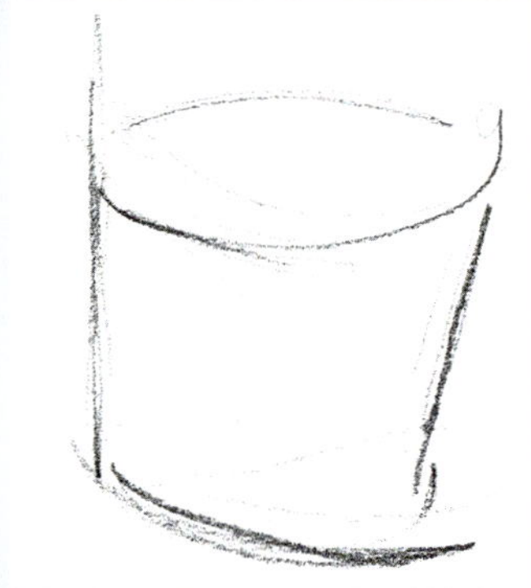

unsichere Linienführung

Übung 1

Beidhändig schreiben

Nehmen Sie in jede Hand einen Fineliner und schreiben Sie Ihren Namen einmal von sich weg und das zweite Mal spiegelverkehrt aufeinander zu. Dabei konzentrieren Sie sich auf die rechte Hand und führen die linke automatisch mit.

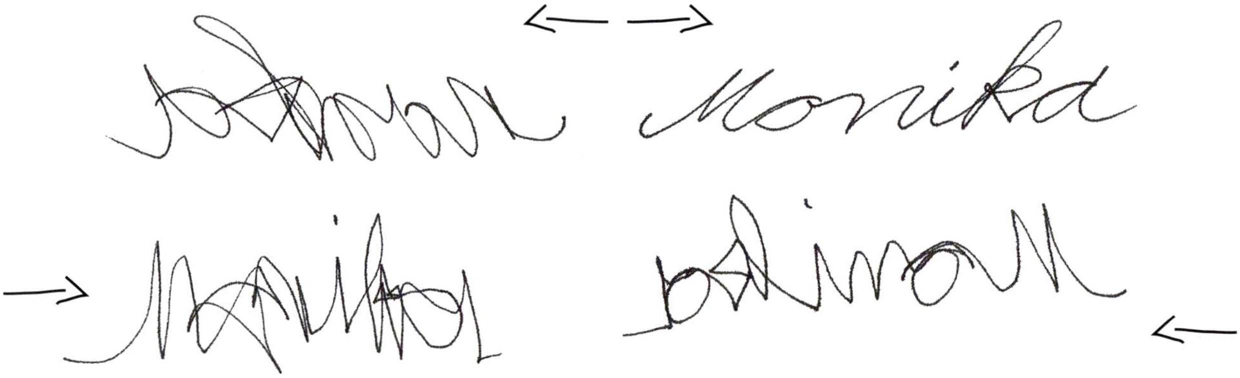

Vergessen Sie jetzt, was Sie geschrieben haben.
Welche Linie sieht nun am ehesten gezeichnet aus?

Übungsziel

- mit beiden Händen gleichzeitig schreiben
- Aktivierung der linken und rechten Gehirnhälfte

Übung 2

Beidhändig zeichnen

Probieren Sie zufällig entstandene Muster aus. Zeichnen Sie auf, was Ihnen gerade einfällt. Bewegen Sie dabei die rechte und linke Hand synchron. Sie werden schnell merken, das geht ganz von selbst!

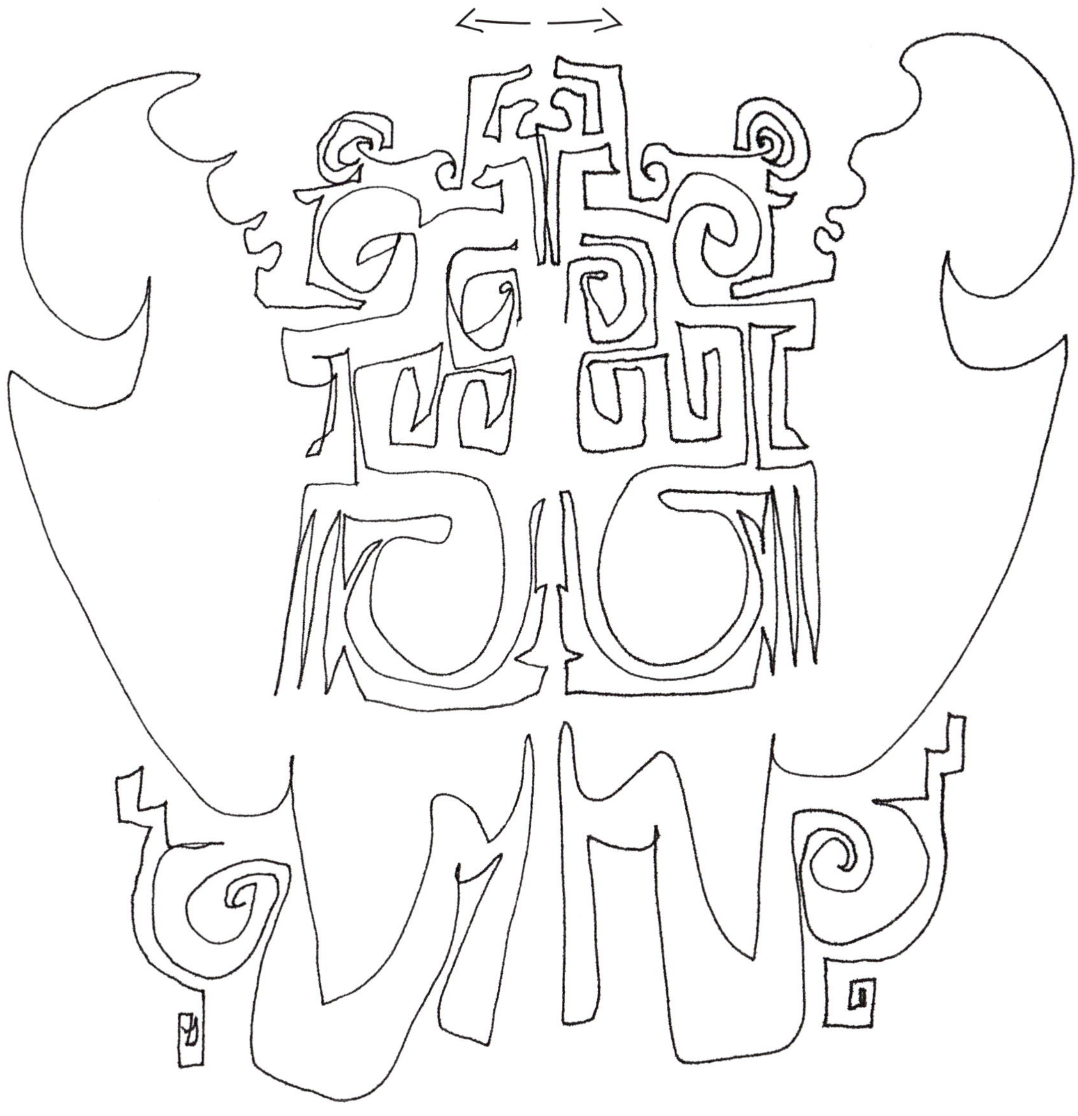

Übungsziel

- erkennen, dass man mit der linken und rechten Hand das Gleiche machen kann
- Aha-Effekt
- spielerisches Zeichnen

Übung 3

Mit Ellipsen formen

Für diese Übung nehmen Sie Transparentpapier und legen es auf ein Foto. Mit einem roten Fineliner in der rechten und einem grünen in der linken Hand, zeichnen Sie so lange Ellipsen, bis die beiden Früchte Gestalt annehmen. Dabei können sich die Stifte synchron bewegen.

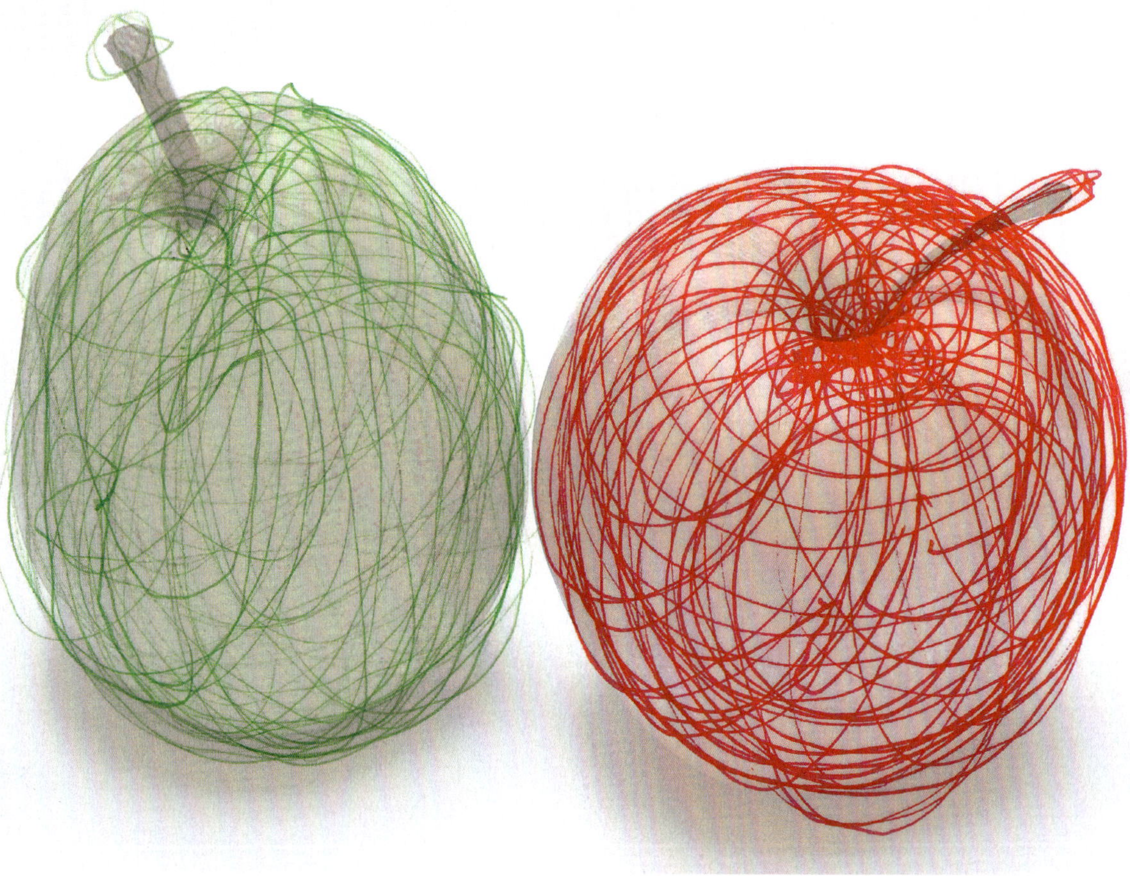

Übungsziel

- Volumen durch Linien erzeugen
- ungewöhnliche Zeichnung einer Birne und eines Apfels

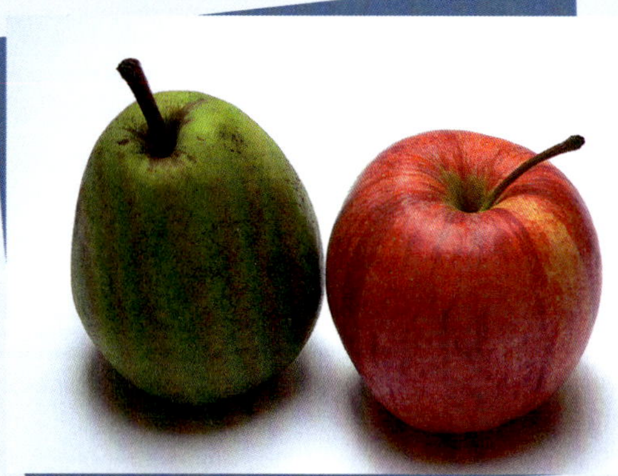

Übung 4

Mit zwei Bleistiften zeichnen

Es erscheint Ihnen vielleicht etwas schwieriger, ein Gesicht zu zeichnen. Beginnen Sie mit zwei Bleistiften an der Nase und lassen Sie das Gesicht über Augen und Mund wachsen. So geht es am einfachsten. Und wenn es Ihnen dann zufällig ähnlich sieht, hat das damit zu tun, dass wir uns jeden Tag im Spiegel sehen.

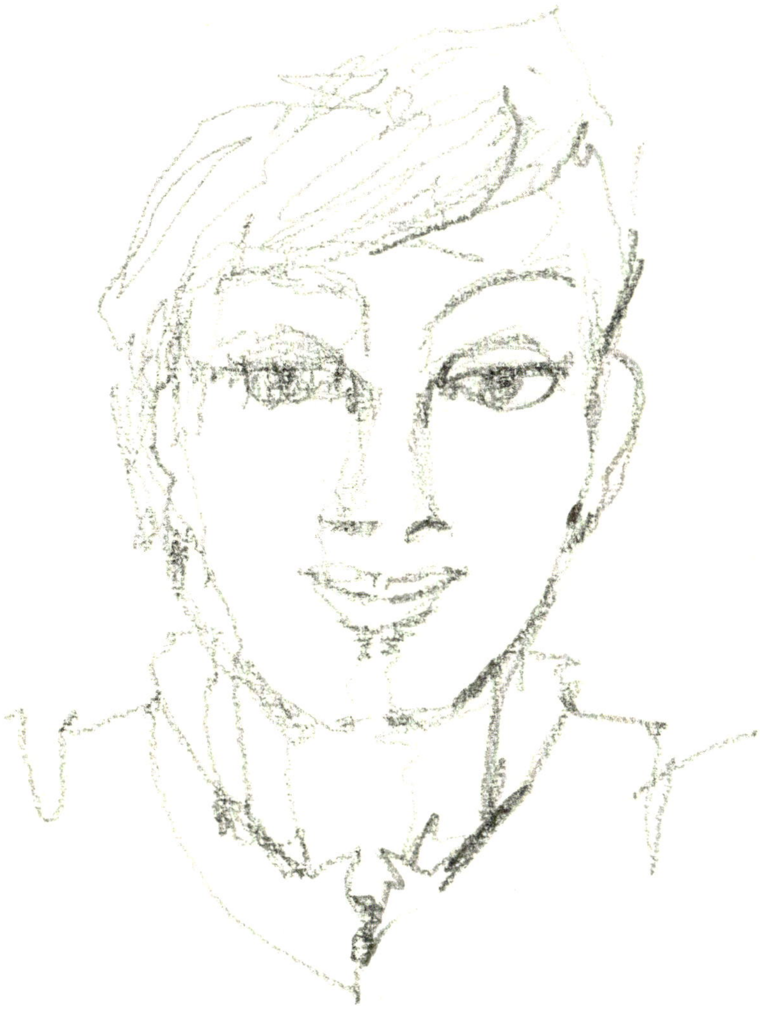

Übungsziel

- Symmetrien in einem Gesicht entdecken
- erkennen, dass sich jedes Motiv zeichnen lässt

Übung 5

Symmetrisch zeichnen

Bei den realistischen Motiven eignen sich hauptsächlich die symmetrischen für beidhändiges Zeichnen. Beginnen Sie ganz einfach mit einem Schmetterling, den Sie ohne Vorlage auf ein großes Papier zeichnen. Mein Schmetterling entstand mit brauner Kreide. Diese habe ich teilweise mit den Fingern verwischt.

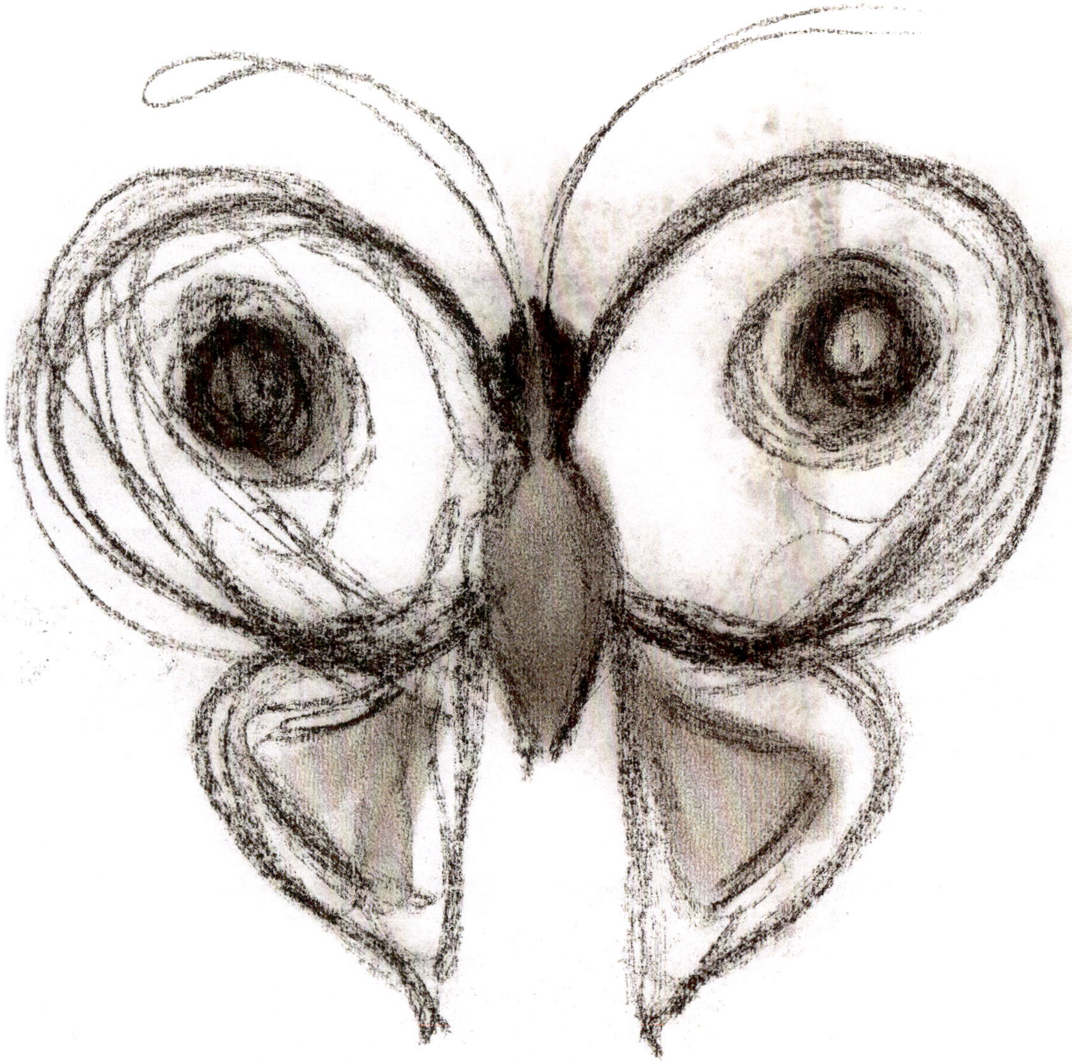

Übungsziel

- ein realistisches Motiv spielerisch zeichnen
- Motiv symmetrisch gestalten
- unterschiedliche Töne durch Verwischen herstellen

Übung 6

Zwei Farben für zwei Hände

Für dieses Motiv habe ich rotbraune und schwarze Kreide verwendet. Beidhändig verflechten sich die Linien und können dann an dunkleren Stellen noch mit dem Finger verwischt werden.

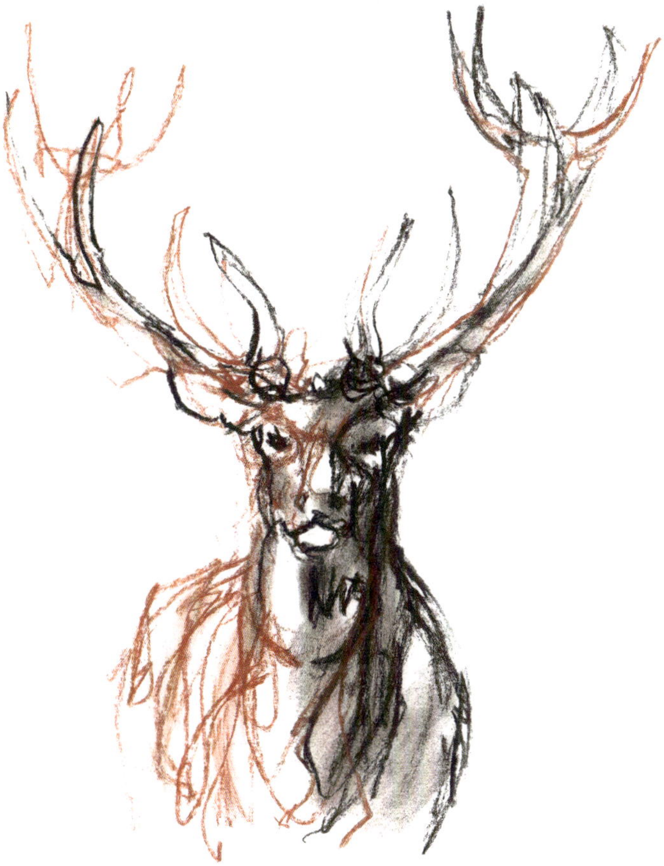

Übungsziel

- mit zwei Farben Räumlichkeit erzeugen
- Licht und Schatten simulieren

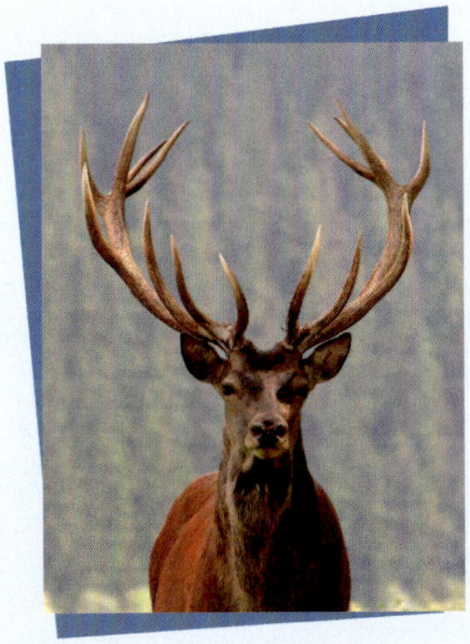

Ungewohnt zeichnen

Immer wenn Sie Gewohnheiten ändern, können Sie neue Erfahrungen machen. Besonders wenn es nicht so einfach ist, den Zeichenstift zu führen, ist die Konzentration aufs Objekt groß. Lassen Sie zu, was entsteht, und erfreuen Sie sich an den interessanten Linien. Wenn Sie mit dem Stift bei jeder Übung suchend über das Papier streifen und Sie die Linien dabei möglichst wenig unterbrechen, erzielen Sie die besten Ergebnisse.

Übung 7

Kreise und Achter

Zur Einstimmung gleich eine wunderbare Lockerungsübung. Kleben Sie dafür ein großes Stück Papier an die Wand und zeichnen Sie mit weichem Stift darauf Kreise und Achter. Probieren Sie es ruhig auch mal mit beiden Händen.

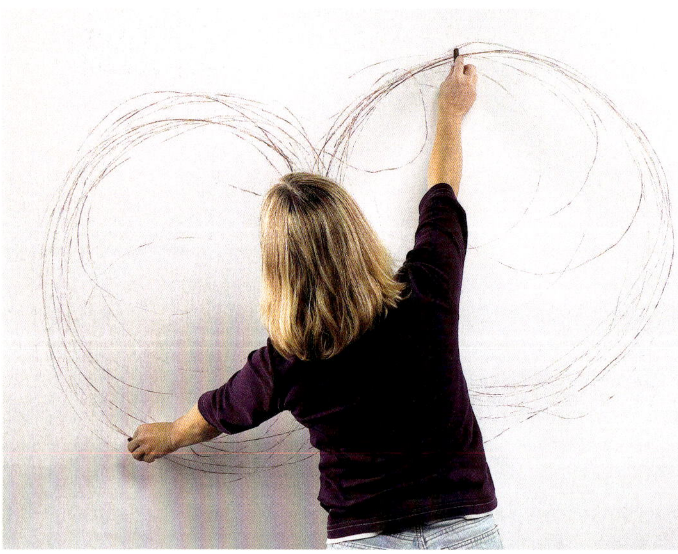

Übungsziel

- sich für neue Erfahrungen öffnen
- mit dem ganzen Körper zeichnen
- den Raum großzügig erfassen

Übung 8

Mit Verlängerung arbeiten

Wenn Sie Ihren Stift an einem Stock befestigen und damit am Boden führen können, sind Sie weit weg vom Blatt. Durch diesen kleinen Trick wird auch der verkrampfteste Strich locker! Zeichnen Sie beispielsweise einen Stuhl. Das geht im Sitzen und im Stehen.

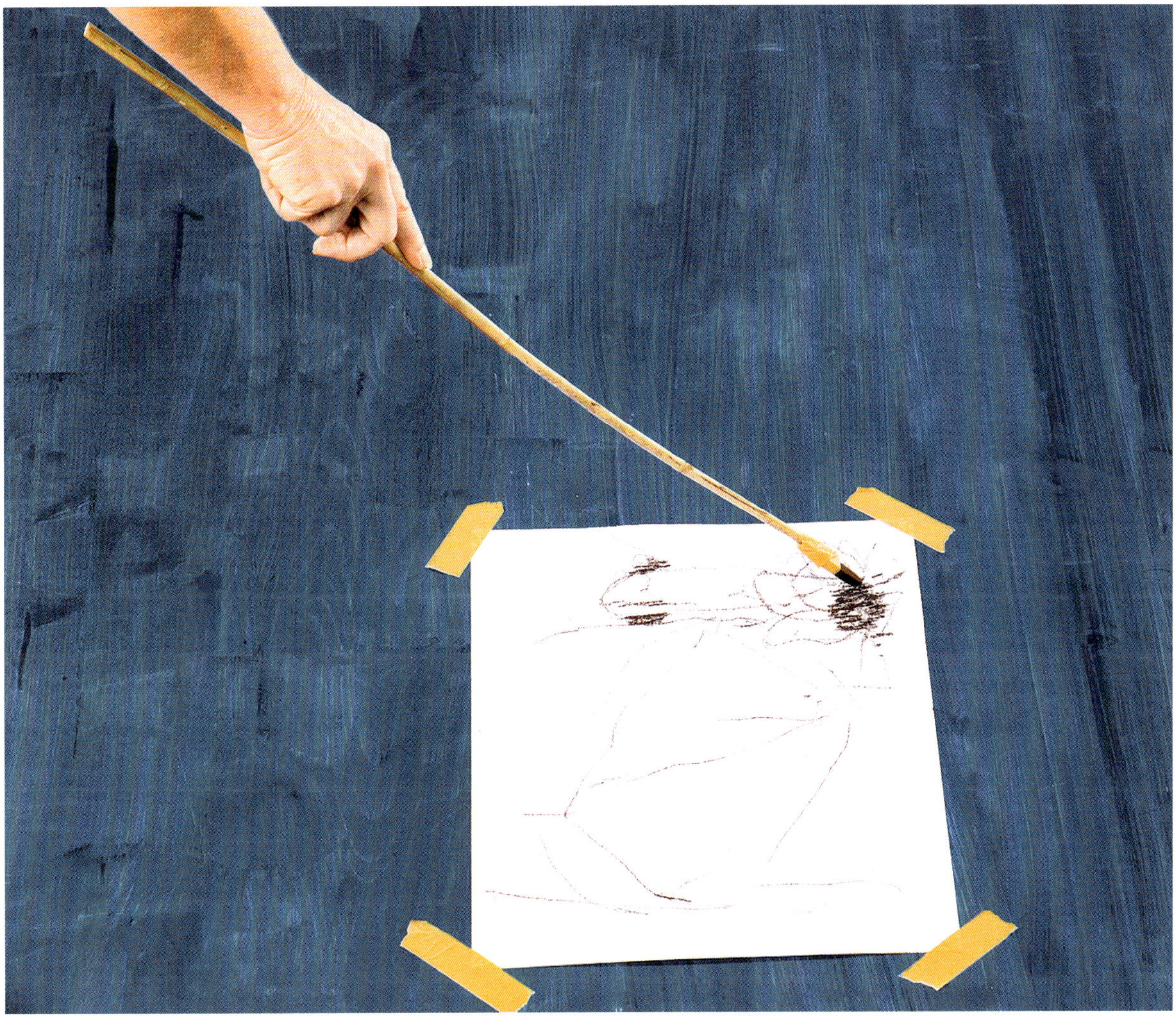

Übungsziel

- mit lockerer Hand zeichnen
- großzügige Linien zulassen

Übung 9

Blindzeichnen

Laufen Sie im Zimmer umher und prägen Sie sich einen Gegenstand ein, den Sie mit geschlossenen Augen aus dem Gedächtnis zeichnen können.

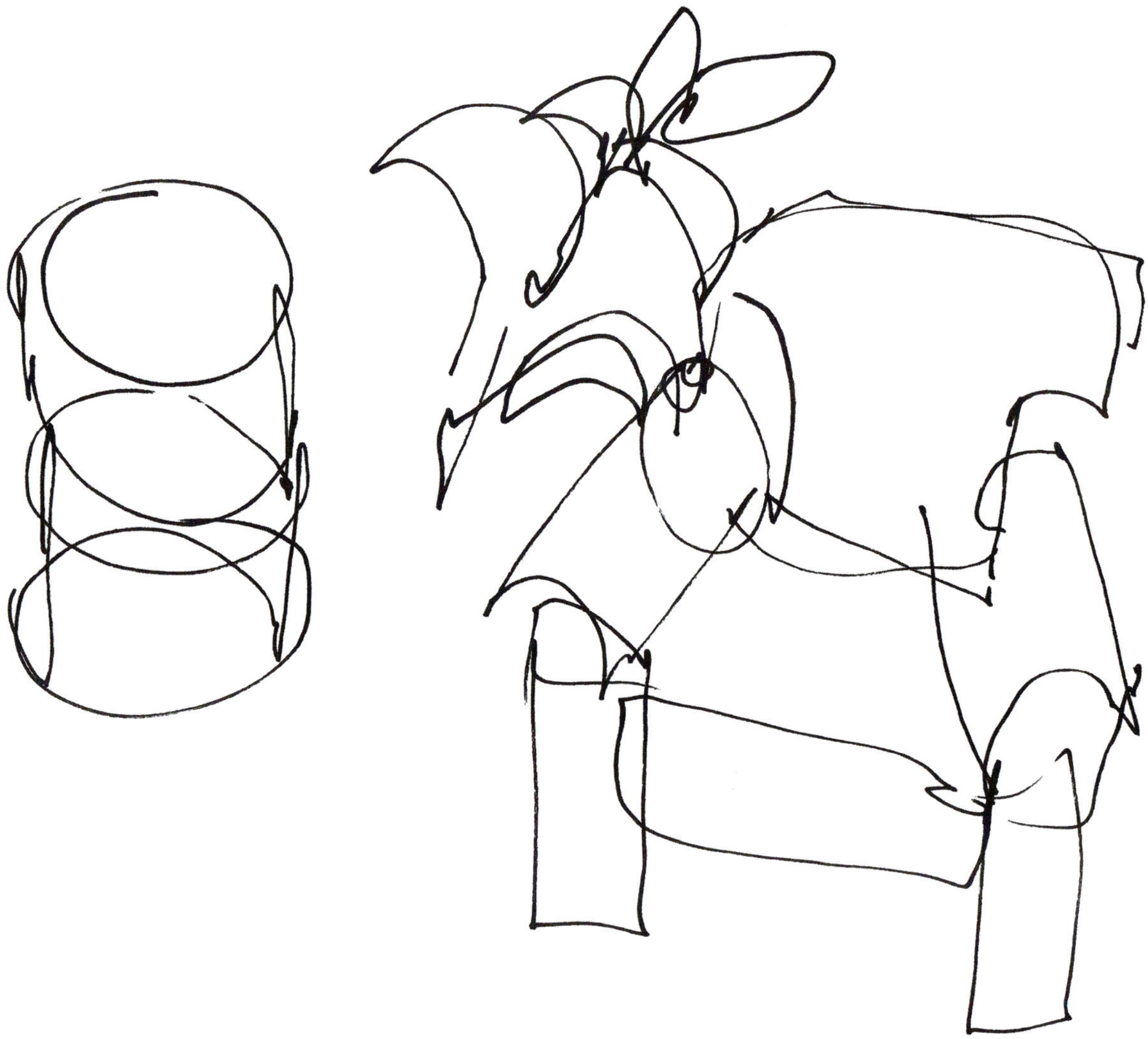

Mit einem Permanentmarker schaffen Sie eindeutige Linien und werden nicht in Versuchung geführt, den Radierer zu benutzen.

Übungsziel

- Konzentration steigern
- bildhaftes Gedächtnis trainieren

Übung **10**

Auf dem Kopf zeichnen

Geht es um die Darstellung von Mensch, Tier oder technischen Motiven, so fällt oft der Satz: „Das kann ich nicht zeichnen".
Mein Tipp: Stellen Sie Ihr Motiv einfach auf den Kopf! Das geht am besten mit einem Foto. Zeichnen Sie das Format zuerst als Randlinie. Das hilft Ihnen, leere und gefüllte Flächen zu erkennen. Wenn Sie einen direkten Vergleich anstellen möchten, dann können Sie natürlich das Motiv auch vorher richtig herum zeichnen. Meist wirkt das gedrehte Bild jedoch lockerer und exakter.

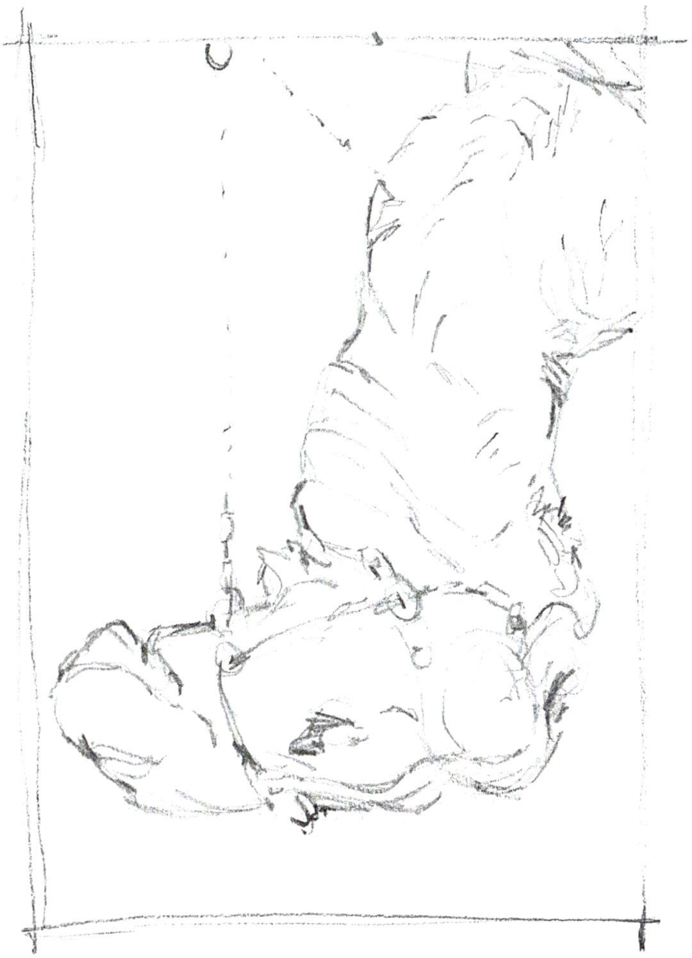

Übungsziel

- den Blick auf die Linien konzentrieren
- sich nicht durch das Motiv ablenken lassen
- Vorurteile überwinden

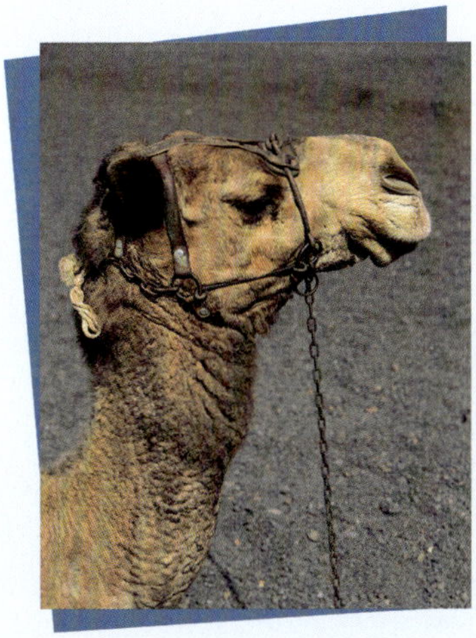

Übung 11

Unterschiedliche Haltungen

Stellen Sie sich vor, Ihr Stift wäre glühend heiß und Sie müssten ihn immer wieder anders anfassen. Jede Haltung erzeugt einen anderen Strich.

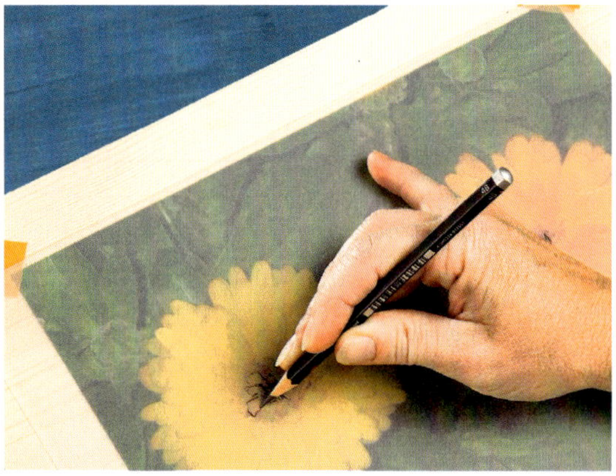

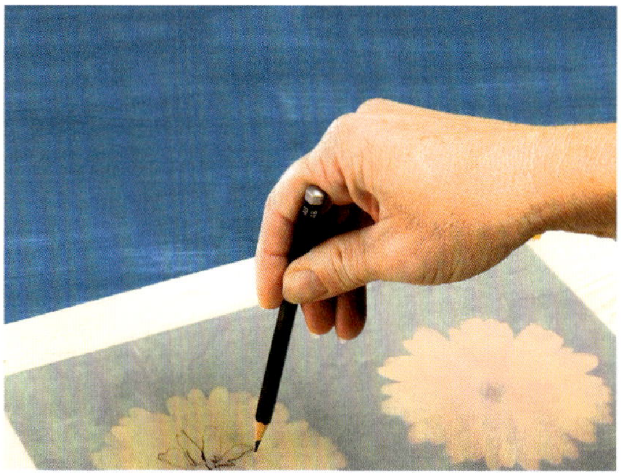

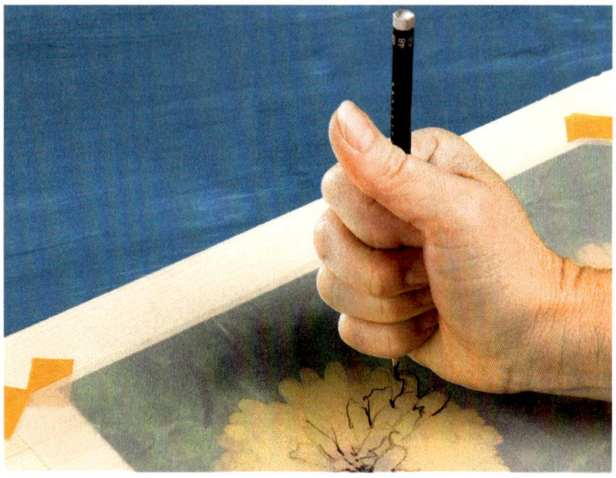

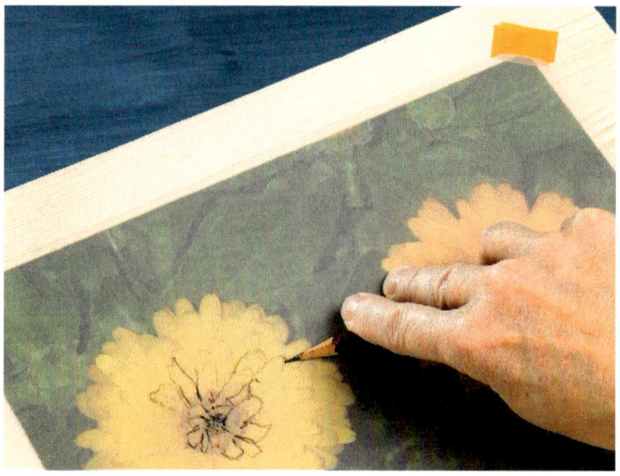

Übungsziel

- den Strich neu erfühlen
- zu unterschiedlichen Zeichenergebnissen kommen
- andere Handhaltungen entdecken

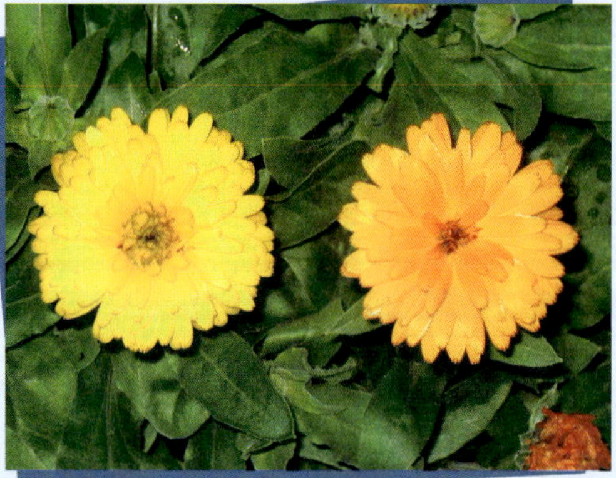

Übung **12**

An einem Punkt beginnen

Alle gewachsenen Dinge waren einmal punktförmig klein. Beginnen Sie eine Pflanze oder ein Tier an einem Punkt zu zeichnen und lassen Sie das Motiv dann in alle Richtungen wachsen. An interessanten Stellen zeichnen Sie etwas länger. Erst durch diese Verdichtungen entsteht ein Gesamtbild.

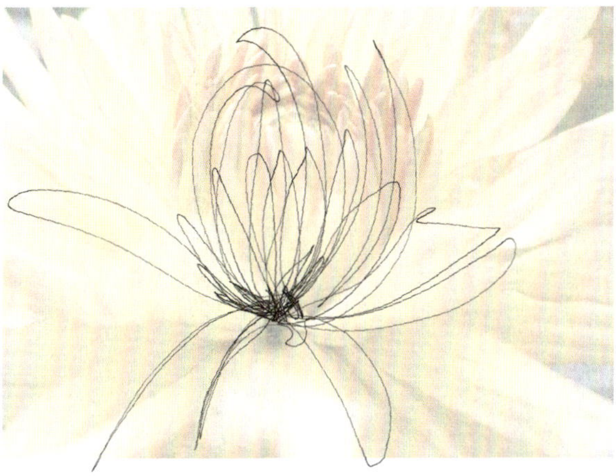

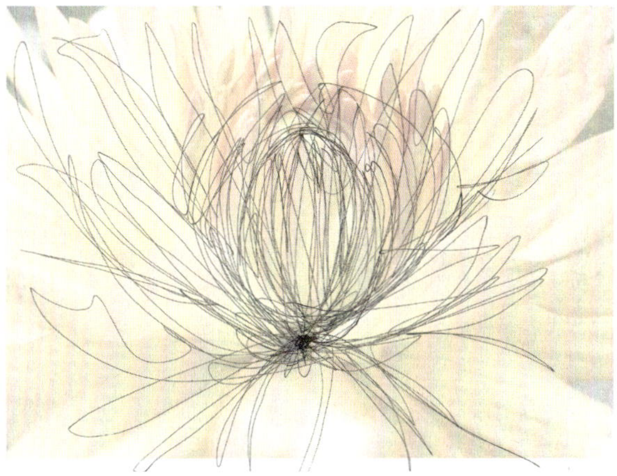

Übungsziel

- einen genauen Anfang finden
- organisch zeichnen
- viele kleine Strukturen bewältigen

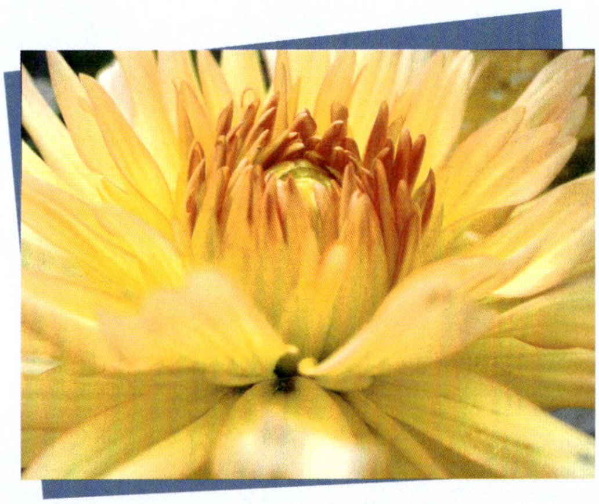

Übung 13

Spiegelverkehrt arbeiten

Stellen Sie sich vor, Sie müssten irgendjemandem zeichnerisch etwas erklären. Er sitzt Ihnen gegenüber und Sie zeichnen spiegelverkehrt. Versuchen Sie sich skizzenhaft und rasch auszudrücken. Wie wäre es mit Personen, Stillleben, aber auch mit einfachen Dingen wie Portemonnaie, Schachteln usw.? Je spontaner Sie sind, desto einfacher bewegen Sie sich mit dem Stift im Raum.

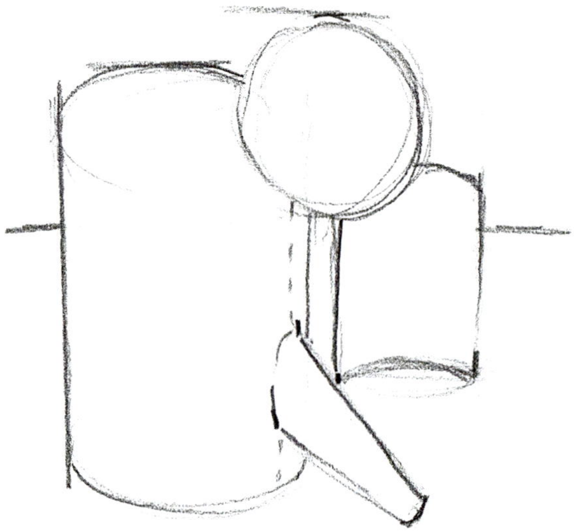

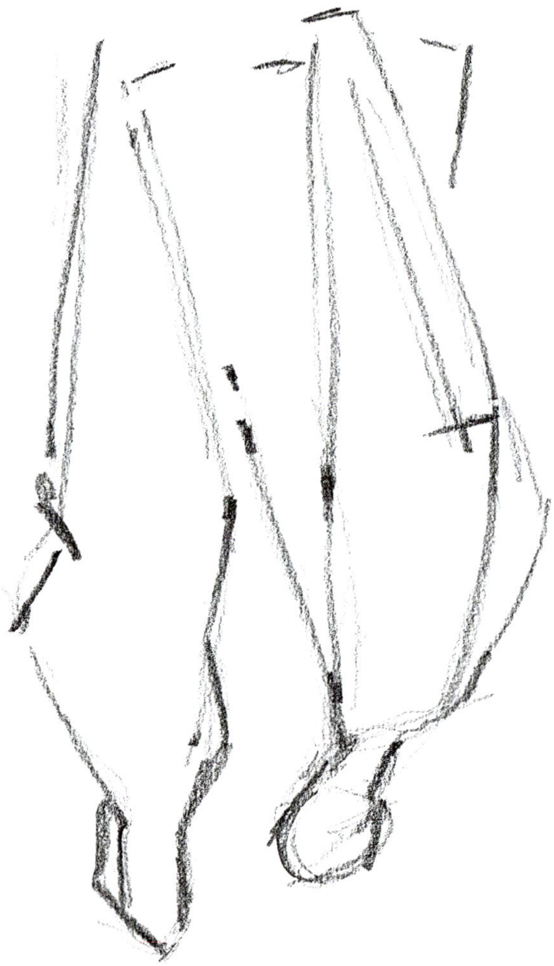

Diese Übung macht zu zweit besonders viel Spaß und eignet sich auch prima als Ratespiel.

Übungsziel

- zielgerichtet zeichnen
- sich auf dem weißen Blatt zurechtfinden

Übung 14

Mit Mund oder Fuss zeichnen

Ganz ausgefallen ist es, den Stift mit dem Mund oder zwischen den Zehen zu halten. Wenn Sie Lust dazu verspüren, dann probieren Sie auch das mal aus. Die Ergebnisse bieten unserem Auge neue Seherlebnisse und Ihnen immer wieder die Möglichkeit, sich vom bloßen Abbilden zu befreien. Kleben Sie ein Blatt Papier mit Maler-Kreppband auf den Boden und zeichnen Sie einen Gegenstand Ihrer Wahl mit dem Mund oder Fuß.

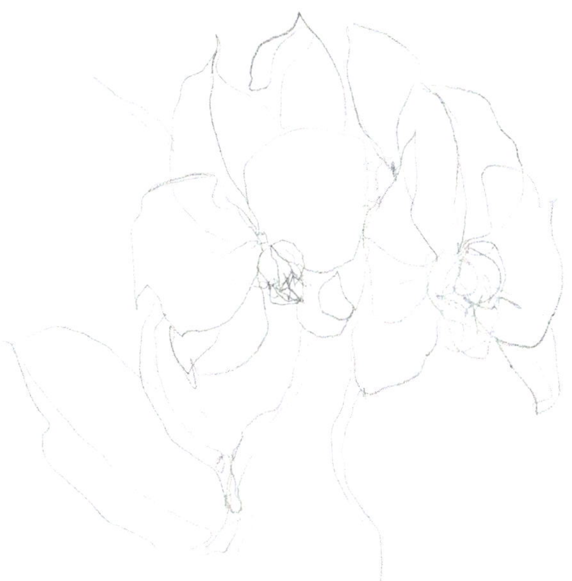

mit dem Mund gezeichnet

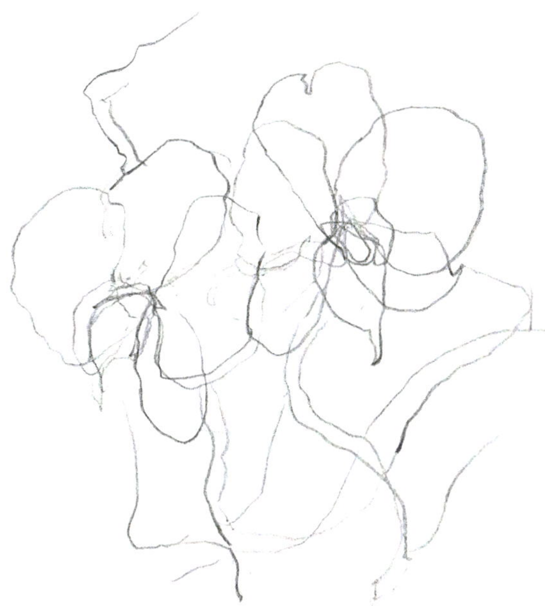

mit dem Fuß gezeichnet

Übungsziel

- erkennen, dass man auch ohne Hände zeichnen kann und Zeichnen sich unterschiedlich anfühlt
- mit dem Mund aus dem Gedächtnis zeichnen
- mit dem Fuß eine Blüte »beobachten«

Formen finden

Stellen Sie sich vor, Sie liegen auf einer Wiese und schauen in den Himmel. Wolken ziehen vorüber und wie von selbst fangen Sie an, Bilder hineinzuträumen. Ihr Auge hat damit begonnen, Formen zu finden.

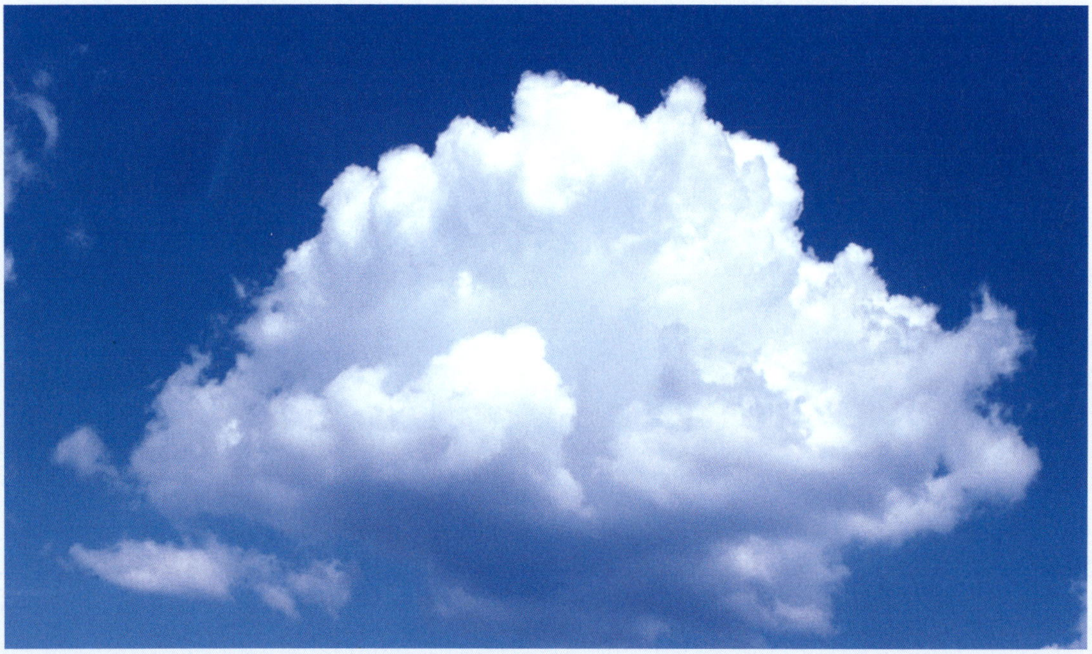

Immer und überall können wir durch bewusstes Hinsehen entspannen und uns die Zeit vertreiben. Überall umgibt uns „Futter" für die Fantasie. Das können die Marmorfliesen im Bad, ein Fußboden, Holztüren oder ein Hausputz sein – sie alle erzeugen fantasievolle Bilder im Kopf. Schauen ist eine lohnende Beschäftigung, die uns zur Ruhe kommen lässt.

Gefundene Formen darstellen

Zeichnen Sie die Formen als Silhouetten. Mit Kohle oder Kreide können sie auch flächig bemalt werden oder schummern und schraffieren Sie mit Bleistift. Ganz wie Sie wollen!

Übung 15

Bilder im Kopf

Bevor Sie das Transparentpapier auflegen, drehen Sie Ihr Motiv und schauen es von allen Seiten an. Verfolgen Sie Linien und Verfärbungen der Baumrinde, bis Sie Lust verspüren, mit dem Zeichnen zu beginnen. Wahrscheinlich finden Sie ganz unterschiedliche Dinge in diesem Rindenstück.

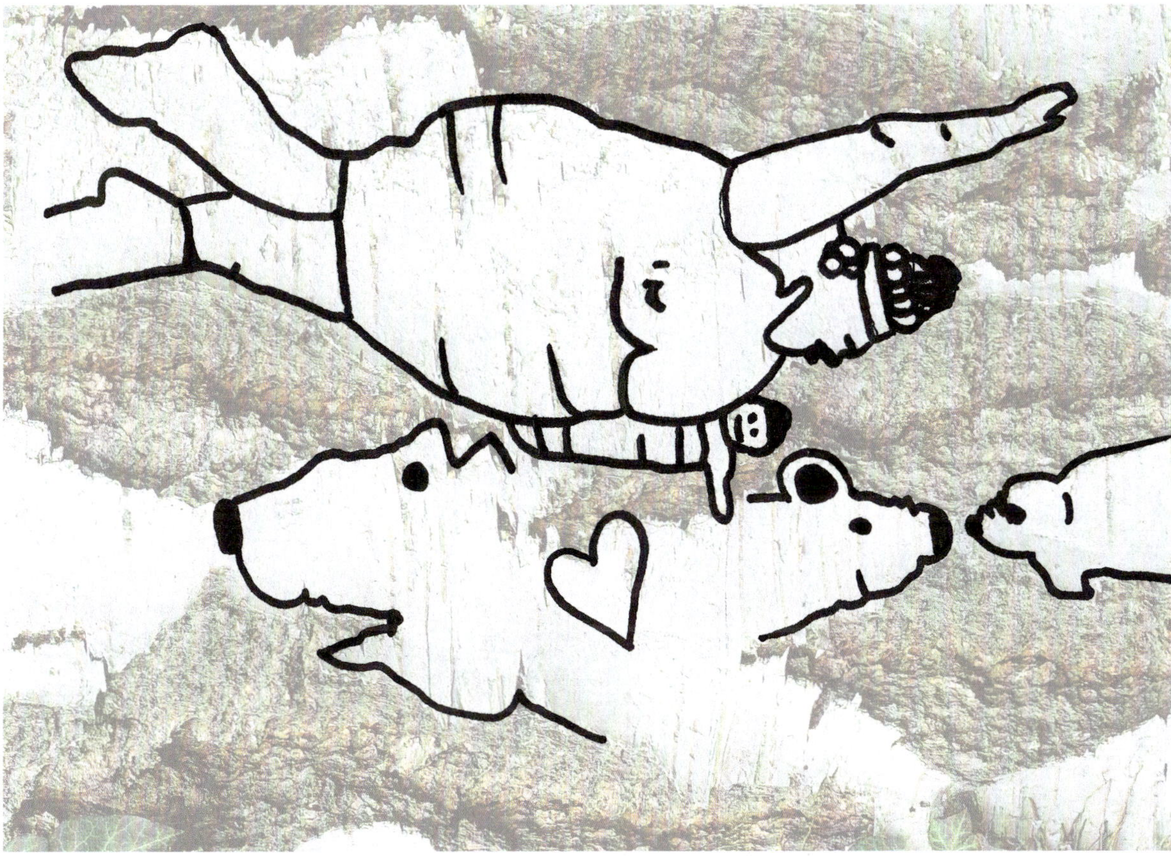

Übungsziel

- Fantasie schulen
- eigene Formen und Gestalten entdecken

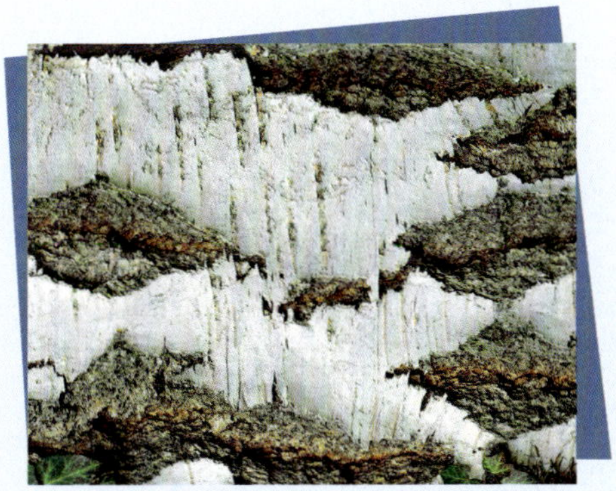

Übung 16

Figuren im Pflaster

In einem solchen Kopfsteinpflaster tummeln sich allerlei Gestalten. Machen Sie sich mit Transparentpapier und Stift auf die Jagd!

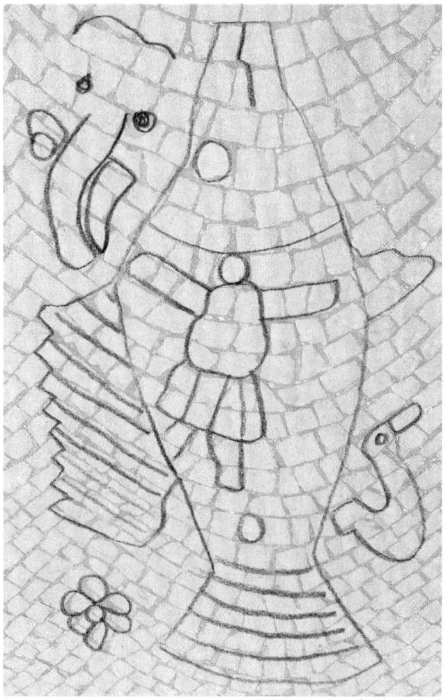

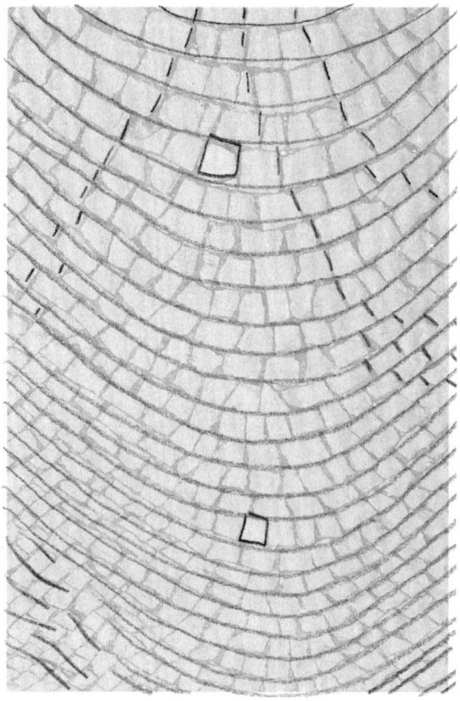

Wenn es Ihnen gelingt, Regelmäßigkeiten in einem Bild zu erkennen, so wird Ihnen das beim Zeichnen immer eine Hilfe sein.

Übungsziel

- Gesetzmäßigkeiten erkennen
- Formen einzeichnen

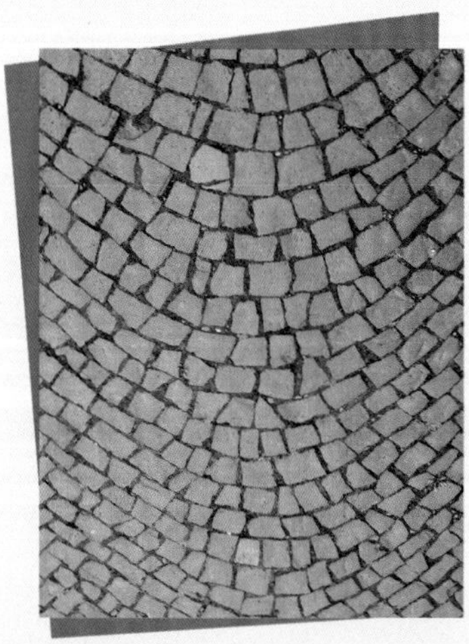

Übung 17

Helle und dunkle Bildteile

Eine Möglichkeit, ein reales Motiv leichter zu erfassen, besteht darin, einzelne Bildteile in Formen zusammenzufassen. Dabei kommt die Fähigkeit unseres Auges, Formen zusammenhängend zu sehen, zum Einsatz. Dieses Bild besteht aus hellen und dunklen Teilen, die Sie zusammenfassen können. Die dunklen Teile habe ich noch zusätzlich schraffiert.

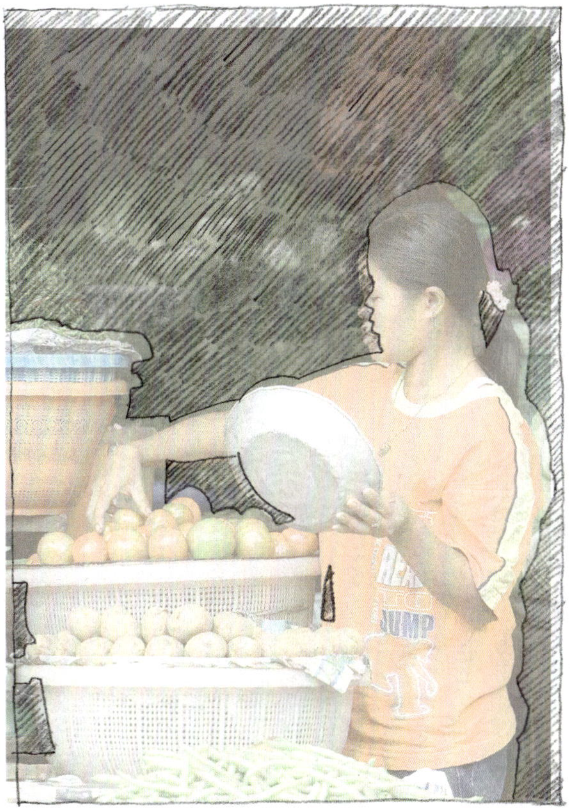

Übungsziel

- die Seherfahrung aus den Übungen 15 und 16 auf ein reales Bild übertragen
- ein Bild vereinfachen

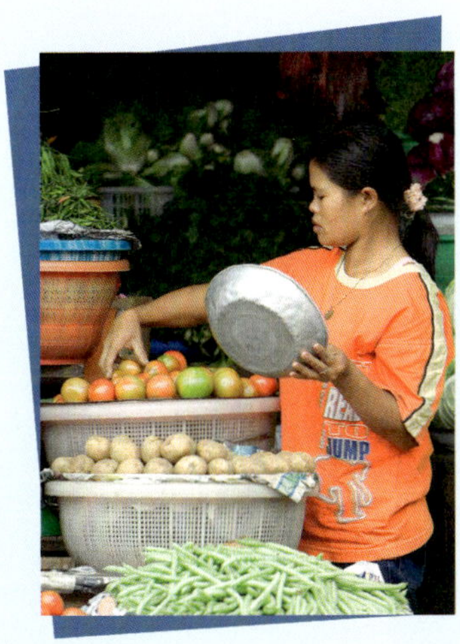

Übung 18

Prägnante Formen

Auch scheinbar chaotische Motive haben immer ein paar prägnante Formen, die uns den Anfang einer Zeichnung erleichtern. Suchen Sie nach solchen Formen und Zwischenräumen, um sich im Bild zu orientieren. Bei mehrschichtigen Motiven mit vielen Überschneidungen beginnen Sie immer vorne und legen dann die überschnittenen Teile dahinter.

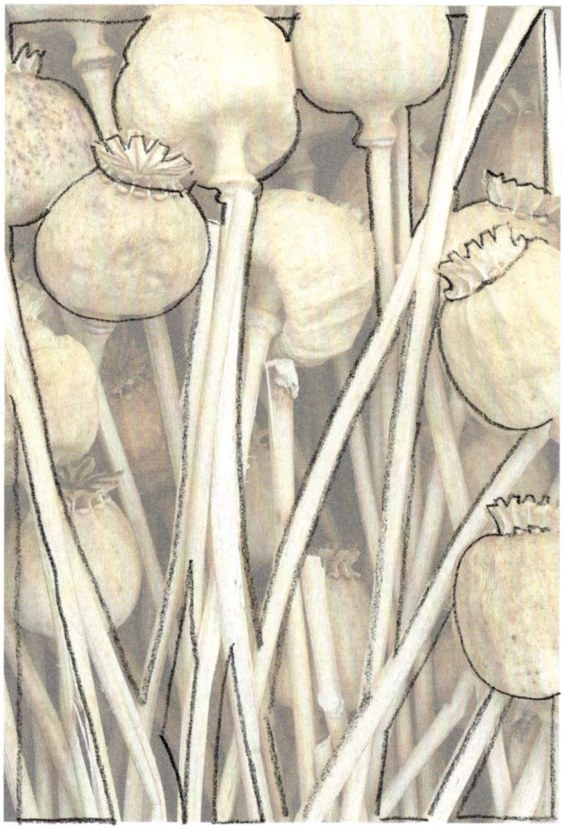

Übungsziel

- Hauptlinien in einem Bild entdecken
- Zeichnungen planen

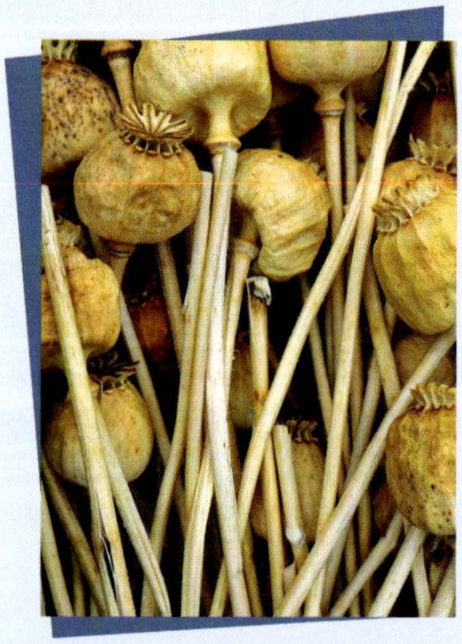

Übung 19

Kombinieren

Wenn Sie die Transparente der vorherigen Übung übereinanderlegen, so entstehen wiederum neue Formen, auf die wir ohne dieses Experiment nie gekommen wären. Experimentieren ist also enorm lohnend!

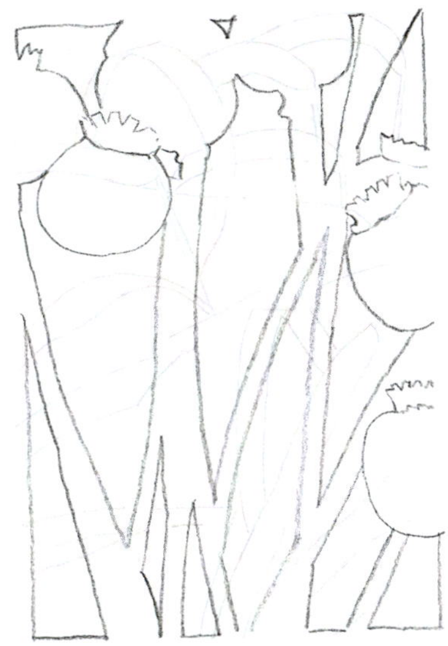

Übungsziel

- neue Kombinationen finden
- sich vom Ergebnis zum Experimentieren anregen lassen

Übung 20

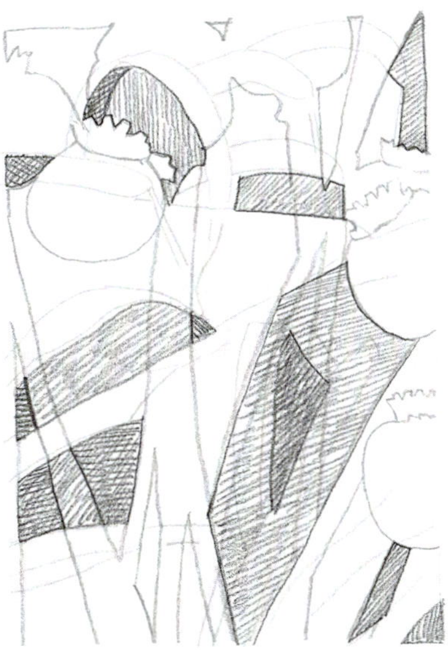

Neue Formen durch Schraffur

Zeichnen heißt manchmal auch, eine neue Wirklichkeit entstehen zu lassen. Hier habe ich ein drittes Transparentpapier aufgelegt und die bei den vorherigen Übungen entstandenen neuen Formen schraffiert. Und plötzlich beschäftige ich mich nicht mehr mit dem Abbilden von Motiven und ihren Formen, sondern mit den Formen an sich!

Übungsziel

- interessante Formen festhalten
- abstrahieren

Formen bilden

Jeder hat ihn schon einmal entdeckt, den Kaffeefleck, der aussieht wie ...! Auch nebenbei entstandenes Gekritzel auf einem Zettel kann bei einem wachen Betrachter eine Bildvorstellung auslösen. Helfen Sie dem Zufall etwas nach. Verschiedene Übungen werden rasch Ihre Fantasie beflügeln!

Übung 21

Gegenstände entdecken

Auf ein Zeichenblatt tropfen Sie verdünnte Farbe (Aquarell, Tinte, Tempera usw.). Es entstehen unterschiedliche Flecken, die Sie durch Drehen und Pusten noch verändern können. Nach dem Trocknen decken Sie die entstandenen Flecken mit Transparentpapier ab und halten gefundene Formen darauf fest

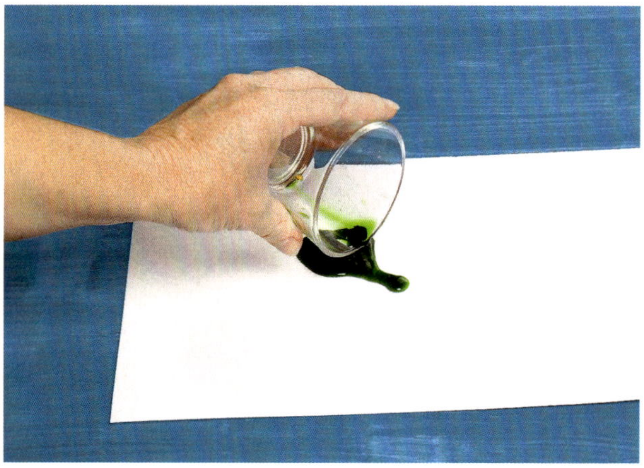

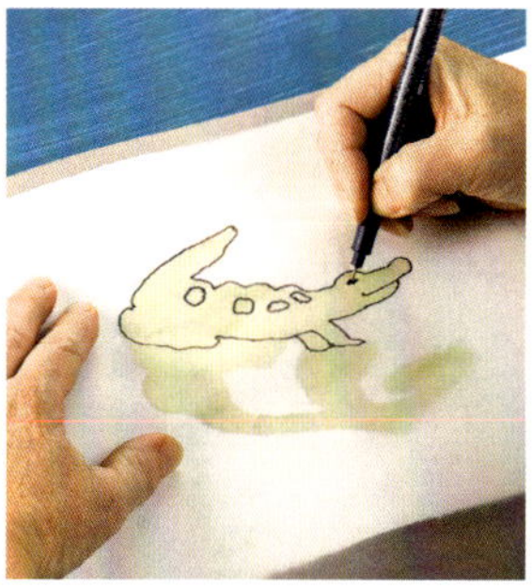

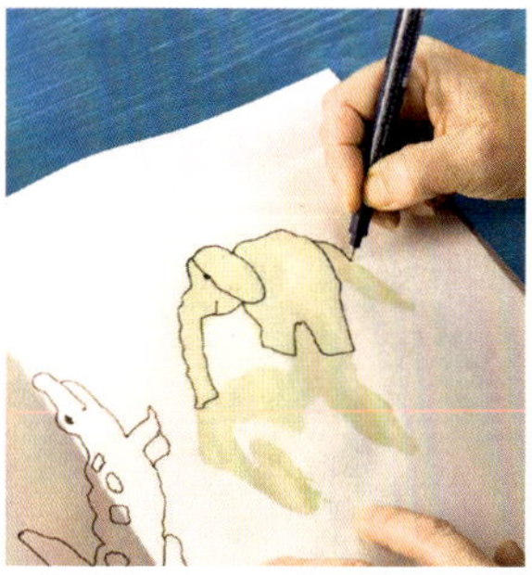

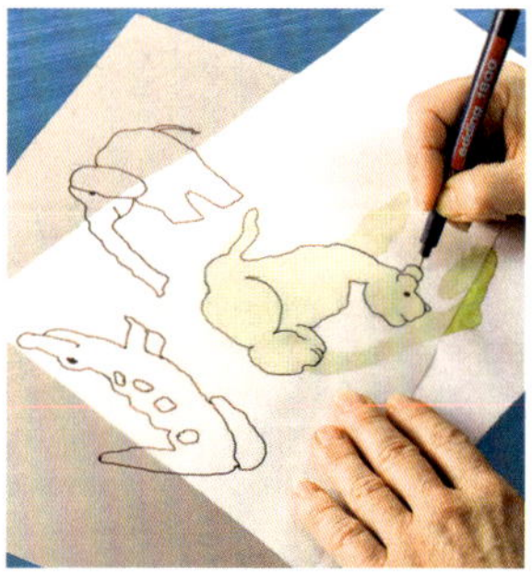

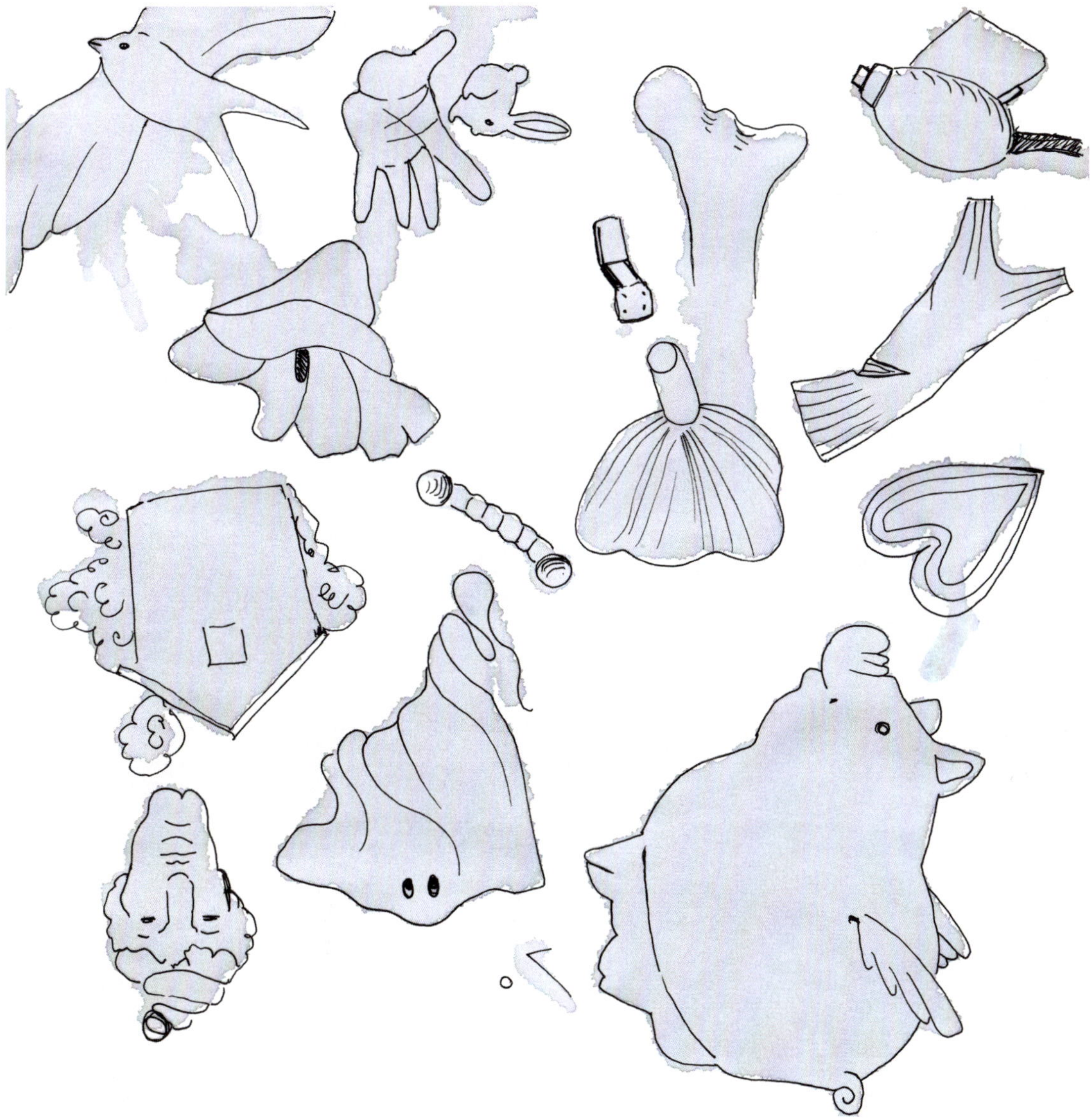

Diese Formen habe ich auf meinem Zeichenblatt entdeckt. Falls Sie sich mit Assoziationen nicht so leicht tun, dann erstellen Sie einfach eine Wörterliste wie „Hund, Katze, Maus, Vogel, Herz, Brille, Tannenzapfen, Tisch, Zange, Blume, Pilz …“ Irgendeiner dieser Gegenstände ist bestimmt dabei.

Übungsziel

- Ästhetik in einem Fleck entdecken
- spielerisch zeichnen

Übung 22

Dinge entdecken

Eine weitere Übung, die Sie vielleicht aus der Schule kennen, sind Abklatschbilder. Sie lassen Farbe auf die eine Hälfte Ihres Blattes fallen und bilden dann durch Zusammendrücken und Auseinanderfalten das Spiegelbild.

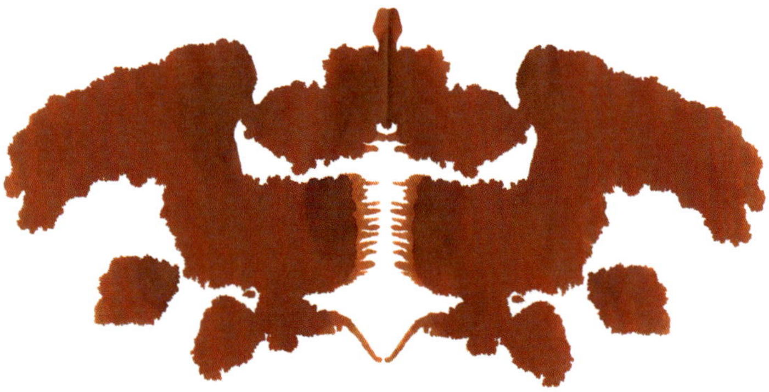

MEINE SPONTANEN

ASSOZIATIONEN WAREN:

- ein Flügelpaar (links)
- ein Vogel (links unten)
- ein Herz (rechts unten)

Und was sehen Sie?

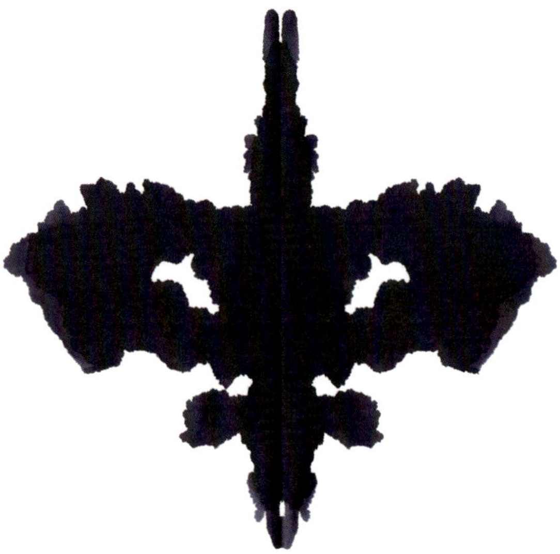

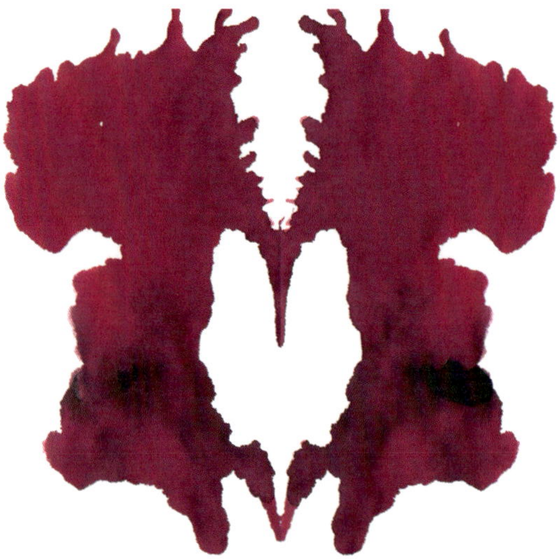

Übungsziel

- Motiv genau betrachten
- Formen erkennen
- Bilder assoziieren

Übung 23

Zwischenräume untersuchen

In den hier gezeigten Abklatschbildern sind noch viele andere Motive versteckt. Durch Drehen bekommen manche Flecken eine andere Bedeutung. Auch die weißen Farbflächen sind Formen, die man bewusst anschauen sollte. Drehen Sie das Motiv und entdecken Sie die Bilder, die ich gefunden habe.

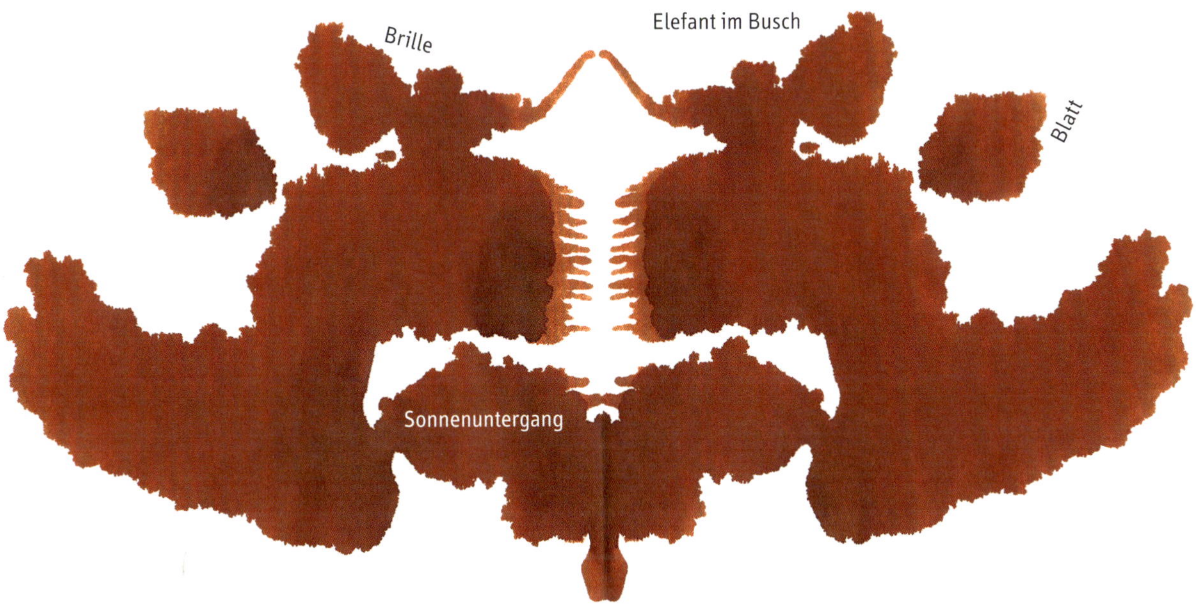

Übungsziel

- erkennen, dass leere Flächen den gleichen Wert wie gefüllte Flächen haben
- ein Bild von allen Seiten betrachten

Gewöhnen Sie sich an, ein Motiv immer von allen Seiten zu betrachten.

Übung 24

Bild übermalen

Bei dieser Übung machen wir es umgekehrt wie auf Seite 44f. Die Bildvorlage sieht – wenn sie mit Tusche übermalt worden ist – wie ein Muster aus. Denken Sie an Jugendstilelemente oder Bordüren. All diese flächigen Muster können Sie selbst aus Vorlagen heraus entwickeln.

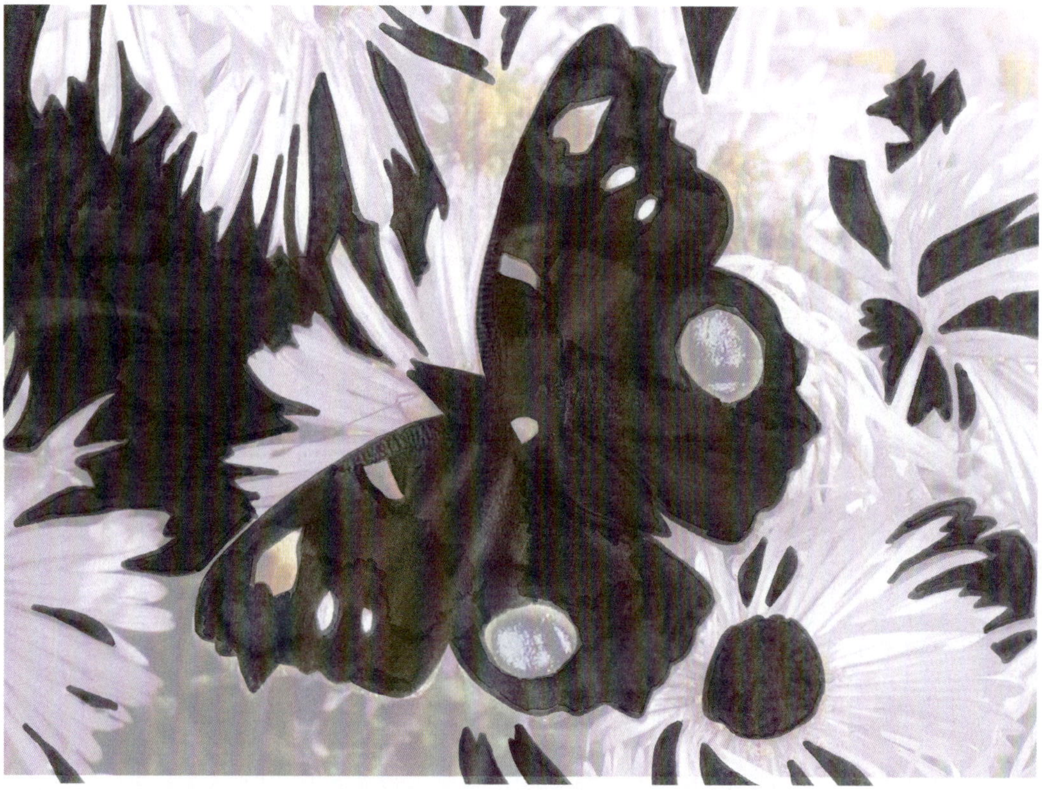

Übungsziel

- Form im Ganzen erkennen
- Bildteile interessant zusammenfassen

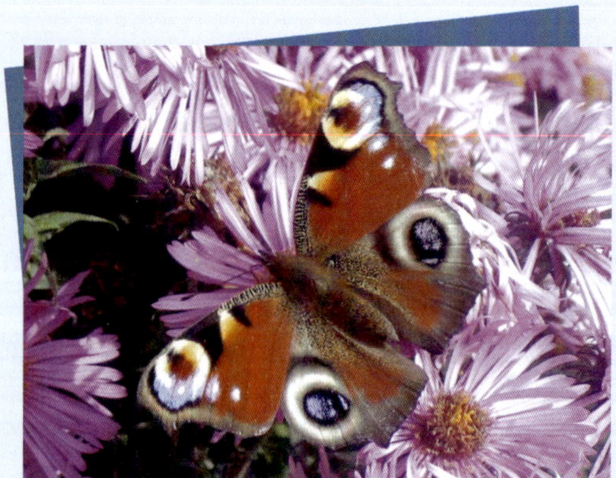

Übung 25

Strukturieren

Auf den ersten Blick wirkt dieses Foto ziemlich unübersichtlich. Durch Zusammenziehen der Menschen zu einer Gesamtform können Sie diese lebhafte Szene besser strukturieren. Häufig fassen wir gleiche Dinge oder ähnliche Farben im Bild automatisch zusammen.

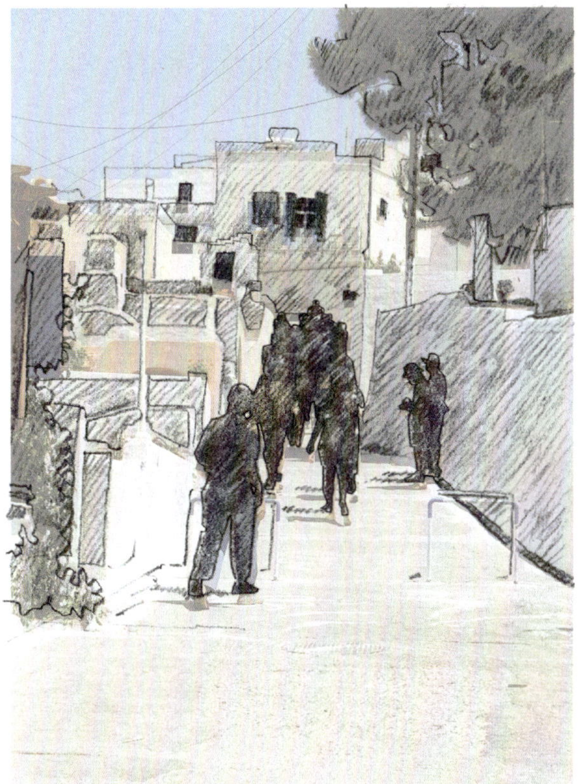

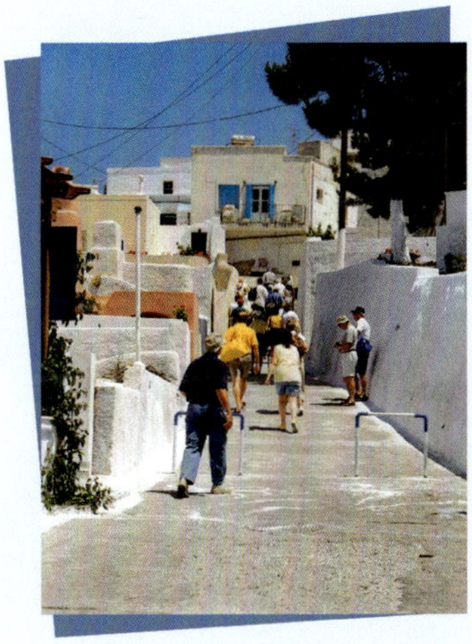

Übungsziel

- schwierige Motive erforschen
- Bildteile erkennen
- Bildstrategien entwickeln

Formen begreifen

Vielen Zeichnungen sieht man an, dass das gezeichnet worden ist, was derjenige gelernt hat und nicht das, was er wirklich gesehen hat. Alle unsere Sinne können uns helfen, bewusst sehen zu lernen.

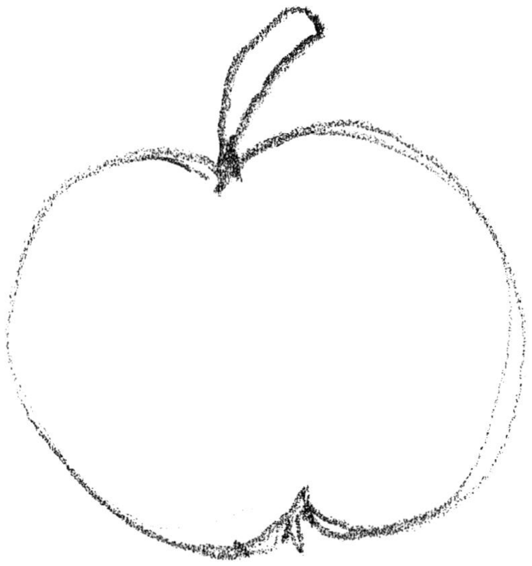

Beim Zeichnen eines Apfels wird oft das kindliche Bild wiederholt, das im Gedächtnis abgespeichert ist.

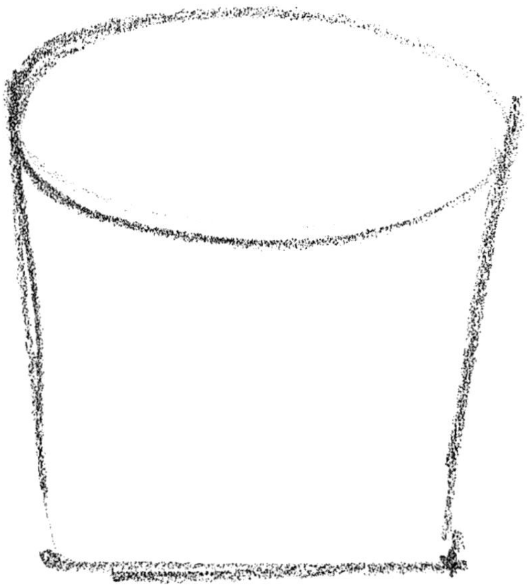

Weil wir gelernt haben, dass eine Vase auf einer glatten Fläche steht, zeichnen wir oft unbewusst eine Linie statt einer Ellipse.

Es reicht nicht aus, etwas zu sehen. Wir müssen es auch buchstäblich begreifen.

Übung 26

Blind zeichnen

Umfassen Sie Ihren Schuh oder Fuß unter dem Tisch und zeichnen Sie gleichzeitig, was Sie fühlen.
Schuhe und Füße sind eine zeichnerische Herausforderung. Gefühlt klappt es oft besser als gesehen.
Orientieren Sie sich nur mit Begriffen wie vorne, hinten, oben, unten, groß, klein und zeichnen Sie räumlich.

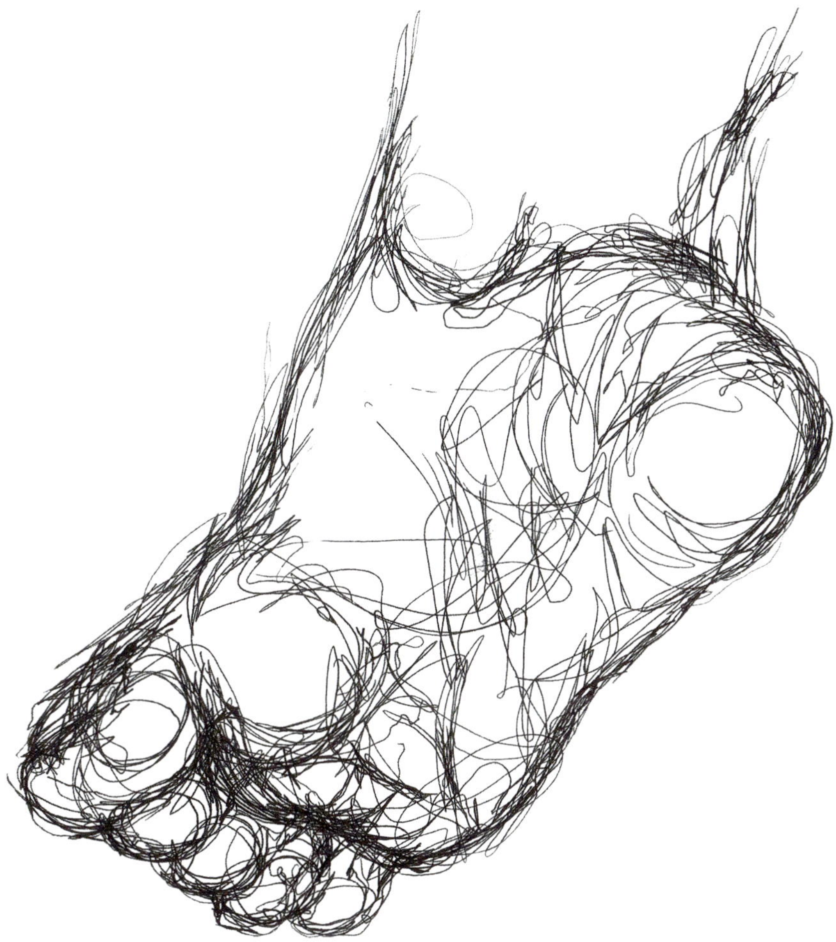

Übungsziel

- blind zeichnen mit verbundenen Augen

Wenn Sie größere Dinge wie z. B. einen Besen oder eine Gießkanne „blind zeichnen" möchten, stellen Sie sie einfach auf einen Hocker unter den Tisch.

Übung 27

Dinge ertasten und zeichnen

Stecken Sie verschiedene Dinge in jeweils eine Stofftasche. Oder lassen Sie sich überraschen, indem jemand anderes für Sie packt. Nun legen Sie Papier und Bleistift bereit. Mit einer Hand tasten Sie die Form in der Tasche ab. Zeichnen Sie, was Sie fühlen und zwar ruhig die gesamte Form. Tiefe Stellen betonen Sie mit dunkleren Linien. Vorne und hinten zeichnen Sie übereinander in vielen suchenden Linien. Sie werden sehen, das entstehende Bild wird automatisch räumlich. Sie fangen tatsächlich an, die Form zu begreifen.

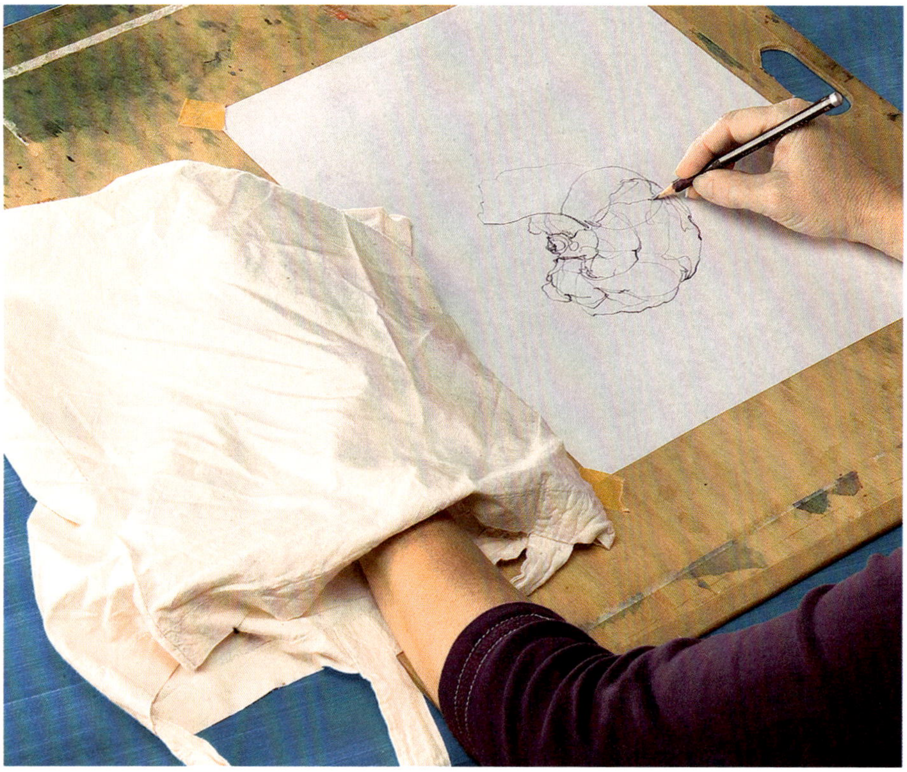

Außergewöhnliche Gegenstände, von denen wir keine genaue Vorstellung haben, eignen sich für diese Übung besonders gut wie Steine, Plastiken, Tongefäße, Holzstücke oder Handwerkszeug.

Übungsziel

- Zeichnen geht auch ohne Sehen
- erfahren, dass man alles, was man begreift, zeichnen kann

Übung 28

Mit Links zeichnen

Zeichnen Sie zuerst mit Ihrer Schreibhand, also gewöhnlich mit der rechten, und tasten Sie mit der linken Hand. Dann versuchen Sie es andersherum. Oft wird diese Zeichnung noch spannender, weil der Strich der untrainierten Hand eigenständiger wirkt.

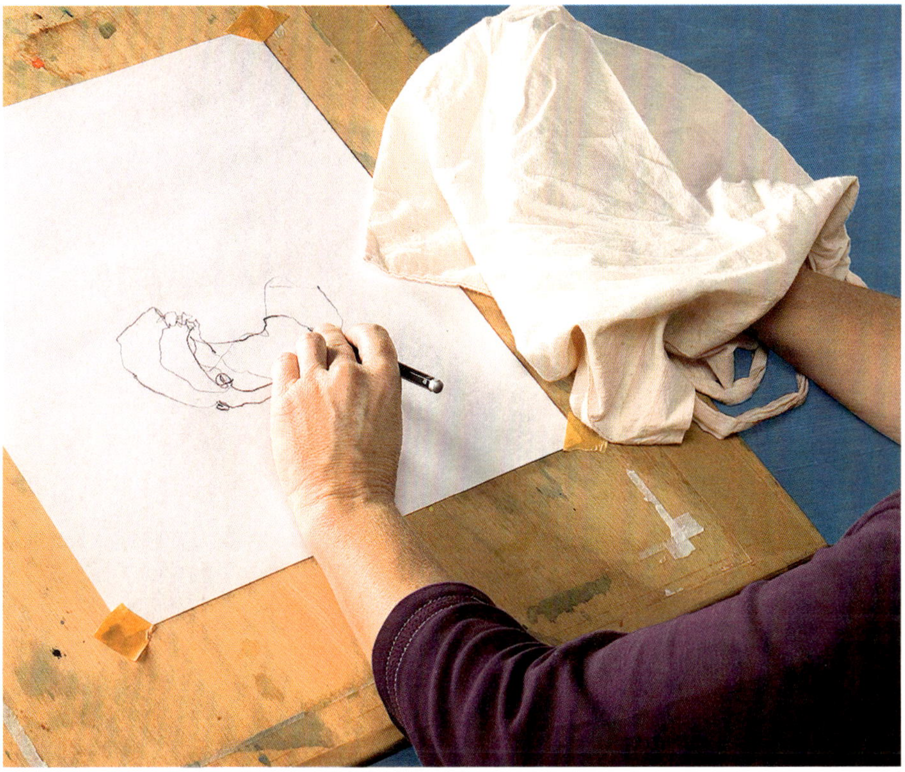

Übungsziel

- erkennen, dass beide Hände eine relativ genaue Zeichnung abliefern können
- Konzentration auf den Zeichenvorgang

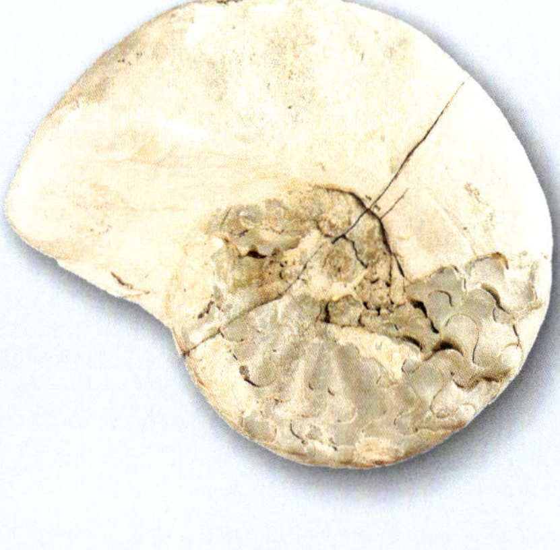

Übung 29

Gesicht ertasten

Ertasten Sie Ihr Gesicht mit der einen Hand und zeichnen Sie gleichzeitig mit der anderen. Sie können dabei mit der Nase und der Augenpartie beginnen. Mit suchenden Linien umfahren Sie mehrmals die ertasteten Höhen und verweilen in den erfühlten Tiefen Ihres Gesichts. Vergessen Sie, was Sie tun, und konzentrieren Sie sich völlig auf Ihre Linien, die Höhen und Tiefen beschreiben. Da Sie sich rundherum abtasten, wird die Zeichnung oft etwas breiter ausfallen.

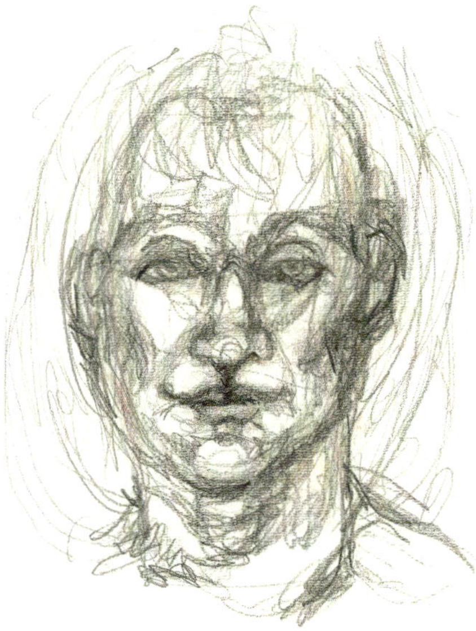

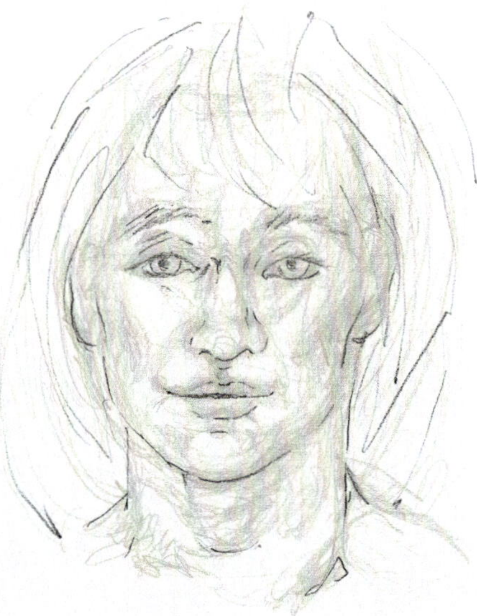

Ziehen Sie anschließend die Hauptlinien auf Transparentpapier nach, dann wird das Gesicht deutlicher. Zuletzt können Sie Pupillen und Haare ergänzen, dadurch verliert die Zeichnung ihr maskenhaftes Aussehen.

Übungsziel

- vom Gedanken wegkommen „Was zeichne ich?“
- zum Gedanken hinkommen „Wie zeichne ich?“

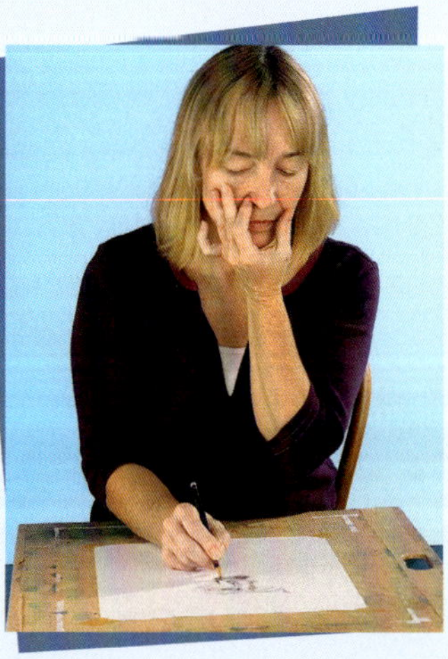

Mit den Augen abtasten

Was Sie mit den Händen abtasten können, können Sie ebenso mit den Augen ertasten.

Übung 30

Stillleben blind zeichnen

Arrangieren Sie ein Stillleben beispielsweise aus fünf Glasflaschen auf einem Tisch. Betrachten Sie die Flaschen genau und zeichnen Sie diese gleichzeitig auf ein Blatt. Vermeiden Sie es, dabei Ihre Zeichnung anzusehen. Durch Betasten Ihres Blattrandes bringen Sie die Formen in eine ungefähre Position. Denken Sie sich Ihre Formen durchsichtig.

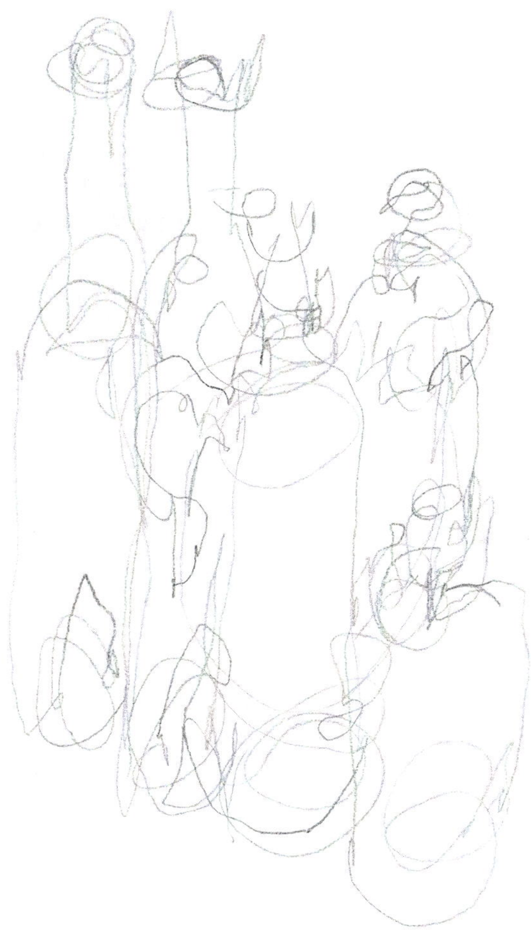

Übungsziel

- Objekte mit den Augen abtasten
- einen selbstständigen Strich zulassen

Automatisch zeichnen

Sobald Sie die Angst vor dem weißen Blatt verlieren, beginnen Sie automatisch zu zeichnen. Die folgenden Übungen sind dafür besonders gut geeignet.

Sehen Sie sich diese beiden Zeichnungen an. Wahrscheinlich wird Ihnen auffallen, dass die Zeichenlinien plump und steif wirken.

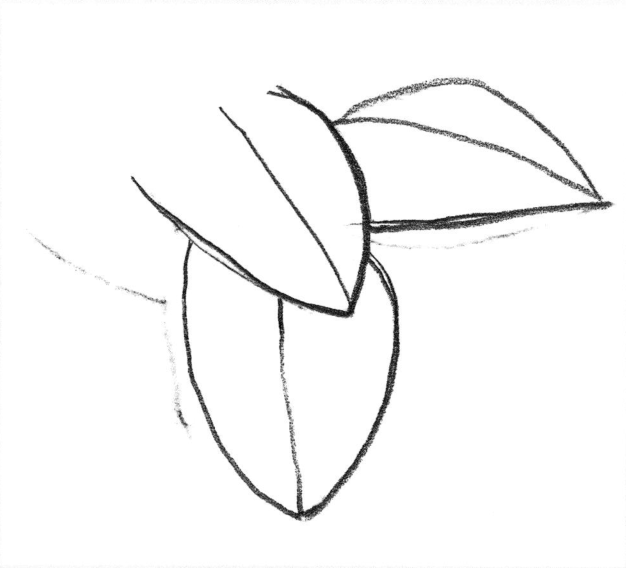

Aus Angst, auch nur einen falschen Strich zu machen, halten viele ständig ihren Radiergummi griffbereit. Sie benutzen ihn fortwährend und bringen sich so um die Möglichkeit, eine eigene Handschrift zu entfalten.

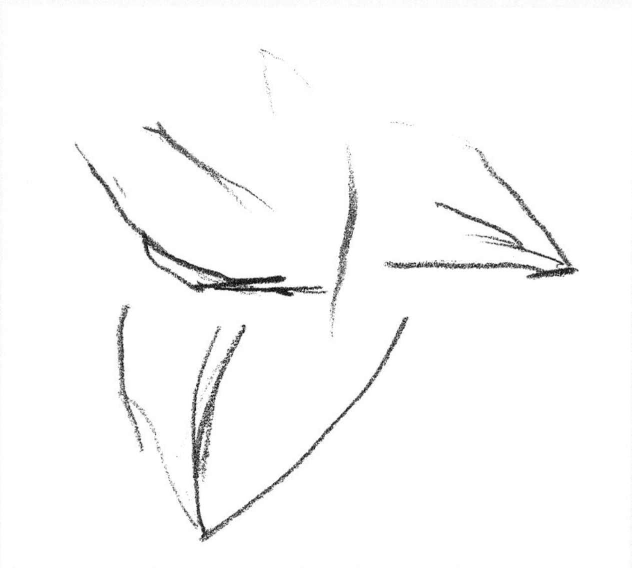

Wenn eine Zeichnung so aussieht, dann bietet sie dem Auge zu wenig eindeutige Information. Solche Zeichnungen entstehen oft aus der Angst heraus, etwas nicht richtig zu machen.

Ich empfehle Ihnen: Fangen Sie gleich richtig an!

- Zuallererst verbannen Sie Ihren Radiergummi in die hinterste Schublade! Angst oder Perfektionismus sind der Tod jeder Zeichnung!
- Erinnern Sie sich daran, wie Sie Schreiben oder Fahrradfahren gelernt haben. Sobald die anfänglichen Hürden überwunden sind, geht alles ganz leicht, sozusagen automatisch!

Übung 31

Übers Papier laufen

Stellen Sie sich vor, Ihr Stift ist eine Ameise. Diese läuft leicht über den Boden. An ein paar Stellen sammelt sie Futter ein. Diese Stellen markieren Sie vorher mit einem Punkt. Und natürlich kann Ihre Ameise nicht fliegen. Sie bleibt immer auf dem Blatt.
Mit einem Bleistift 6B und leichtem Strich laufen Sie übers Papier. Beim Futteraufsammeln drücken Sie ein bisschen stärker auf.
Manchmal muss sich Ihr Stift bzw. Ihre Ameise erst orientieren.

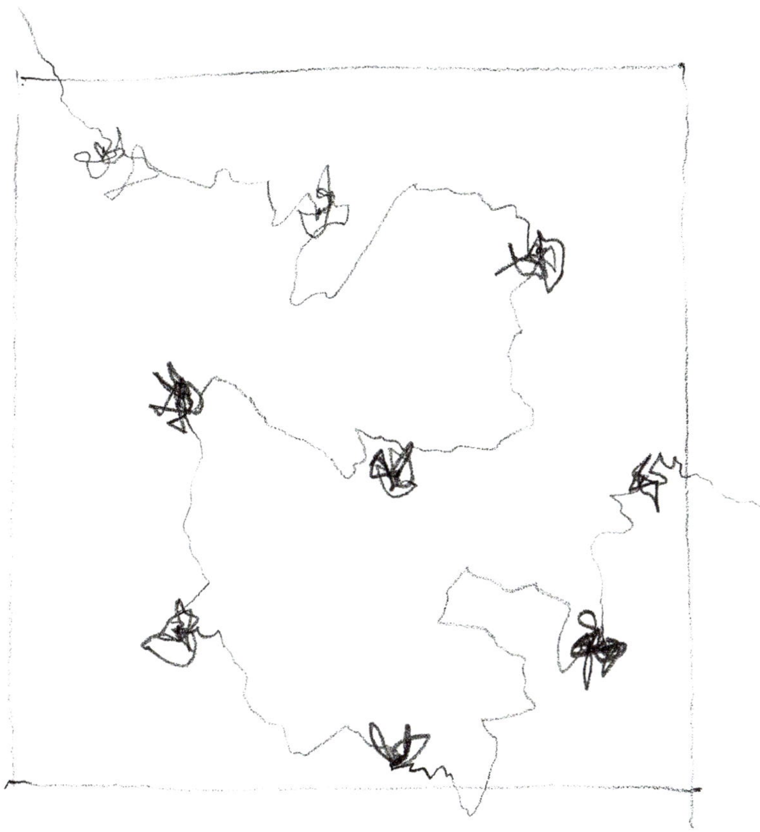

Übungsziel

- Belebung des Strichs
- Spaß am Zeichnen nach einem Plan
- Druck verändern beim Zeichnen

Ist Ihre Bleistiftlinie in Bewegung gekommen? Wenn Sie den Druck verändern, ergeben sich automatisch unterschiedlich dunkle Linien.

Übung 32

Punkte und Linien

Auch Ihre Handschrift hat sich mit den Jahren zu einer automatischen Linie entwickelt, über die Sie nicht mehr nachdenken müssen. Das Gleiche passiert nun mit der Linie Ihrer Zeichnungen und Sie sind bereits auf dem besten Weg! Beginnen Sie damit, auf einem Blatt Papier Punkte zu verteilen.

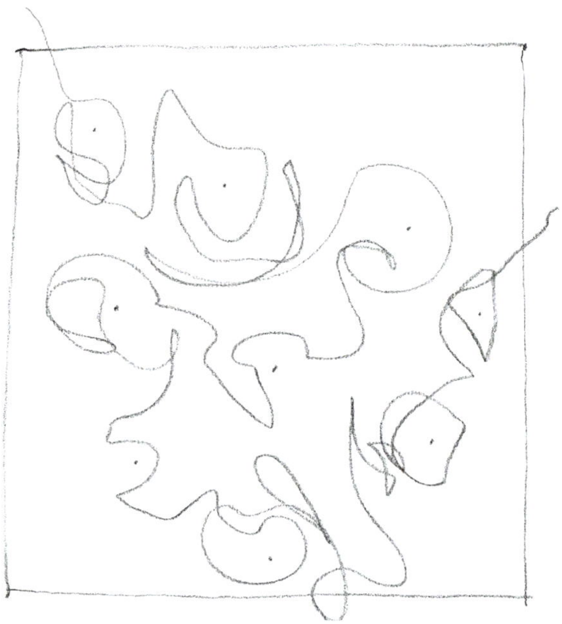

Ein Tier verfolgt Ihre Ameise. Da es das Futter nicht mag, macht es um diese Stelle einen Bogen. Der Verfolger läuft schnell. So kommt Schwung ins Bild.

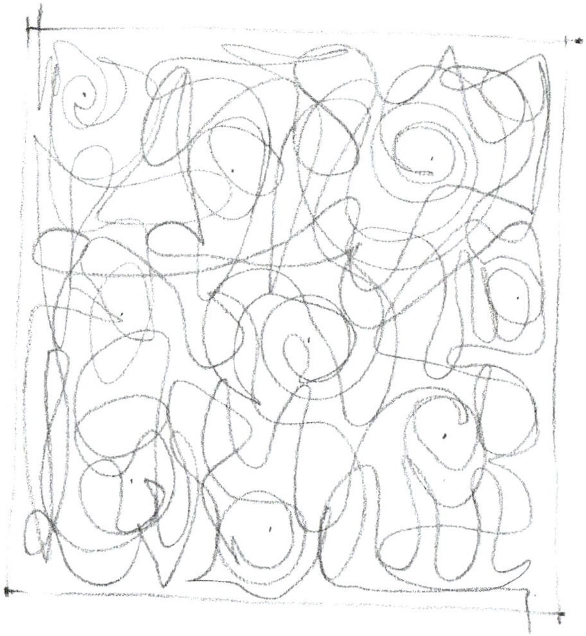

Füllen Sie das Blatt gleichmäßig und dicht mit einer Linie aus, ohne die Punkte zu berühren. Wie Sie merken, funktionieren hier abstrakte Vorgaben anstelle einer Geschichte.

Übungsziel

- zeichnen, ohne ständig abzusetzen
- Ästhetik der Linie wahrnehmen

Übung 33

Hauptpunkte finden und überzeichnen

Auf diese Weise können Sie auch reale Vorlagen mit Punkten markieren und anschließend locker überzeichnen. Das hat dann mit verkrampftem Abmalen nichts mehr gemeinsam.

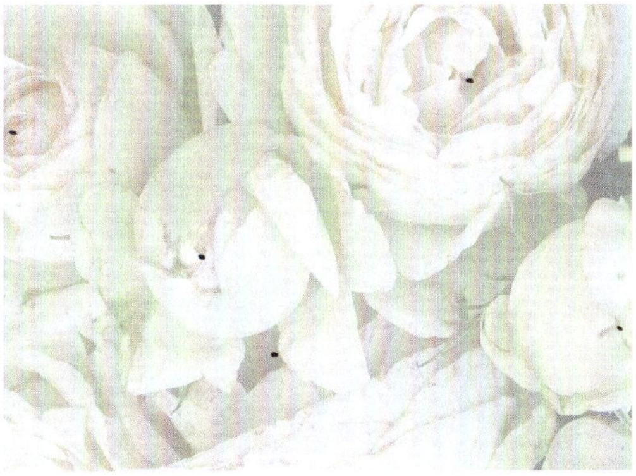

Markieren Sie die Hauptpunkte auf der Bildvorlage.

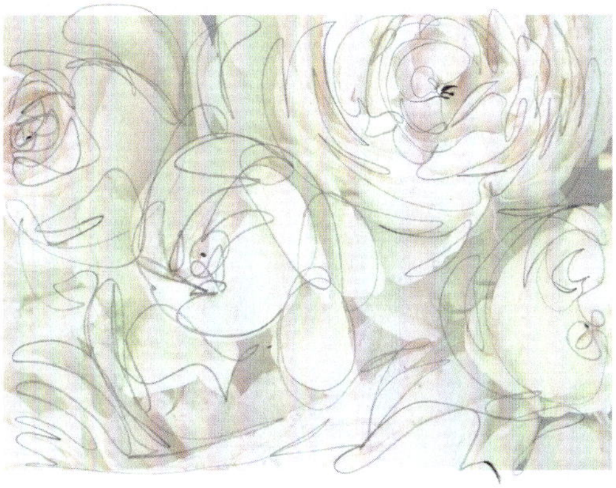

Dann verbinden Sie die Linienstrukturen miteinander.

Übungsziel

- sich durch Punkte im Bild orientieren
- erkennen, dass Punkte das automatische Zeichnen erleichtern

Jede Übung lockert Ihre Handschrift und lässt sie gleichzeitig präziser wirken.

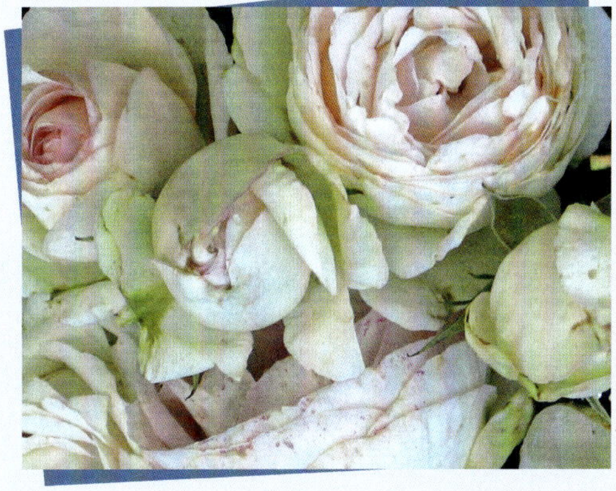

Übung 34

Punkte suchen und verbinden

Suchen Sie bei den Menschen auf dem Foto zuerst die wichtigen Punkte und verbinden Sie diese ganz automatisch mit einer Linie.

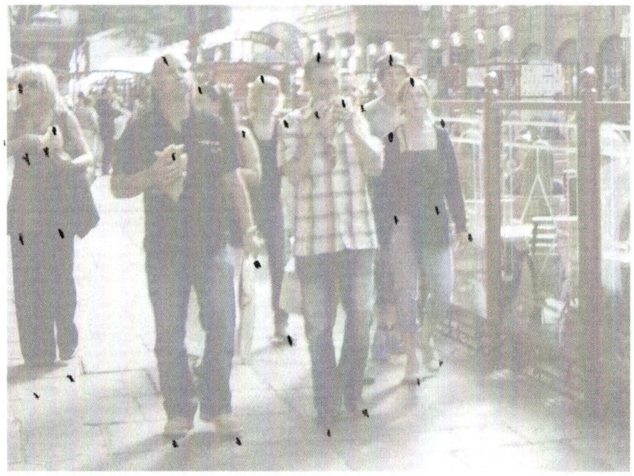

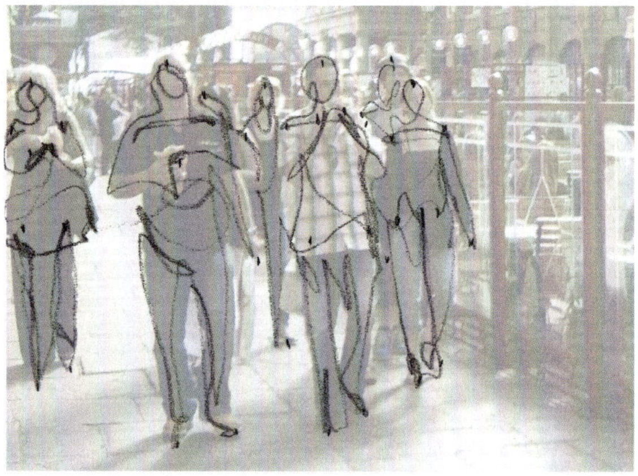

Übungsziel

- sich durch Punkte im Bild orientieren
- erkennen, dass Punkte das automatische Zeichnen erleichtern

Auch wenn Sie das Transparentpapier nicht mit Kreppband auf Ihrem Motiv befestigen möchten, sind Punkte eine nützliche Hilfe. So finden Sie schnell die richtige Position wieder, falls Sie aus Versehen mal verrutschen.

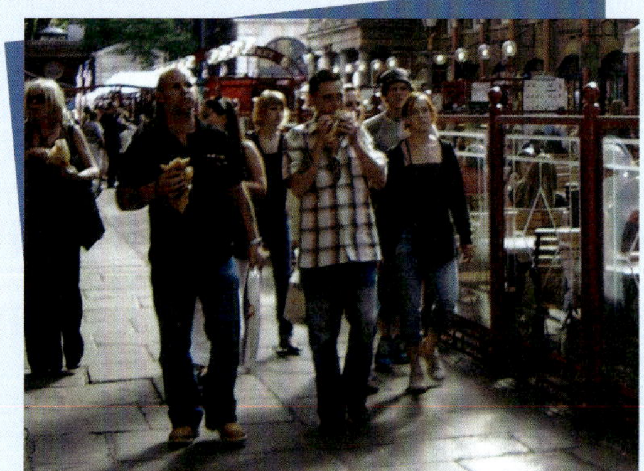

Übung 35

Variationen zeichnen

An dieser Skyline können Sie gut verschiedene Zeichenvarianten ausprobieren.

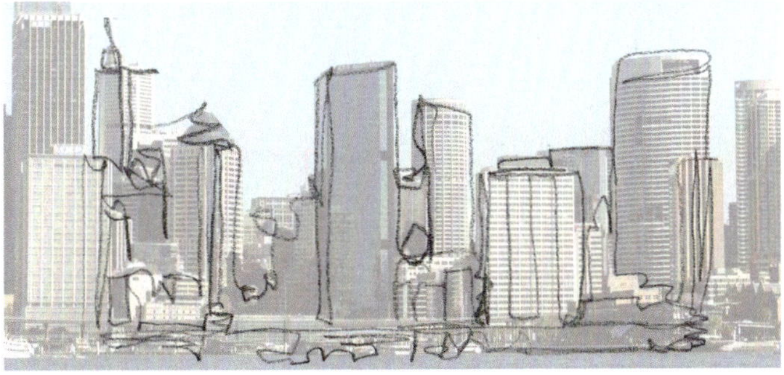

Zeichnen Sie die Stadtansicht zunächst rasch und ohne abzusetzen.

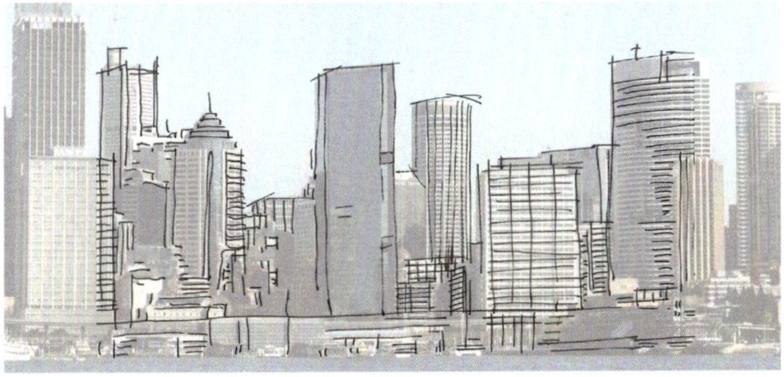

Lassen Sie nun bewusst einzelne Linien sich überschneiden.

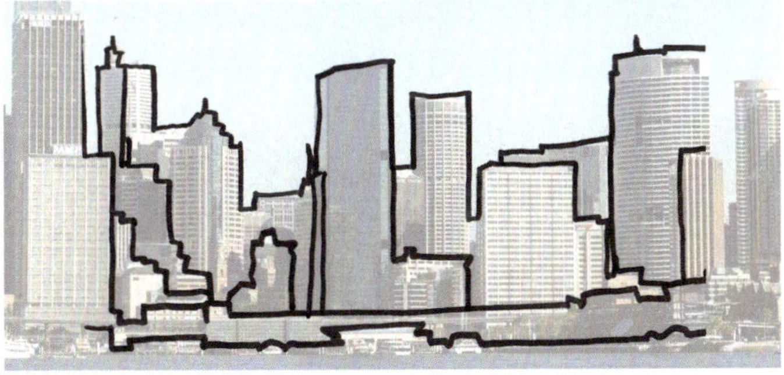

Hier folgt der Strich den markanten äußeren Konturen. Halten Sie dabei in den Ecken kurz inne, um sich wieder neu zu orientieren.

Übungsziel

- zeichnerische Variationen finden
- unterschiedliche Zeichnungen vergleichen
- einen eigenen Zeichenstil entdecken

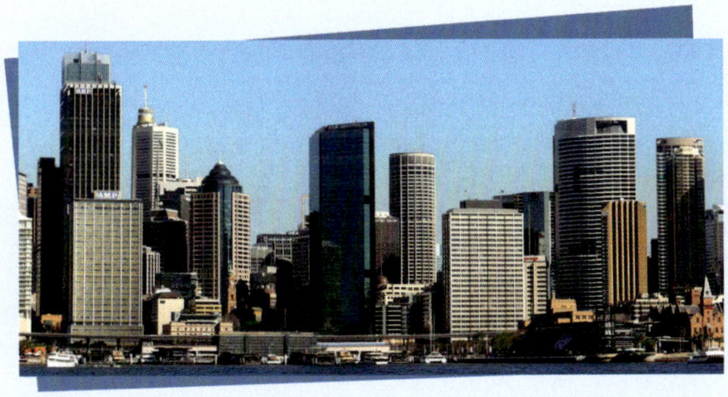

Das Zeichen-Tagebuch

Hier möchte ich Sie dazu anregen, jeden Tag eine kleine Skizze in einem Zeichen-Tagebuch festzuhalten. Sie werden schnell merken, wie unterschiedlich Ihre Zeichnungen je nach Tagesform ausfallen.

Auf den nächsten Seiten sehen Sie exemplarisch zwei Wochen meines Zeichen-Tagebuchs. In der einen Woche habe ich mich von den unten stehenden Ausgangspunkten zu sieben völlig unterschiedlichen Zeichnungen inspirieren lassen.

Hier können Sie Ihr erstes Zeichen-Tagebuch beginnen! Am besten legen Sie gleich damit los.

Ausgangspunkte

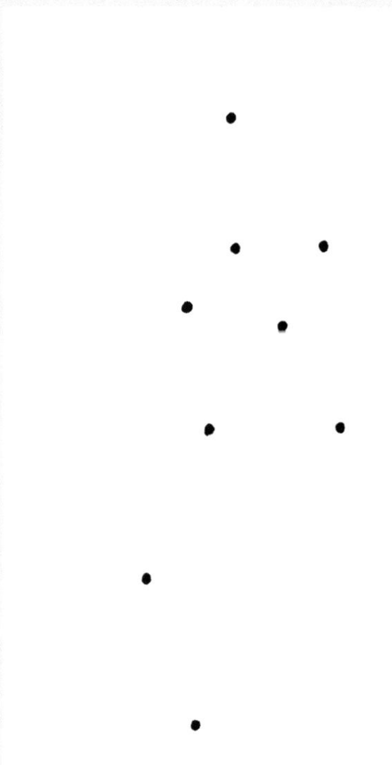

Montag

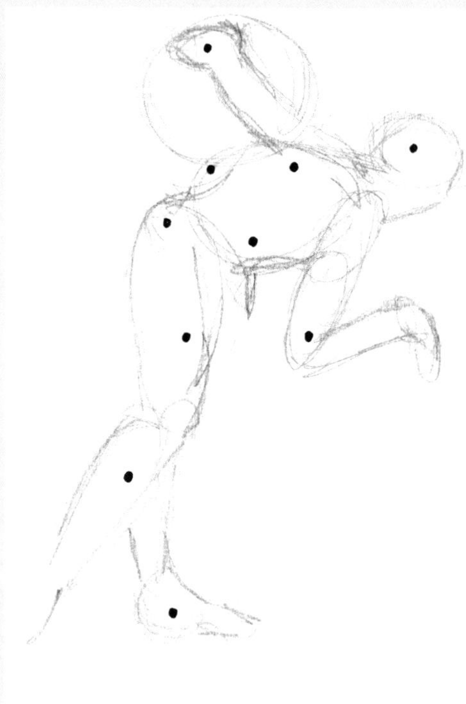

Dienstag

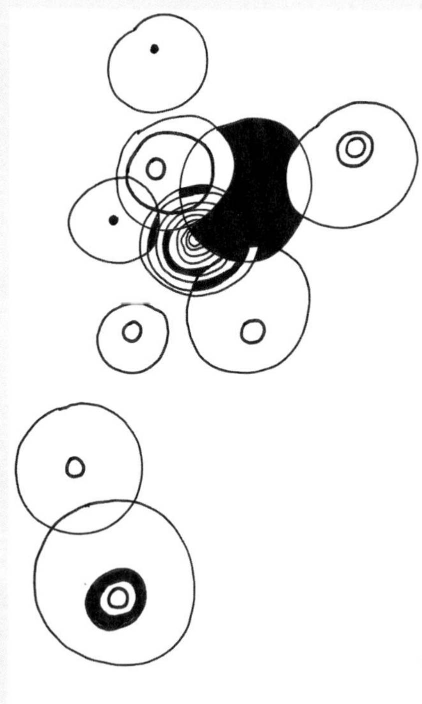

Mittwoch

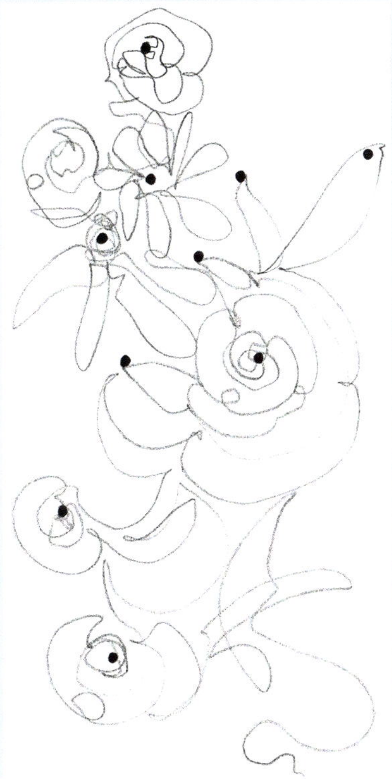

Donnerstag

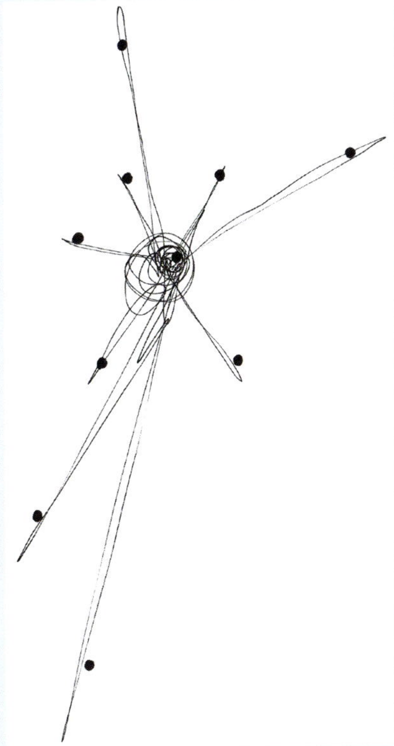

Freitag

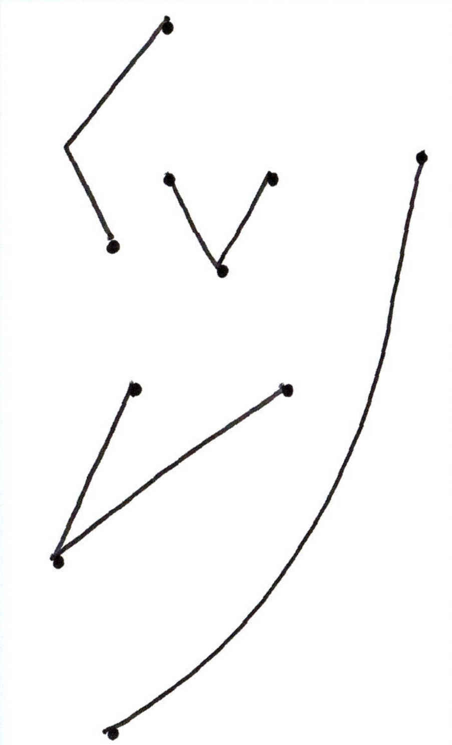

Samstag

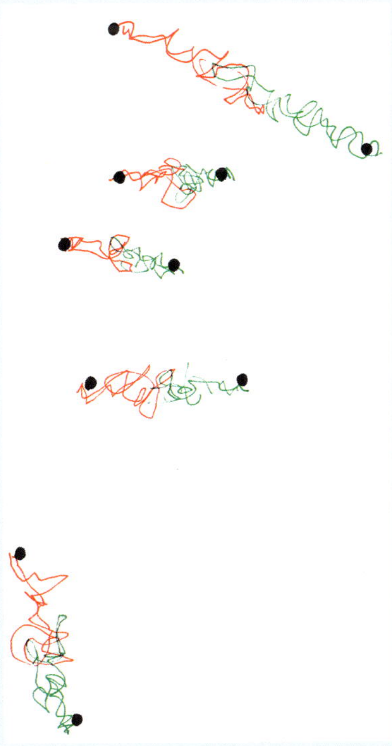

Sonntag

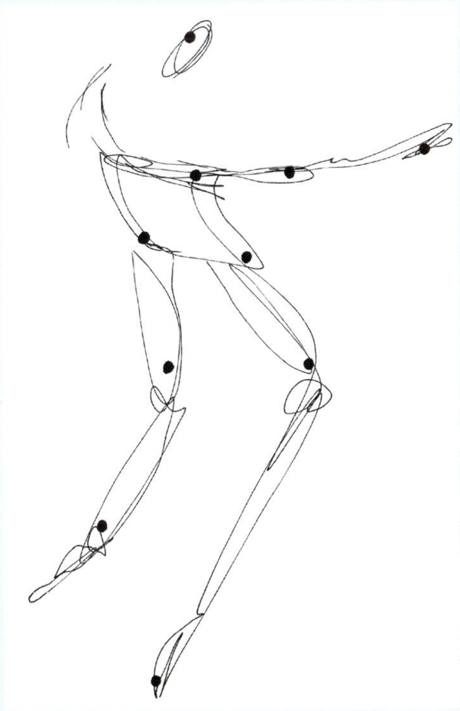

Skizzenbücher berühmter Maler sind oft spannender als ihre fertigen Werke!

Eine Woche mit Punkten

Hier habe ich für Sie sieben Tagebuchseiten mit Punkten vorbereitet. Lassen Sie sich jeden Tag von diesen Punkten zu einer kleinen Skizze anregen. Sie können direkt auf die Seiten zeichnen oder Transparentpapier verwenden. Ich habe mich für Transparentpapier entschieden und sieben Tage lang dieselben Punkte verwendet. Auf Seite 60f. sehen Sie, wie unterschiedlich meine Zeichnungen wurden.
Viel Spaß dabei!

Diese Übungsreihe lässt sich natürlich beliebig erweitern. Setzen Sie dafür einfach ein paar Punkte nach Lust und Laune auf ein Blatt Papier.

Montag

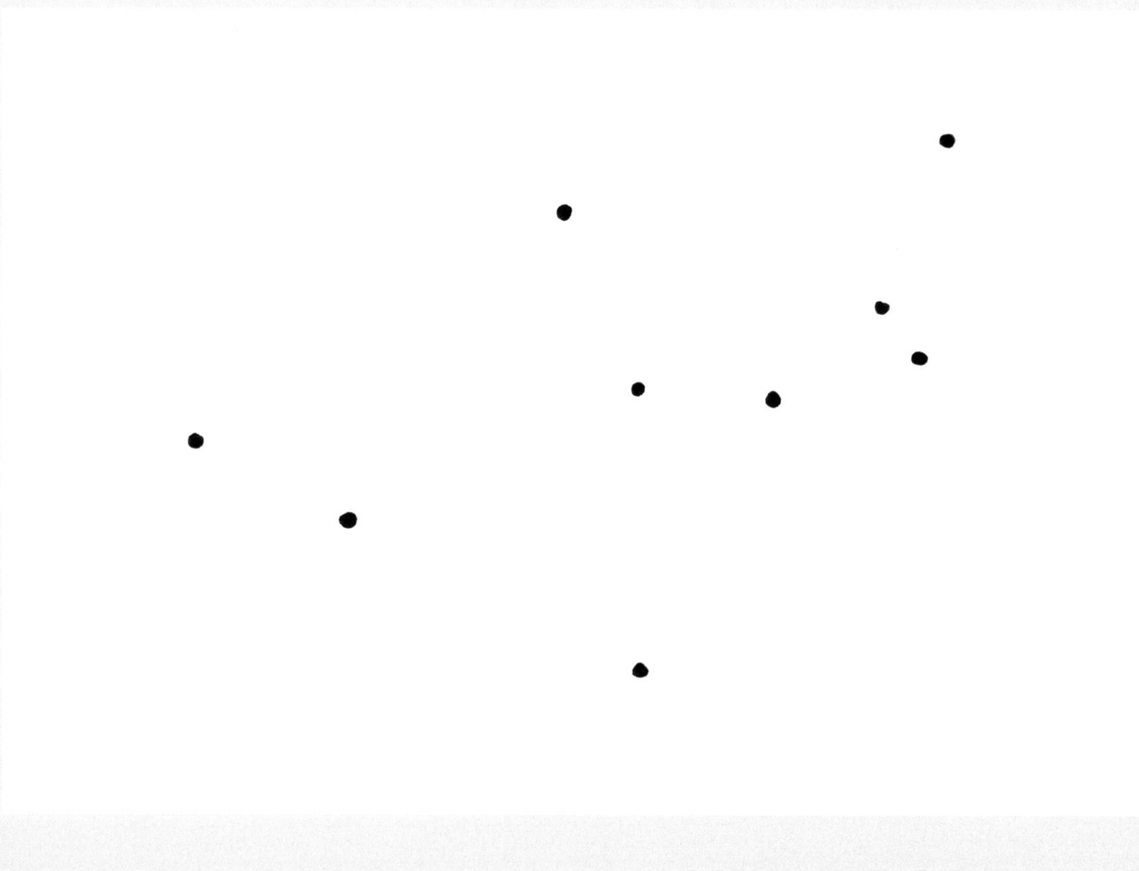

Dienstag

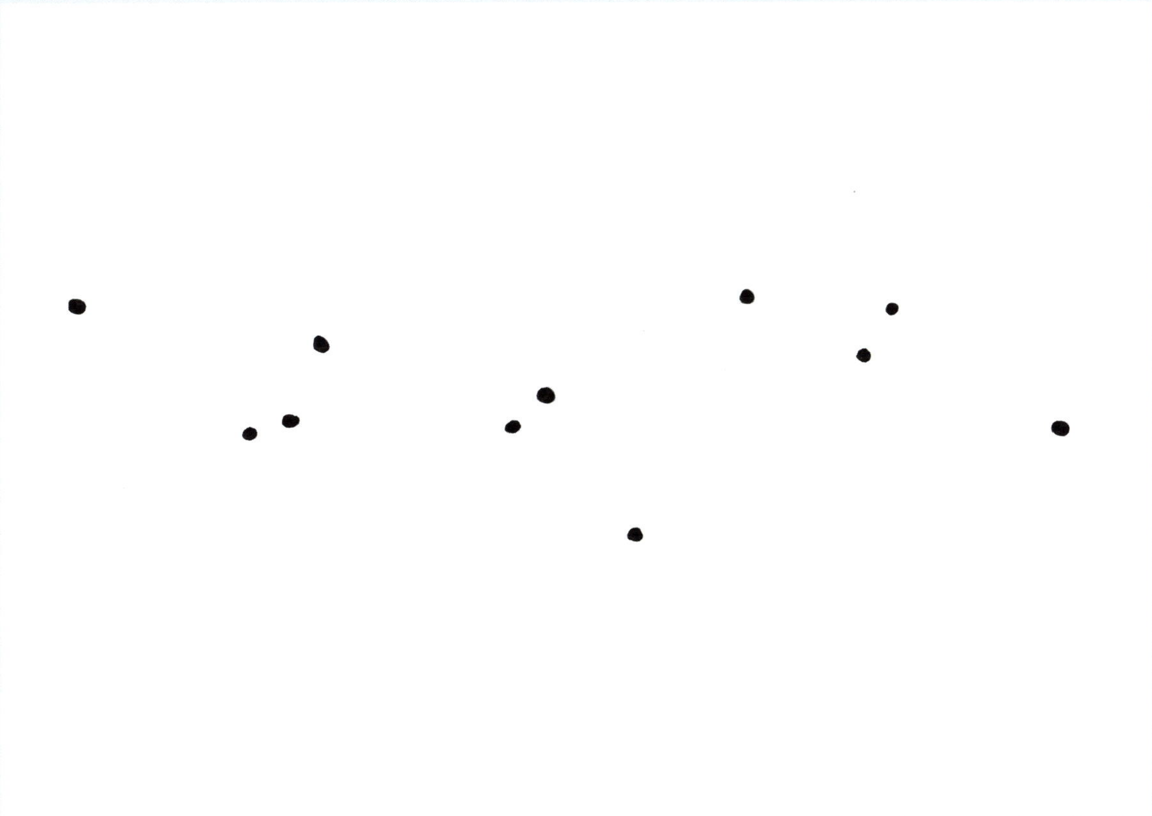

Mittwoch

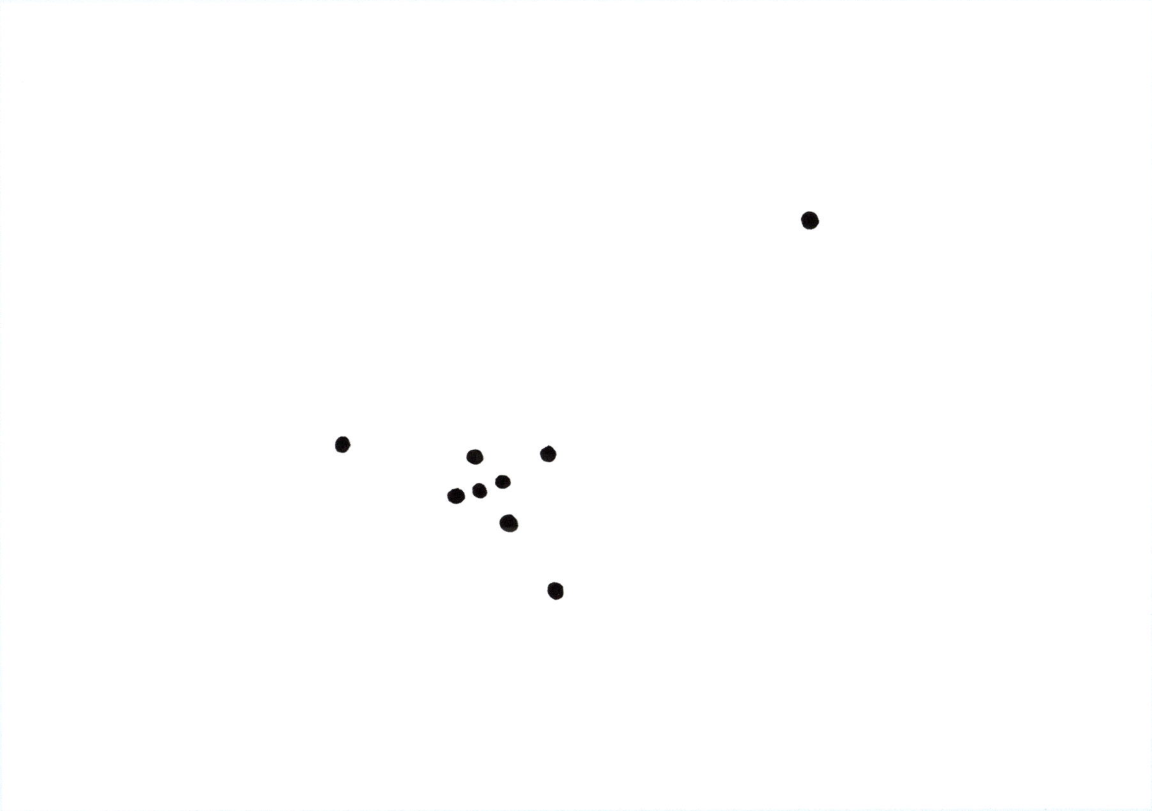

Donnerstag

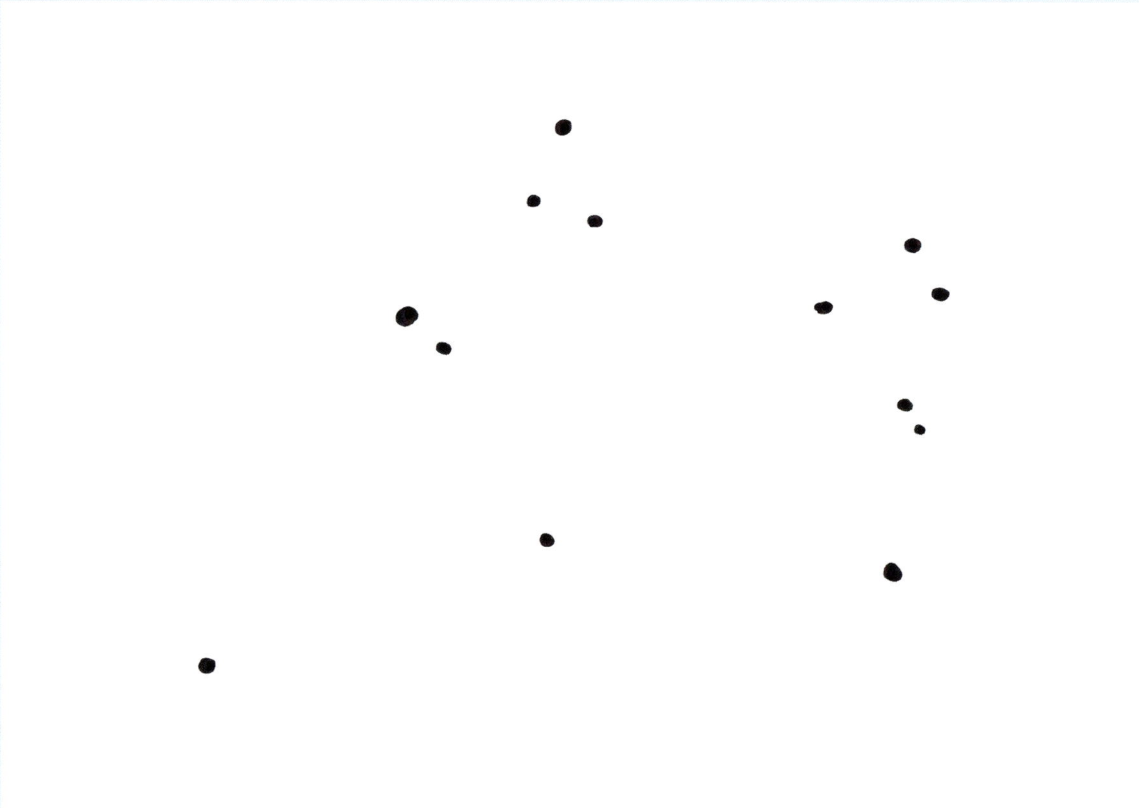

Freitag

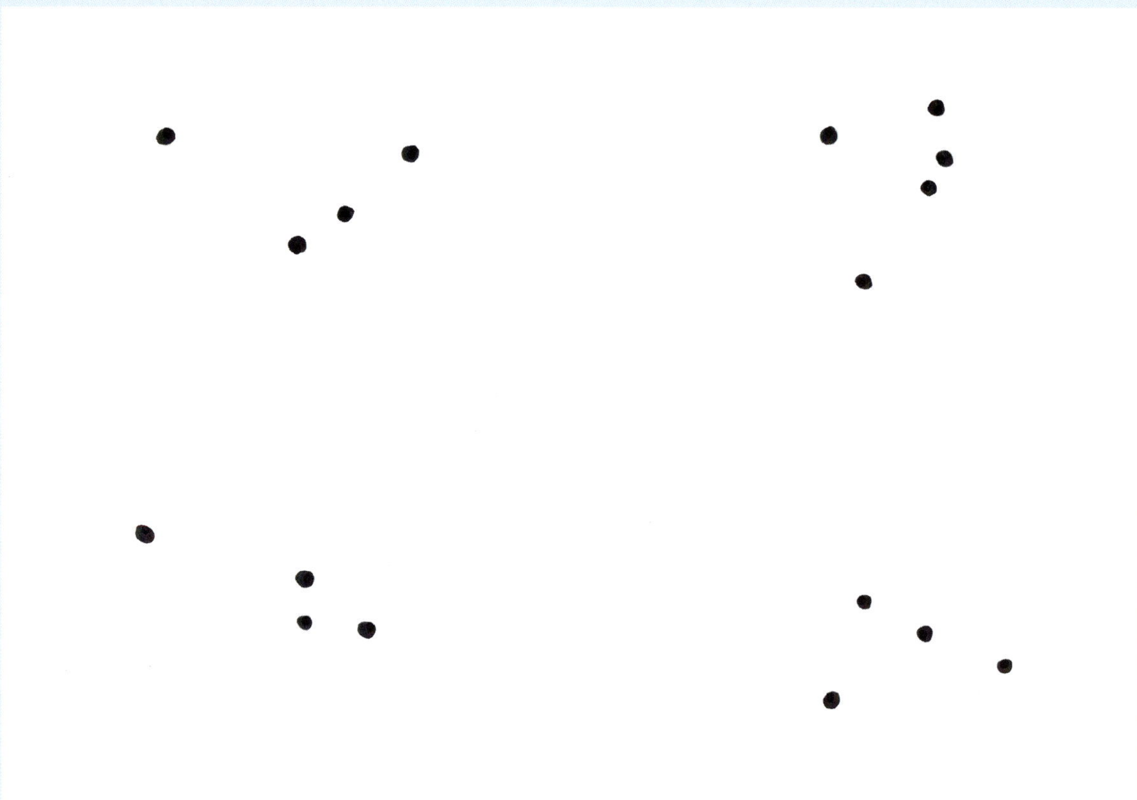

Samstag

Sonntag

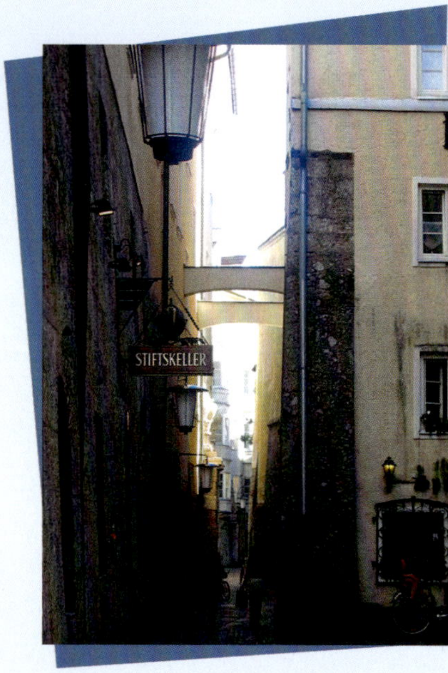

Das Ausgangsbild ist eine Straßenflucht, die ich in verschiedenen Zeichenvarianten auf Transparentpapier umgesetzt habe.

Montag

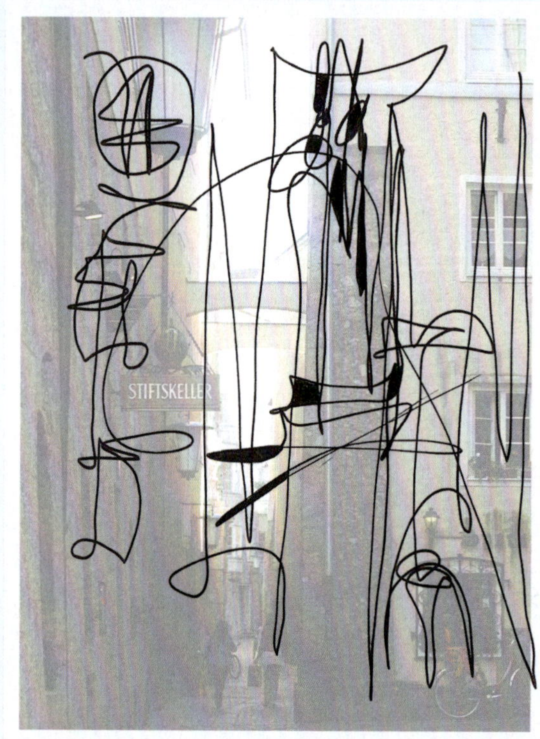

Dienstag

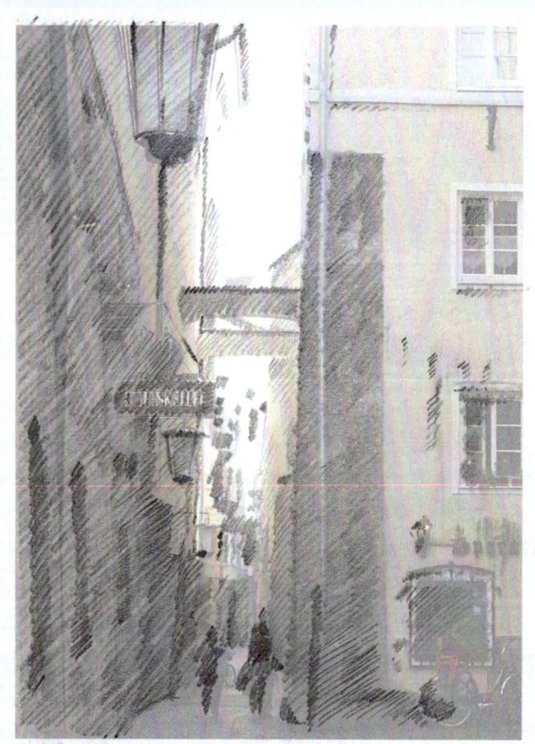

Mittwoch

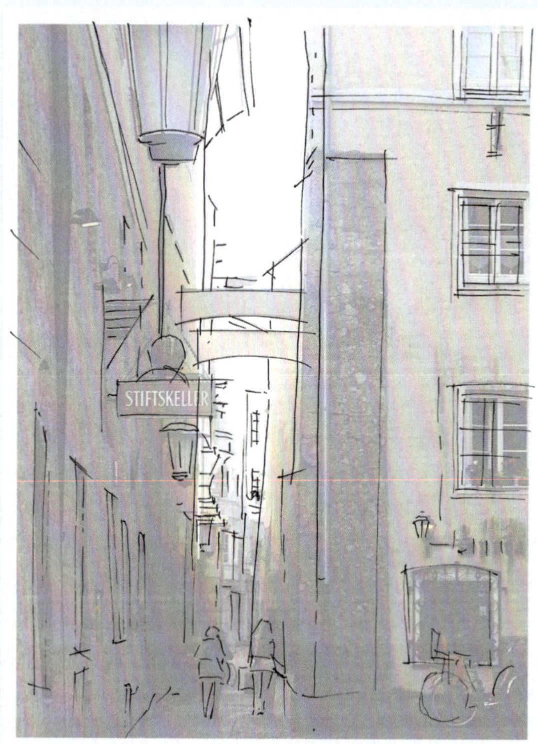

Donnerstag

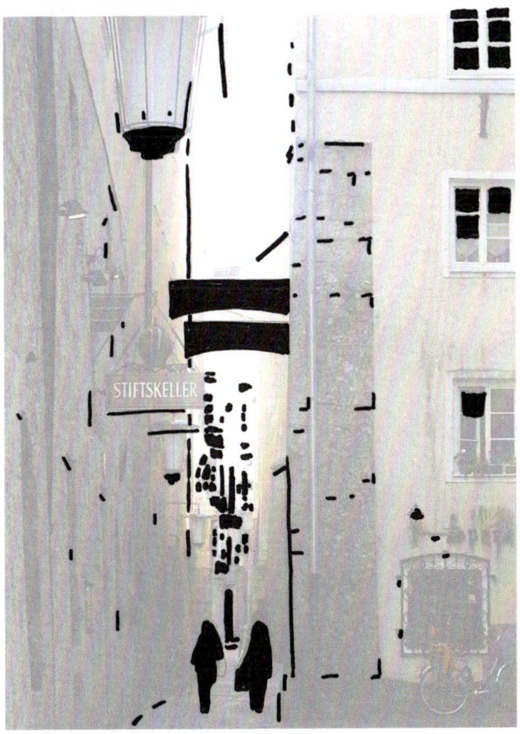

Freitag

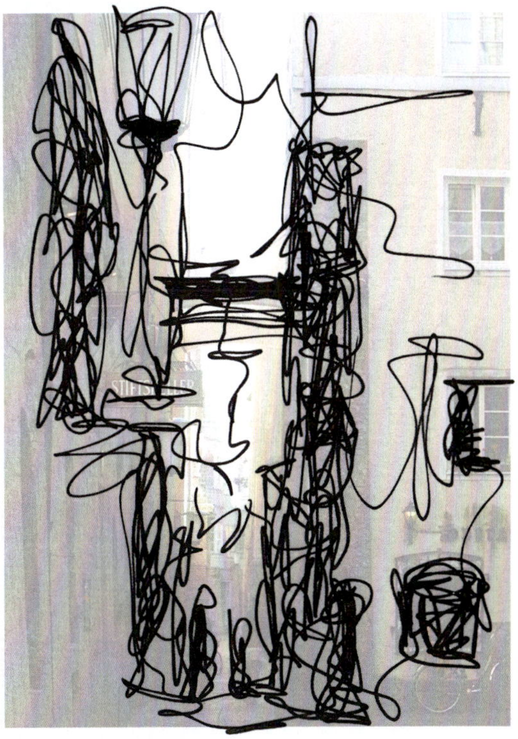

Samstag

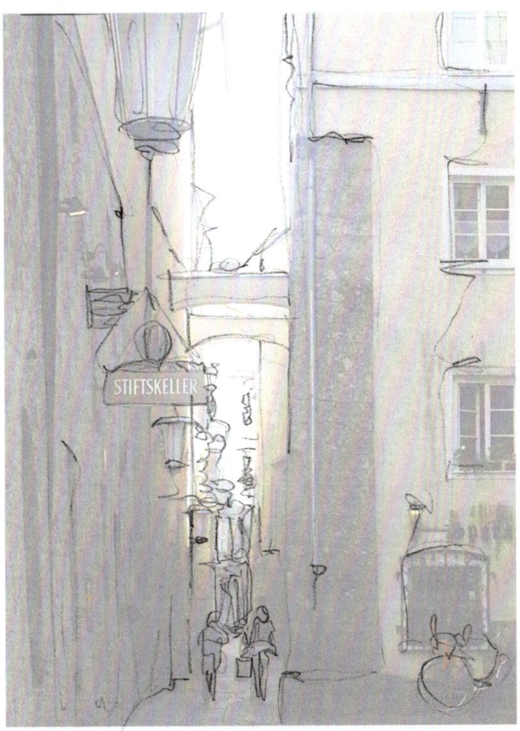

Sonntag

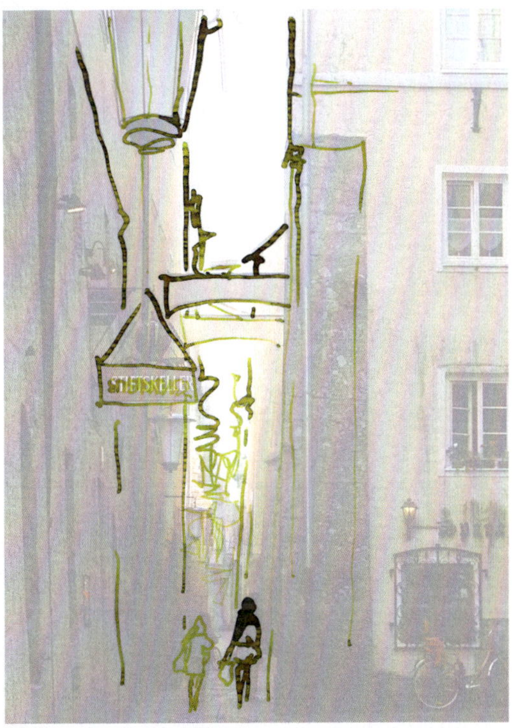

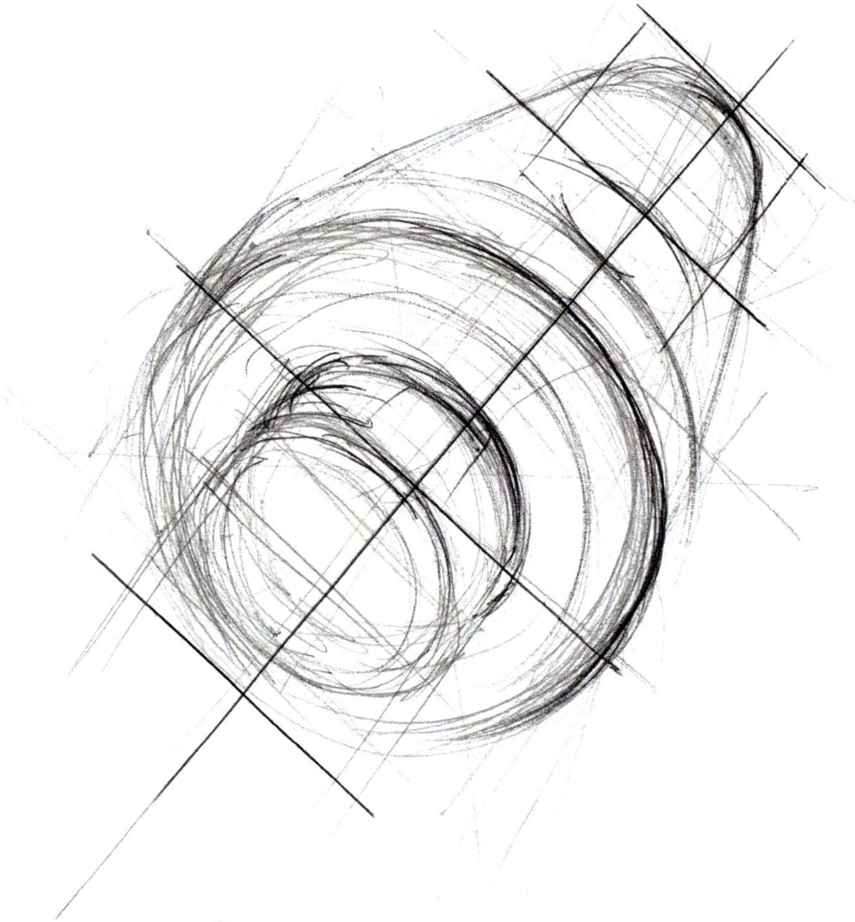

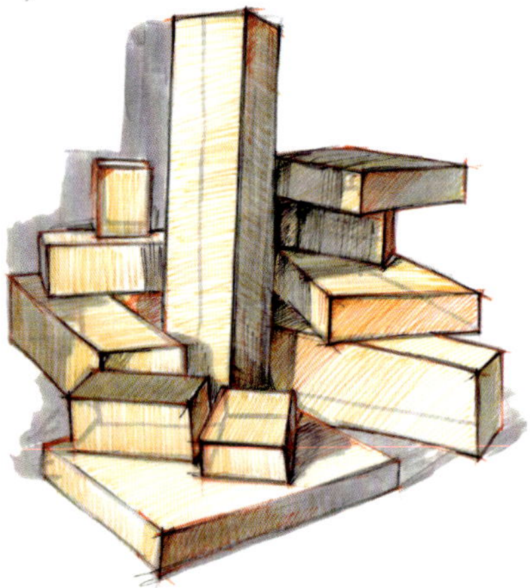

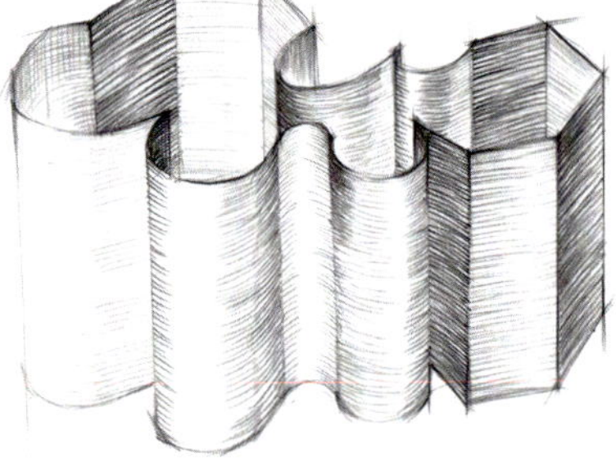

Kapitel 2

Grundlagen des Zeichnens

Auf den folgenden Seiten dreht sich alles um zwei wichtige Grundelemente beim Zeichnen, nämlich um die Proportion und das Volumen. Die Größenverhältnisse von Höhe, Breite und Länge führen zur korrekten Proportion eines Gegenstandes. Das A und O dabei: Das Erkennen und Reduzieren sowohl simpler als auch komplexer Objekte auf einfache Grundformen. Glücklicherweise brauchen Sie dafür in der Regel nur zwei Grundkörper und zwar den einfachen Rechteckkörper, im Folgenden Kubus genannt, sowie den Zylinder. Dafür müssen diese beiden allerdings „im Schlaf" beherrscht werden. Wie Sie das ganz leicht erlernen können, erfahren Sie in diesem Kapitel.

Der Kubus

Achtung, fertig, zeichnen! Das exakte Zusammenspiel von Auge und Hand hat viel mit Konzentration zu tun. „Wackel-Linien“ sind am Anfang völlig normal! Folgen Sie mit Ihrem Auge der Handführung und schon wird es besser. Langsam lernen Sie Ihre Hand zu kontrollieren – das reicht für den Anfang. Ich habe in dieses Buch immer wieder ähnliche Übungen eingebaut. Denn: Zeichnen ist reine Übungssache! Je öfter Sie diese Übung wiederholen, umso sicherer werden Sie.

Übung 36

Der sichere Strich

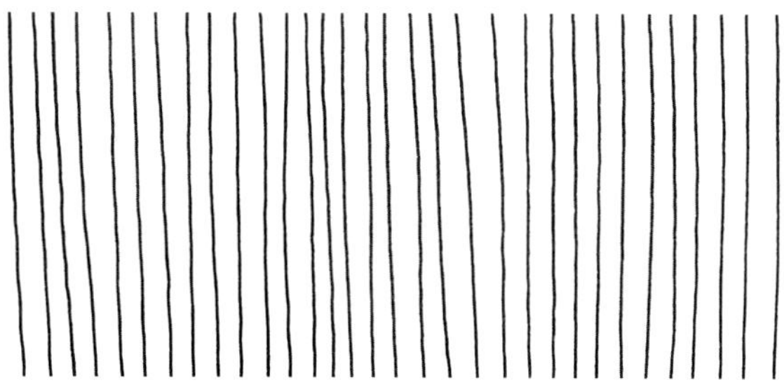

Zeichnen Sie senkrechte Linien auf Ihr Blatt, die alle gleich lang sind und den gleichen Abstand haben.

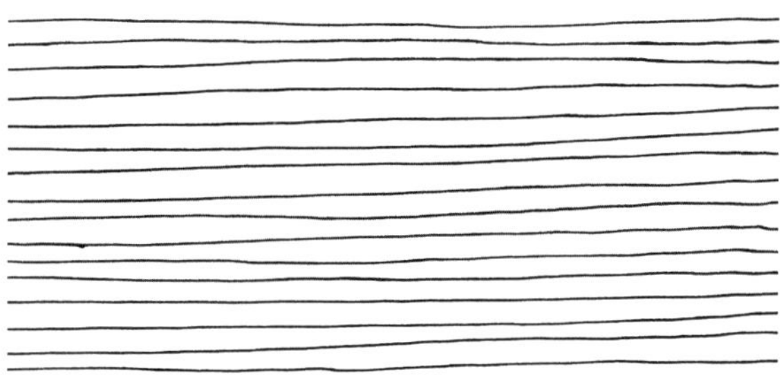

Zeichnen Sie das Gleiche mit waagerechten Linien.

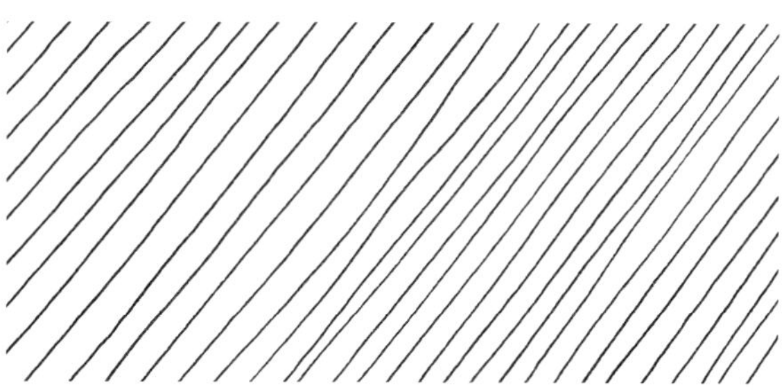

Zeichnen Sie diagonale Linien.

Übungsziel

- Konzentration beim Zeichnen
- Sicherheit beim Zeichnen gewinnen
- bessere Handführung

Übung 37

Viele Muster

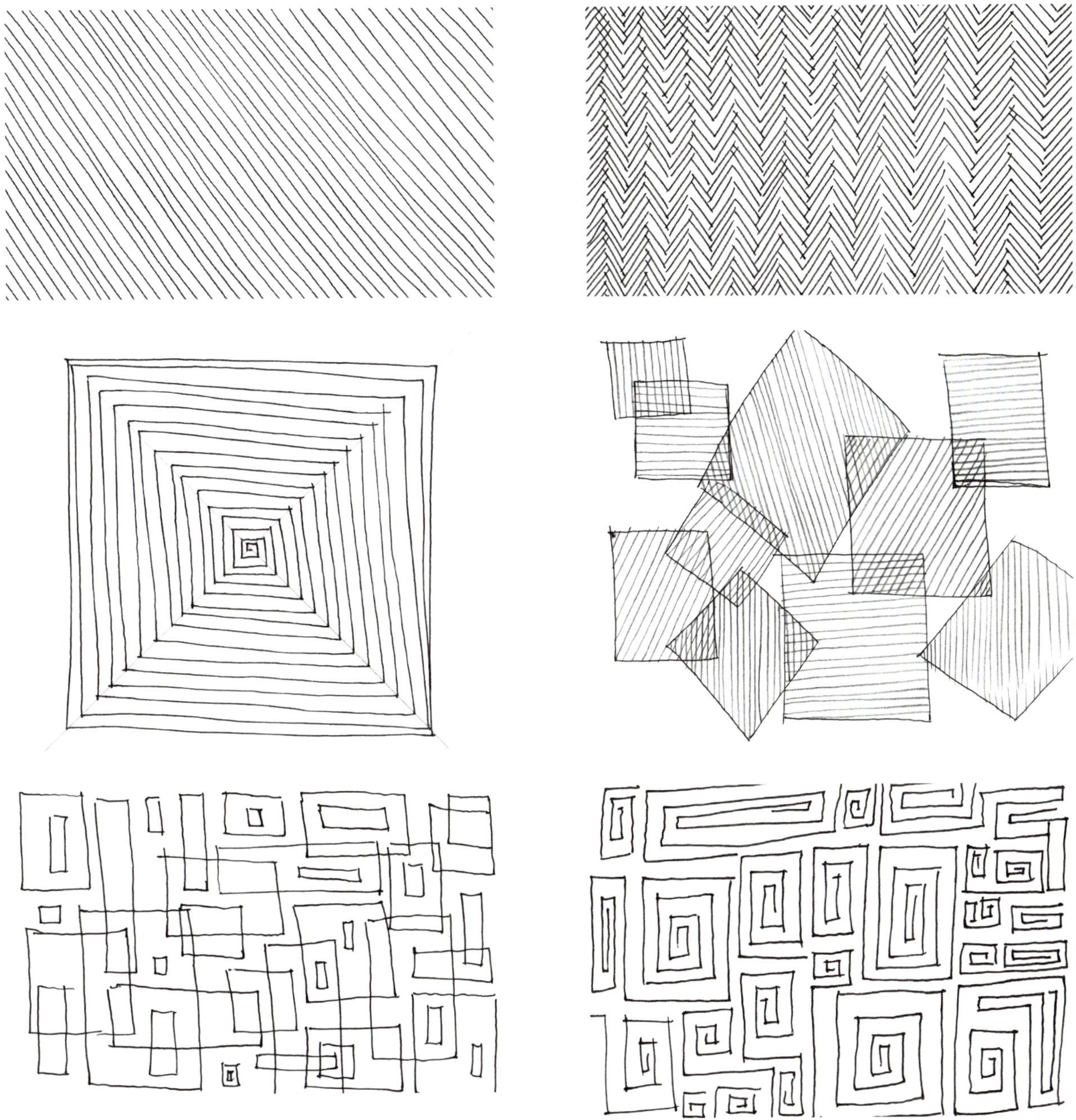

Übungsziel

- unterschiedliche Linien üben
- geometrische Figuren und Überschneidungen zeichnen

Übung 38

Unterschiedliche Würfel

Entwerfen Sie einfache Bauklötze, die Sie nach Belieben stapeln. Zur besseren Unterscheidung färben Sie jeweils drei Seiten wie abgebildet unterschiedlich ein. Wenn Sie noch unsicher sind, kopieren Sie zunächst das Beispiel und entwerfen anschließend eigene Zeichnungen.

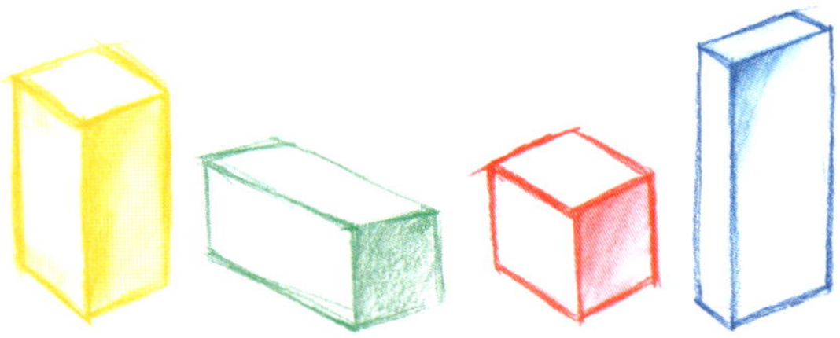

Zeichnen Sie die abgebildeten Klötze nach.

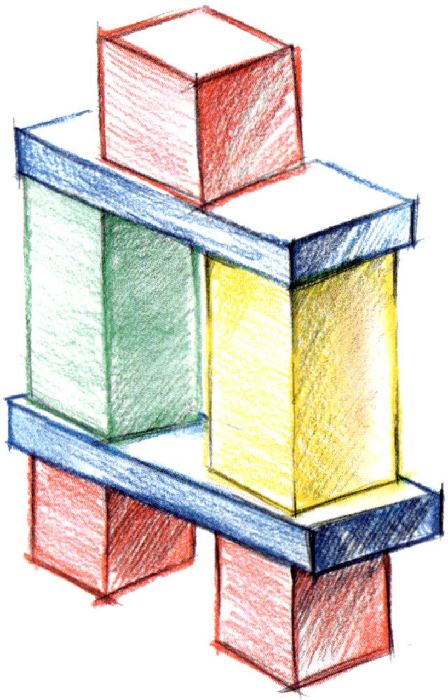

Übungsziel

- die Seiten der Kuben wahrnehmen
- mit Kuben fantasievoll üben

Übung 39

Spielerische Variationen

Entwerfen Sie spielerisch weitere Bauklotzstapel, die wie das gezeigte Beispiel nur hübsch aussehen sollen, aber keineswegs funktionieren müssen.

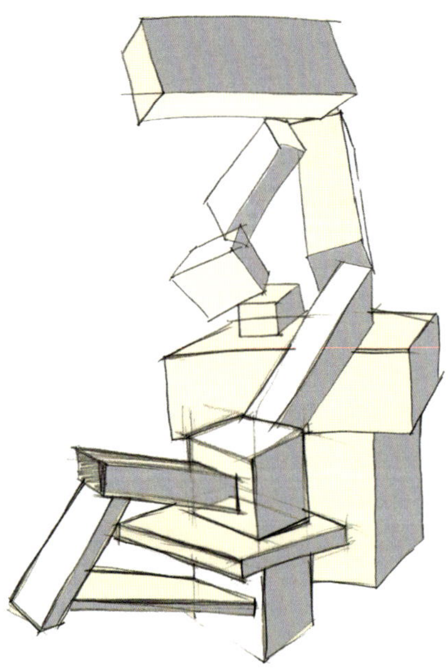

Übung **40**

„Schachteleien“

Zuerst zeichnen Sie verschiedene Schachteln, die Sie offen, geschlossen oder gekippt darstellen. Wenn Sie mögen, benutzen Sie die gezeigten Beispiele als Hilfe. Anschließend kombinieren Sie die Schachteln wie im nebenstehenden Beispiel. Achten Sie darauf, dass die Seiten auch wirklich parallel sind! Sie können dies ganz einfach mit Ihrem Stift prüfen. Dafür halten Sie ihn wie ein Lineal und verschieben ihn in die entsprechende Richtung.

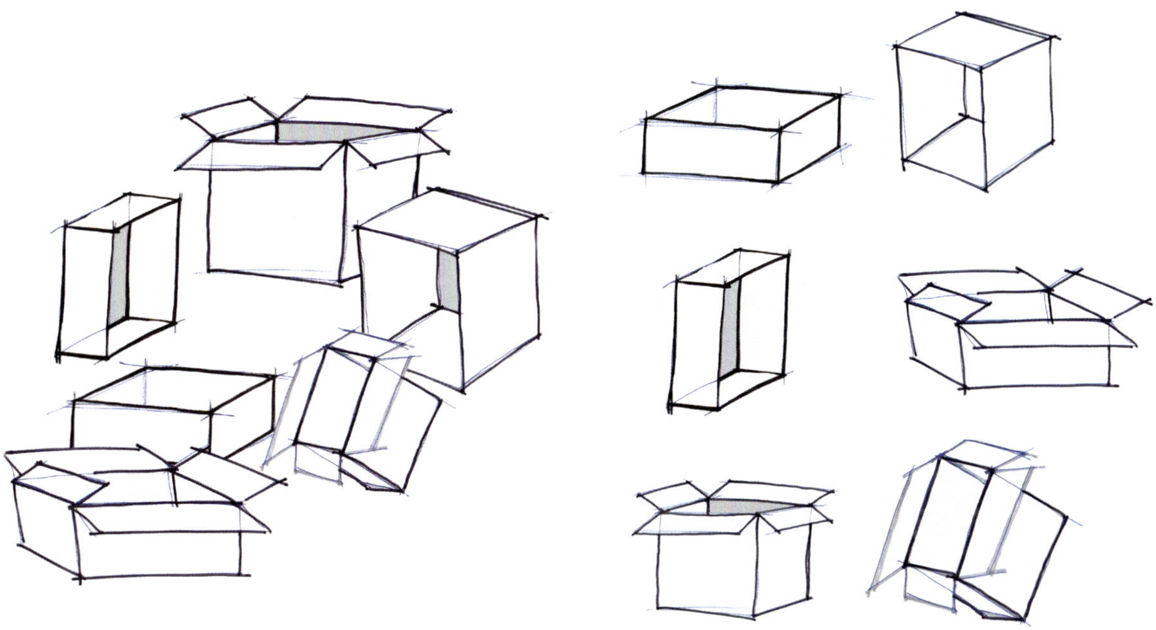

Übungsziel

- Parallelen einhalten
- Licht- und Schattenflächen definieren
- unterschiedliche Graustufen anlegen

Arbeiten Sie lieber auf größeren Flächen, beispielsweise auf alten Tapeten, Packpapier etc. Auch das hilft dabei, locker und unverkrampft zu zeichnen.

Übung 41

Klotz-Kompositionen

Zeichnen Sie eine Bauklotzlandschaft. Dafür können Sie entweder eigene Klötze oder eine der hier gezeigten Anregungen nutzen. Wichtig ist dabei, dass Sie eine möglichst große Zeichnung anfertigen und Ihr Blatt komplett ausfüllen!

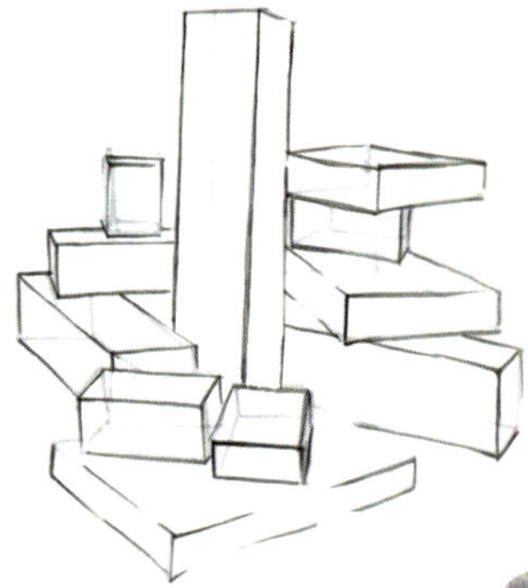

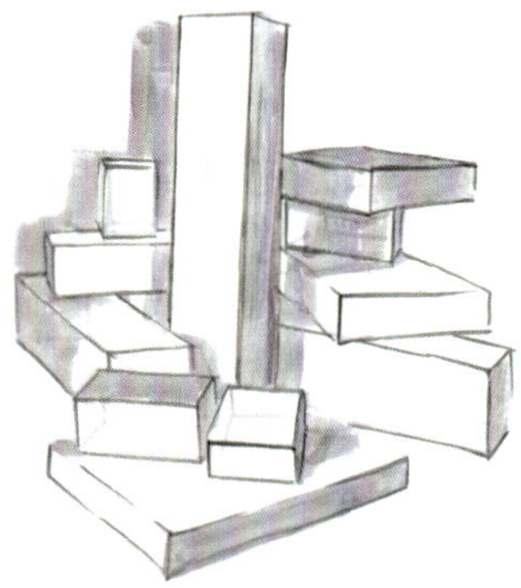

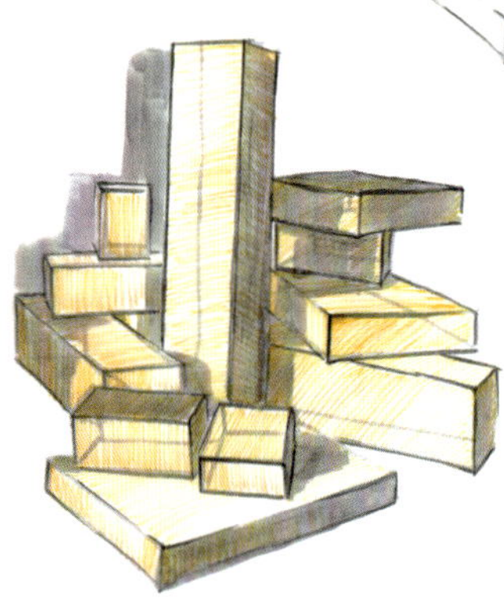

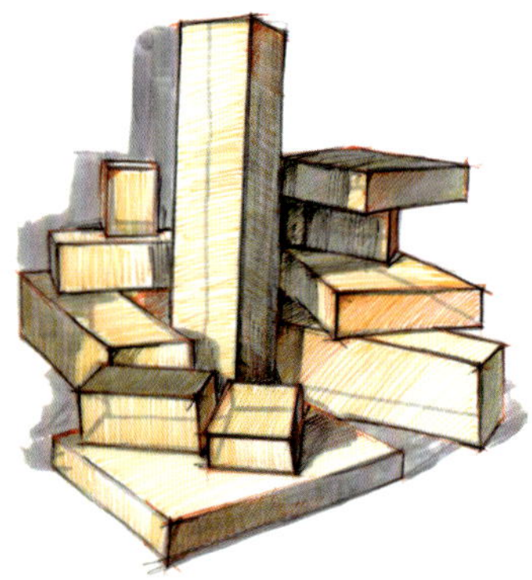

Übungsziel

- eine formatfüllende Landschaft mit Klötzen schraffieren
- Umgang mit Licht und Schatten üben

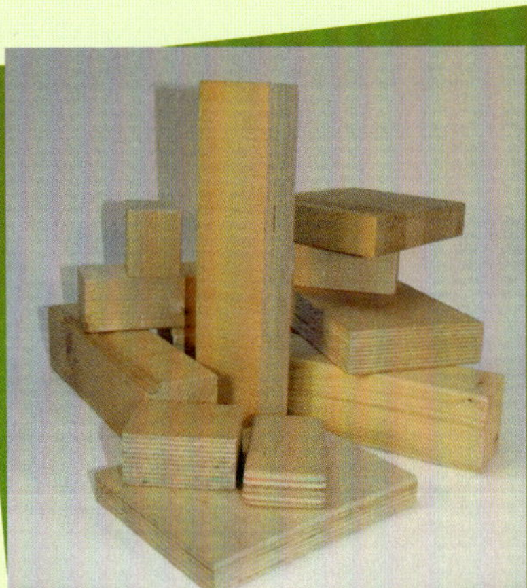

ENTWERFEN SIE WEITERE SKIZZEN. HIER EINIGE ANREGUNGEN:

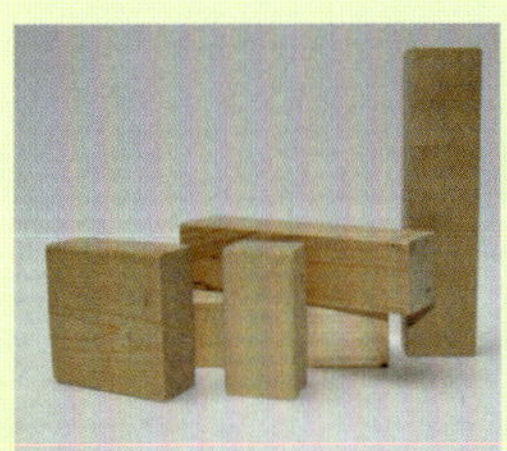

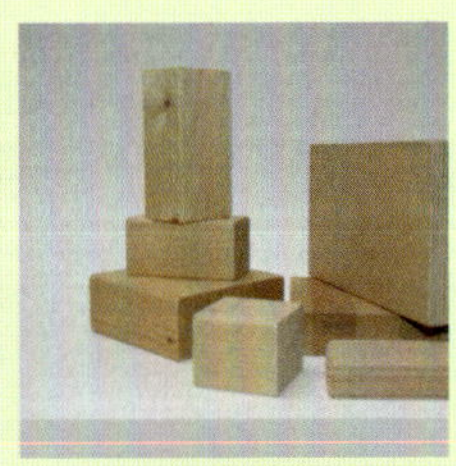

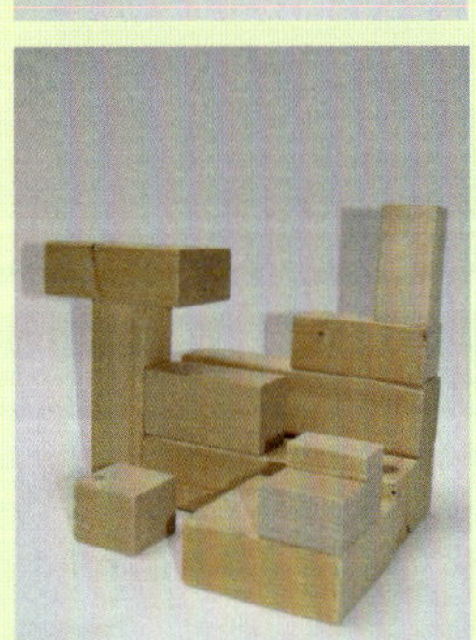

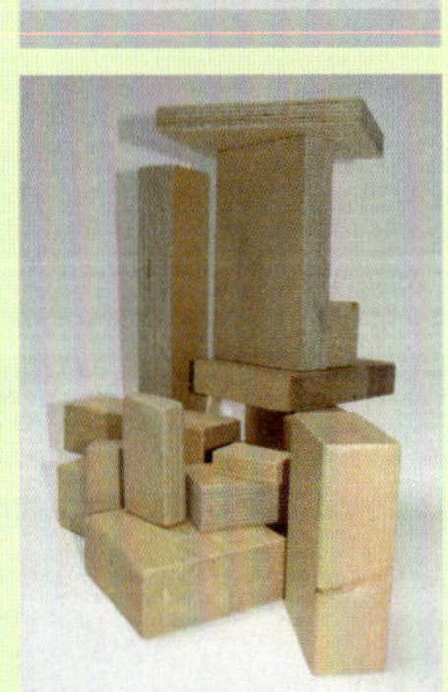

Übung **42**

Andere Rechteckkörper

Zunächst zeichnen Sie eigene oder die hier gezeigten Rechteckkonstruktionen aus senkrechten und waagerechten Strichen. Dann ergänzen Sie die Schrägen mit parallelen Linien und lassen dadurch Gebäude entstehen.
Wenn Sie noch unsicher sind, übertragen Sie zunächst die abgebildeten Beispiele auf Ihr Papier und entwickeln im Anschluss eigene Formen. Sind Sie schon sicherer im Umgang mit Rechteckkörpern, beginnen Sie gleich mit komplexeren Projekten.

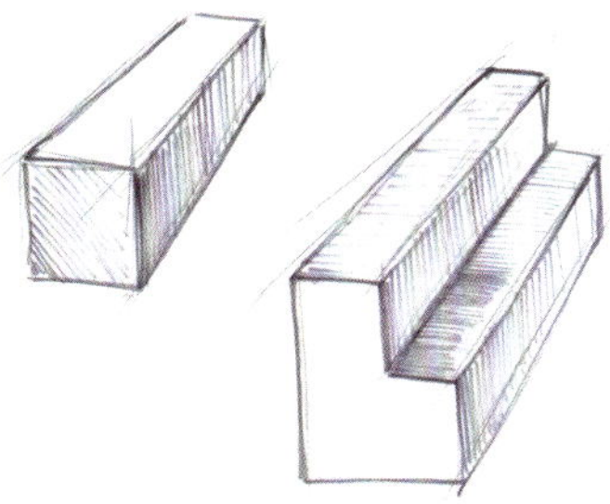

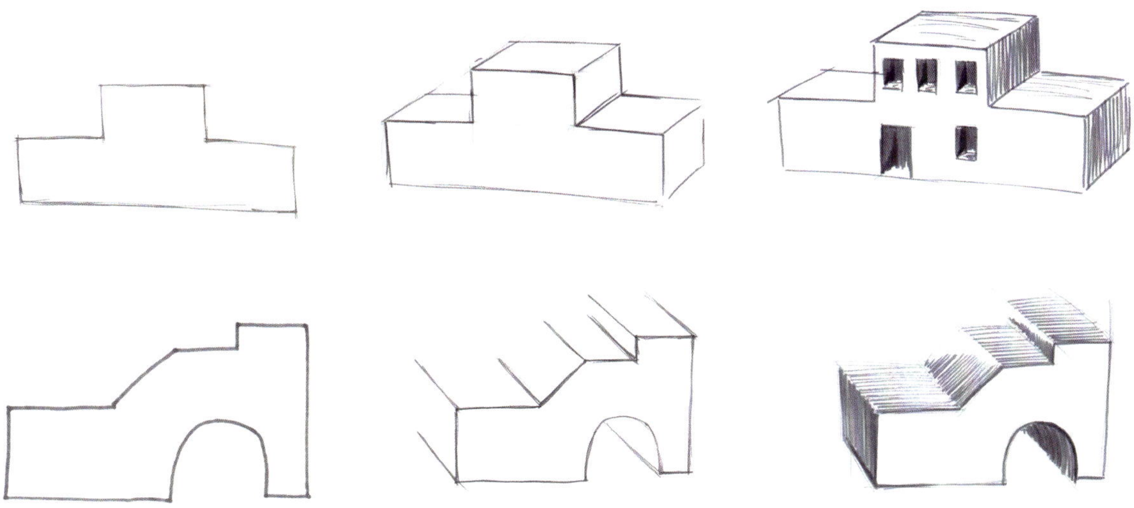

Übungsziel

- souverän mit Rechteckkonstruktionen umgehen
- Schattenflächen mit unterschiedlichen Schraffuren darstellen

Wichtiger als die perfekte, gerade Linie ist das Verstehen! Deshalb spielen Sie kreativ herum. Radieren Sie nicht, zeichnen Sie einfach darüber, wenn Sie etwas korrigieren wollen!

Vom Kubus zum Objekt

Wenn Sie die Grundform beherrschen, können Sie alles zeichnen! Sehen Sie selbst.

Übung 43

Sessel und Streichholzschachtel

Leiten Sie aus unterschiedlichen Rechteckformen insgesamt sechs Gegenstände ab, und zwar:

- Feuerzeug
- offene Streichholzschachtel
- Handy
- Sessel
- Schreibtisch
- Schlitten

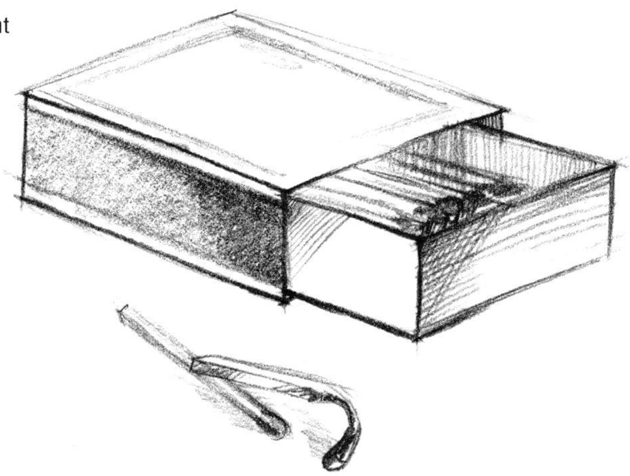

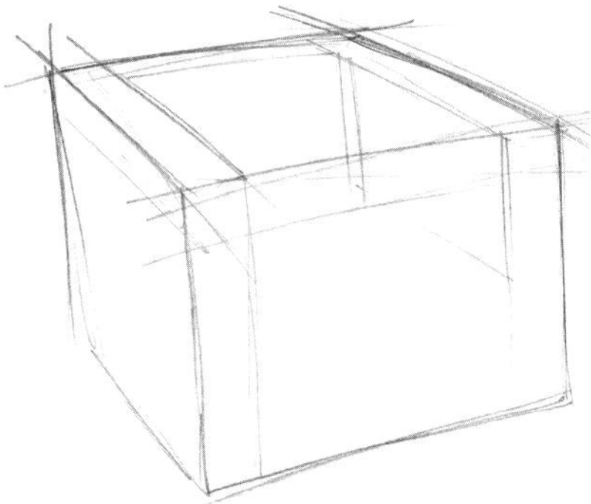

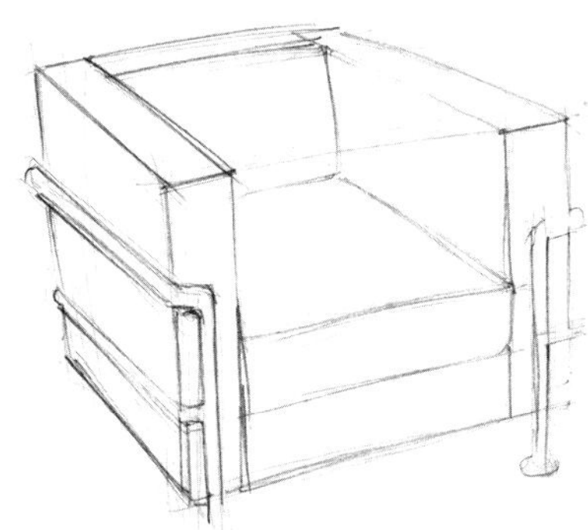

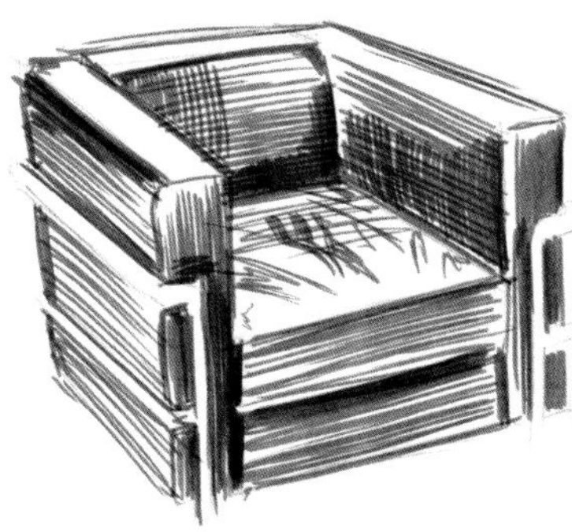

Übungsziel

- Motive mit der Grundform Kubus suchen
- mit der Grundform arbeiten

Übung 44

Handy und Feuerzeug

Wichtig: Bitte legen Sie Ihre Zeichnungen mindestens handflächengroß an!

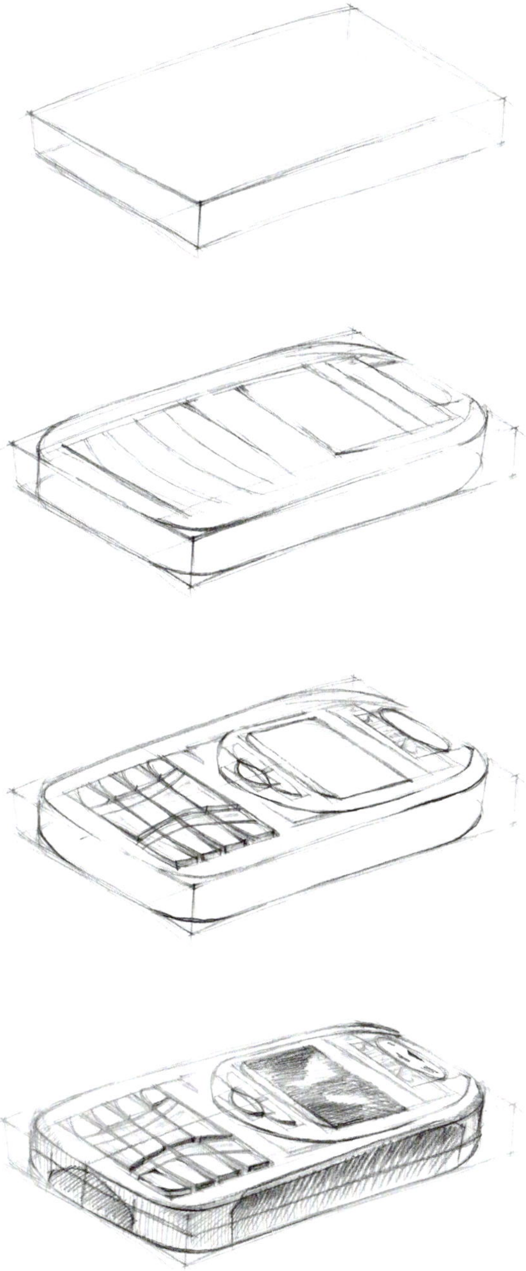

Mehr ist mehr! Zeichnen Sie nicht nur ab! Die eigene Formfindung ist viel wichtiger!

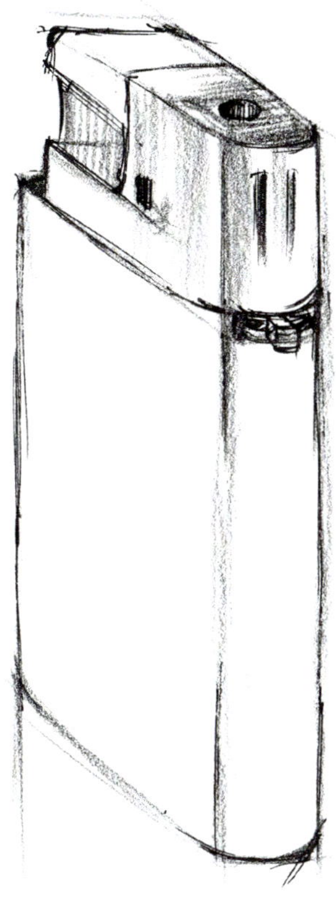

Übungsziel

- mit einer schnellen Skizze die Form finden
- Licht- und Schattenflächen durch Schraffieren definieren

Übung 45

Von der Grundform zum Detail

Versuchen Sie nun nach der Natur zu arbeiten. Dabei ist es wichtig, von der Vereinfachung bis zur komplexen Form in Schritten vorzugehen.
Suchen Sie Originalgegenstände aus dem Haushalt wie hier eine Schokoladentafel und ein Messerblock. Entwickeln Sie die Zeichnung in zwei Schritten, indem Sie zunächst Ihr Motiv in eine Rechteckform vereinfachen.

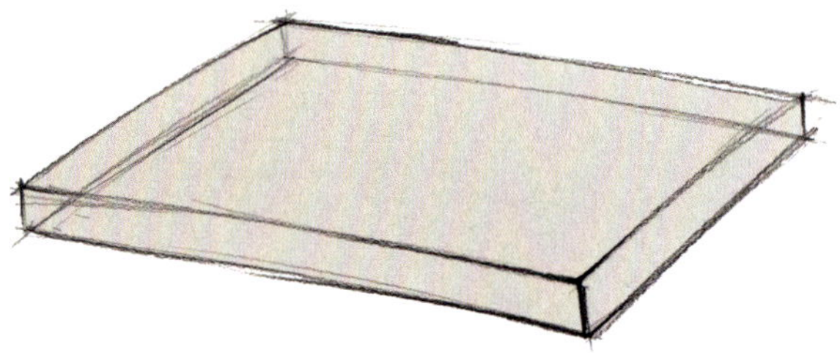

Vereinfachen auf die Grundform

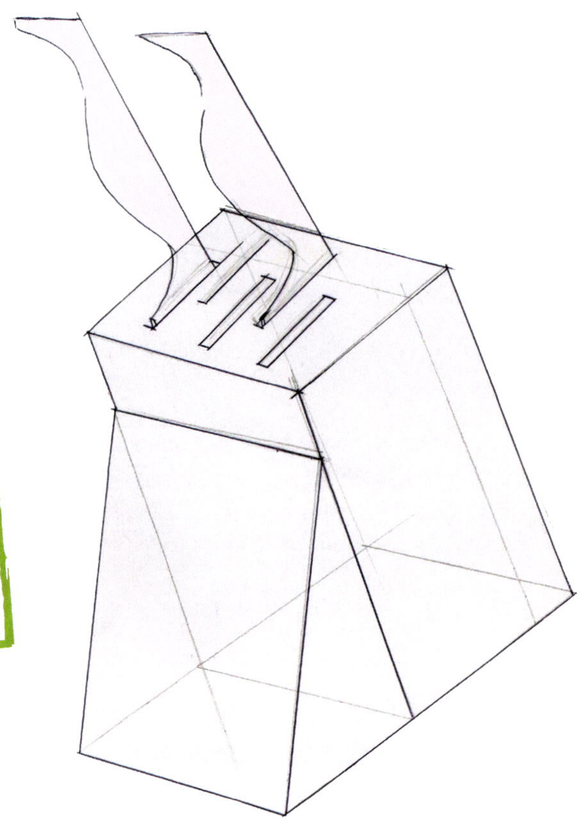

Konzentrieren Sie sich am Anfang nur auf die Vereinfachung der Grundform und widmen Sie sich danach erst der Überarbeitung, mit Details wie Licht und Schatten.

Übungsziel

- Gegenstände auf Grundformen abstrahieren
- auf parallele Linien achten

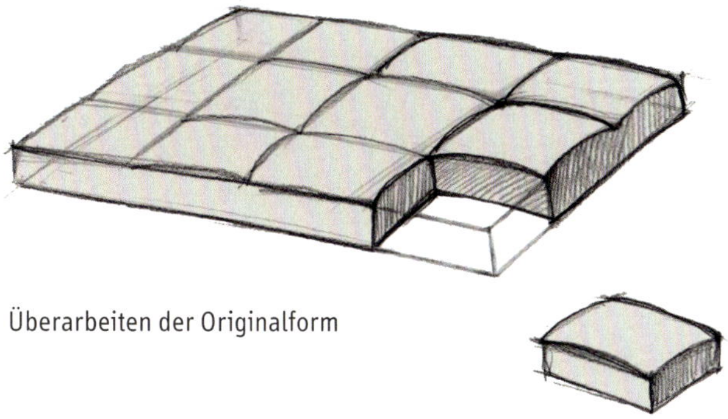

Überarbeiten der Originalform

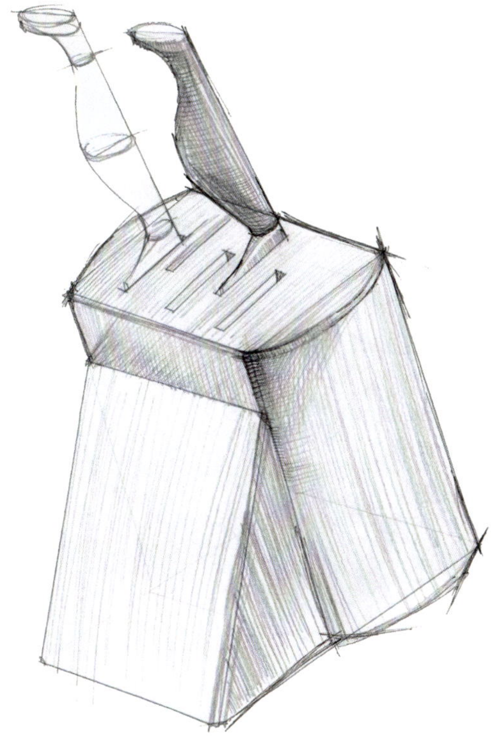

Übung 46

Noch mehr Gegenstände

Hier noch einige Anregungen zum Ausprobieren! Gehen Sie auch hier in zwei Schritten vor.

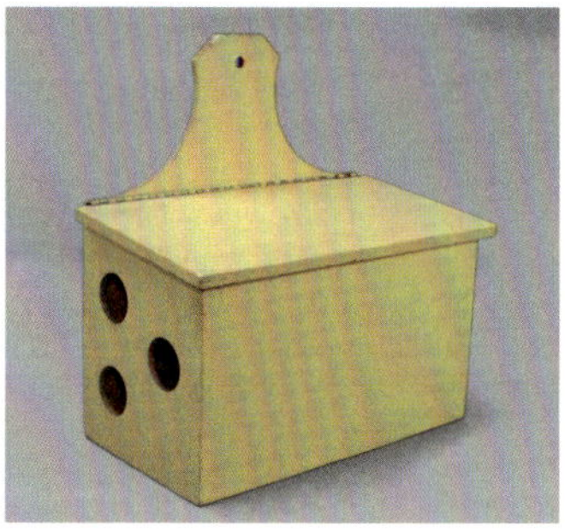

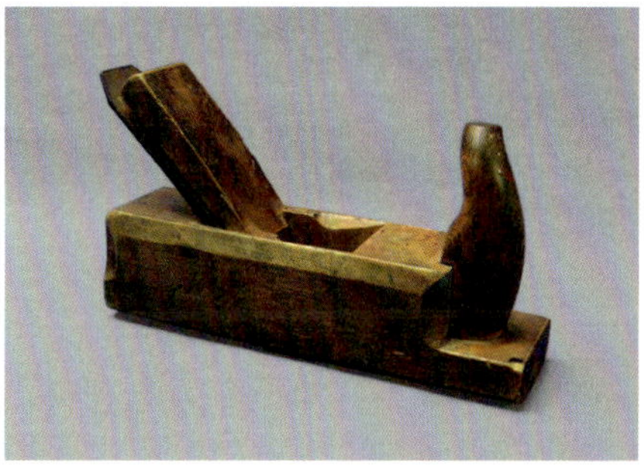

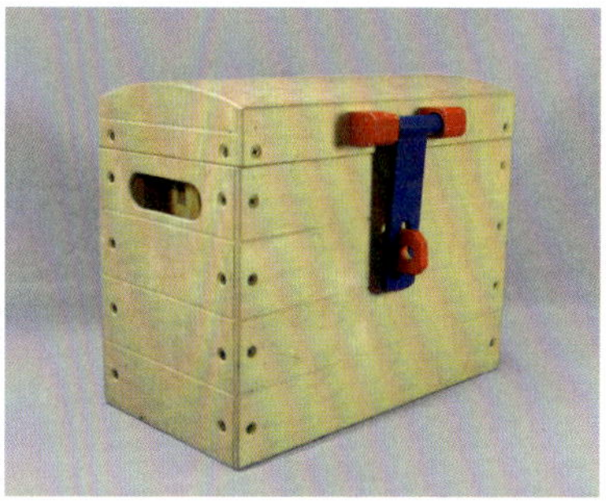

Übungsziel

- die Grundform finden und Details einbauen

Lockerungsübung

Die meisten scheitern nicht am technischen „Handwerkszeug", sondern daran, dass sie keine Vorstellung vom Trainingsbedarf ihrer Hand haben. Ohne die absolute Kontrolle über Ihre Strichführung wird das jedoch nichts! Klavierspielen lernen Sie auch nicht allein durch Verstehen, sondern durch Üben. Eine weitere Möglichkeit, um Ihre Hand zu lockern, bietet die folgende Übung:

Übung 47

Rhythmus durch Musik

Setzen Sie willkürlich 10 bis 20 Punkte auf Ihr Blatt, um diese in verschiedenen Variationen zu verbinden. Anschließend schraffieren Sie die so entstandenen Flächen schnell und schwungvoll. Am besten klappt das, wenn Sie dabei Musik hören und entsprechend im Rhythmus arbeiten. Ganz wichtig: Radieren Sie nicht! Daher auch meine Empfehlung, für diese Übung einen Fineliner zu benutzen!

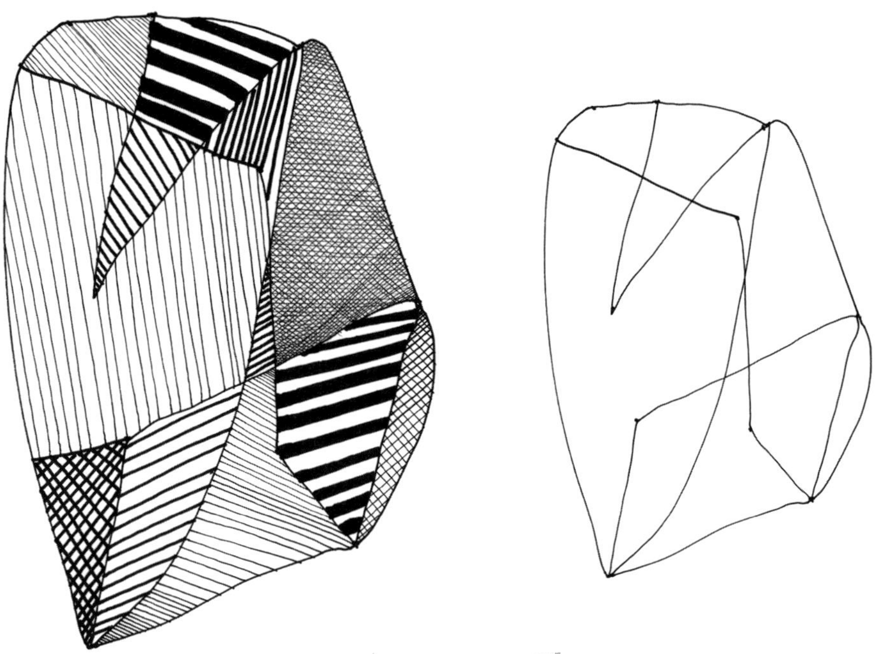

Fassen Sie Ihren Stift etwas höher als zum Schreiben, sofort wird Ihre Handhaltung locker!

Übungsziel

- Strichführung üben und kontrollieren lernen
- Flächen unterschiedlich schraffieren

Übung 48

Ein Labyrinth zeichnen

Lassen Sie durch Parallelverschiebung ein Labyrinth entstehen. Besonders gut wirkt diese Zeichnung mit weißer Kreide auf schwarzem Tonpapier.

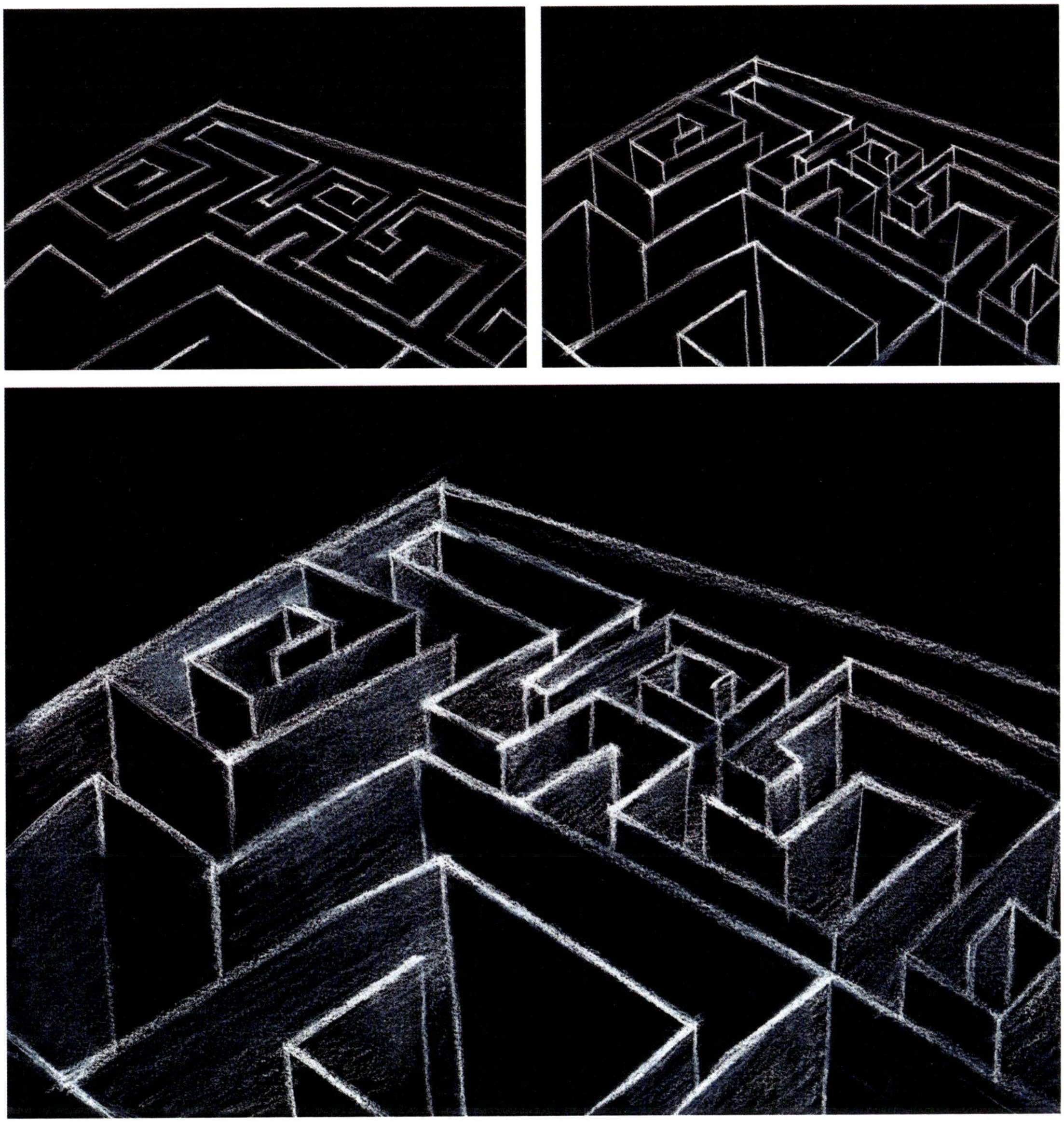

Übungsziel

- mit Parallelverschiebungen arbeiten
- Lichtflächen mit Weiß hervorheben

Übung 49

Hochstapeleien

Um das Thema Kubus abzuschließen, gibt es noch einige „freiwillige" Anregungen zum Vertiefen, Herausfordern, Verstehen, Amüsieren oder nur zum Anschauen. Egal was Sie anstellen, Ihr Blatt wird immer flach bzw. eindimensional bleiben. Sie können daher den Raum, die Plastizität, das Volumen nur als Illusion zeigen. Überschneidungen und Durchdringungen helfen Ihnen dabei.

Stellen Sie Klotzformen so zusammen, dass Durchdringungsräume entstehen und zeichnen Sie diese.

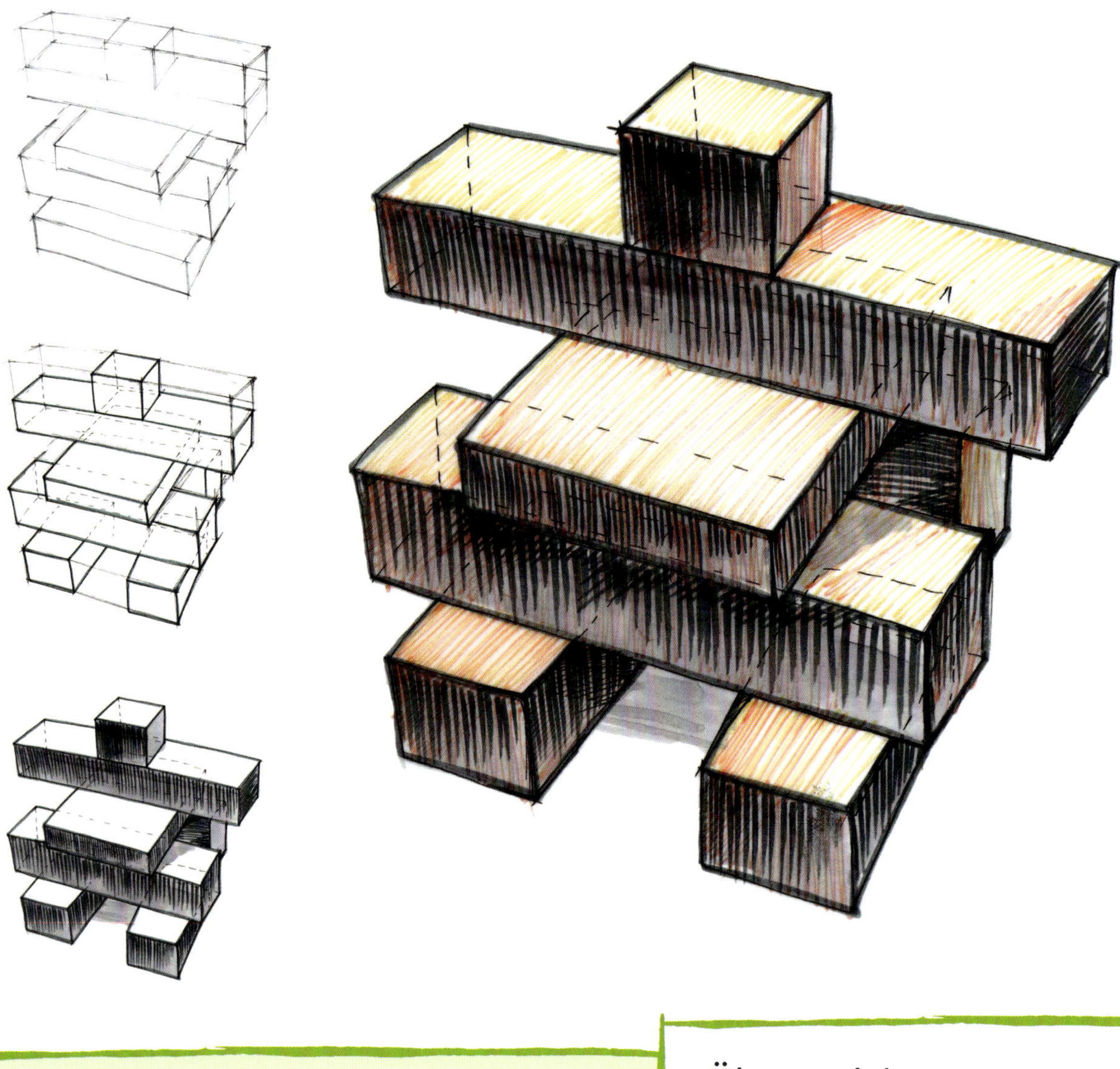

Übungsziel

- Durchdringungsräume schaffen
- mit Farben Licht- und Schattenflächen definieren

Übung 50

Komplexe Rechteckkörper

Inzwischen können Sie sich auch schon an komplexere Entwürfe wagen.
Bilden Sie aus Parallelen zu allen drei Achsen Rechteckkörper.

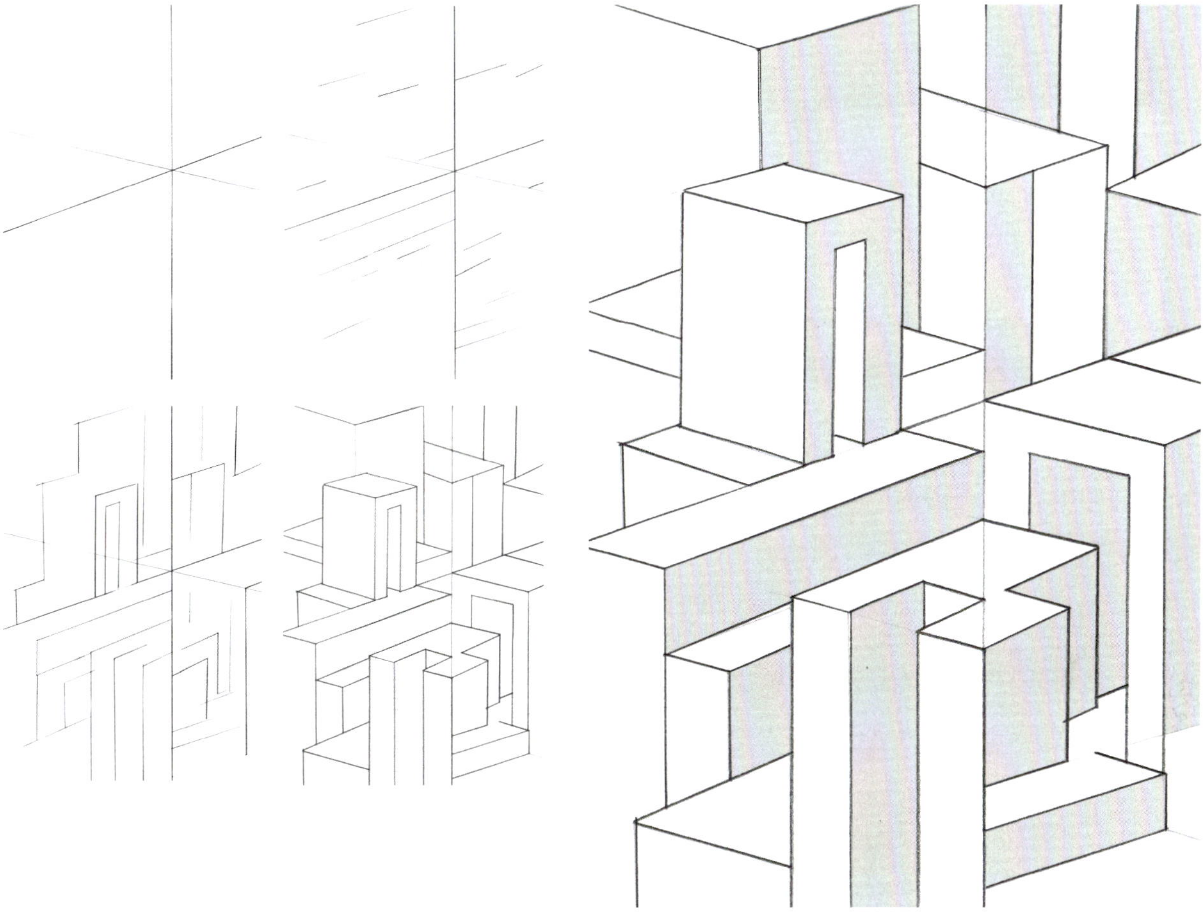

Übungsziel

- mit Parallelen in 3 Ebenen arbeiten
- Schattenflächen für mehr Räumlichkeit definieren

Übung 51

Vom Kubus zum Traumhaus

Konstruieren Sie aus unterschiedlichen, durchsichtigen Klötzen ein Fantasiehaus. Radieren Sie zum Schluss die überflüssigen Konstruktionslinien weg.
Hinweis: Bitte absolvieren Sie die vier Schritte in einer Zeichnung. Füllen Sie dabei das Blattformat ganz aus. Sind Sie unsicher, kopieren Sie einfach zunächst das Beispiel.

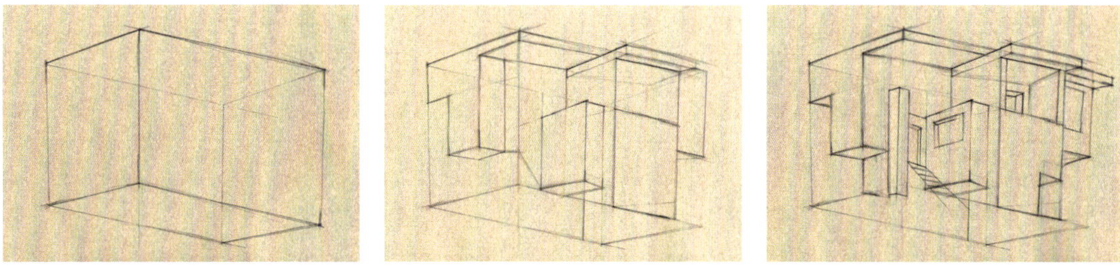

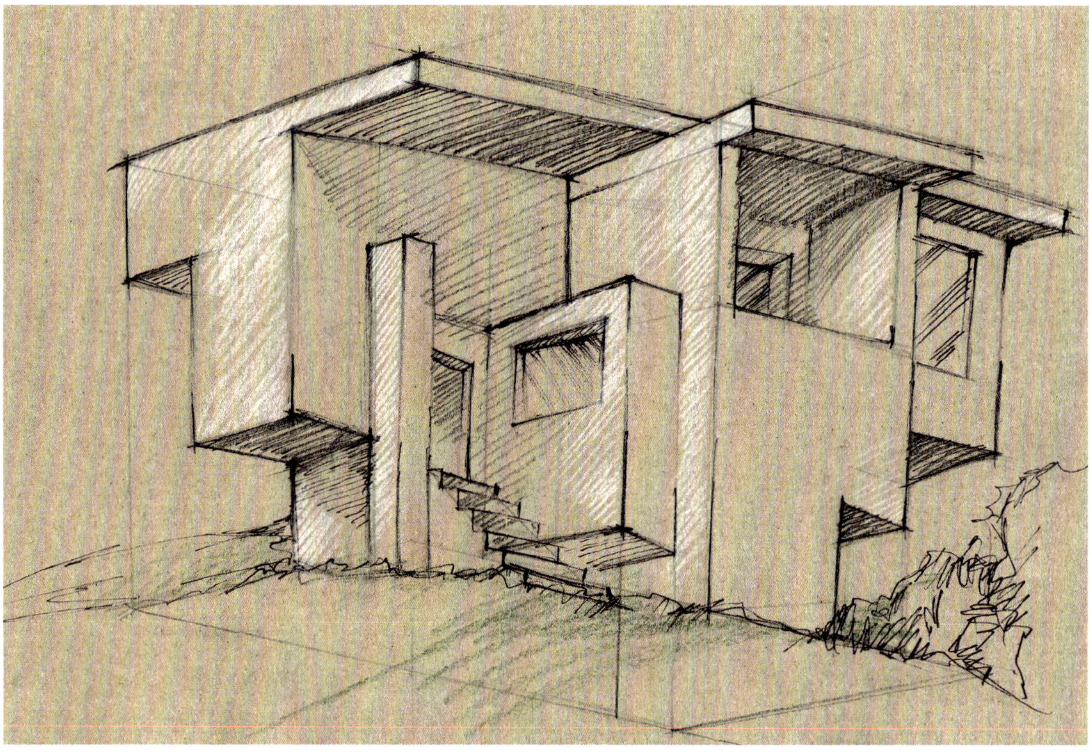

»Üben hilft mehr als Talent!«

Übungsziel

- ein Haus aus Kuben entwerfen

Übung 52

Ein Traumhaus mit Satteldach

Zeichnen Sie Ihr Traumhaus diesmal mit einem Satteldach und verschiedenen Anbauten. Dabei helfen Ihnen folgende Linien: Durch das Einzeichnen zweier Diagonalen finden Sie in jedem Rechteck den Mittelpunkt. Eine weitere senkrechte Linie, das sogenannte Lot, durch diesen Mittelpunkt halbiert exakt Ihre Rechteckform. Damit können Sie weitere Formen einbauen, z. B. Dächer, Fenster usw.

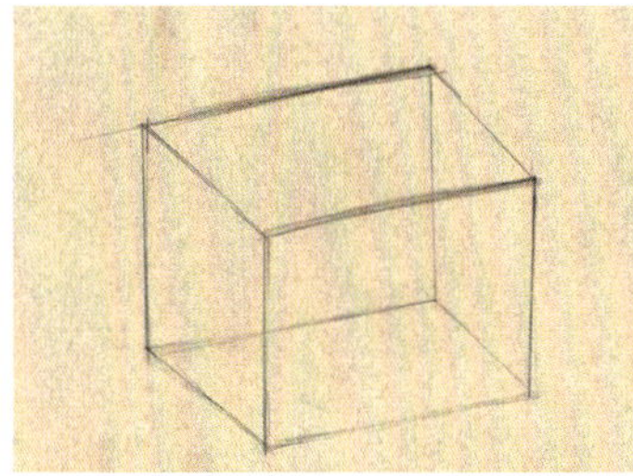

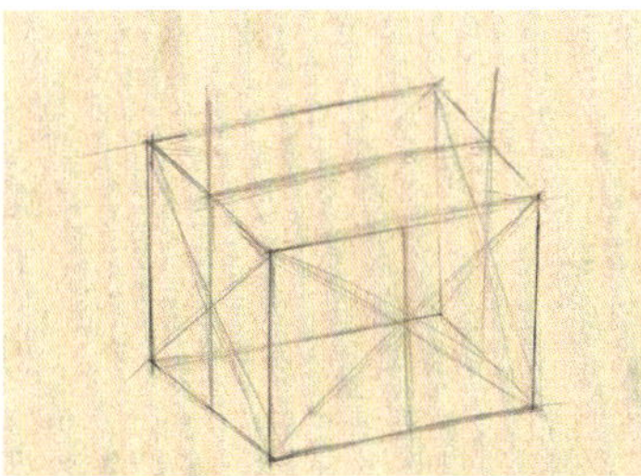

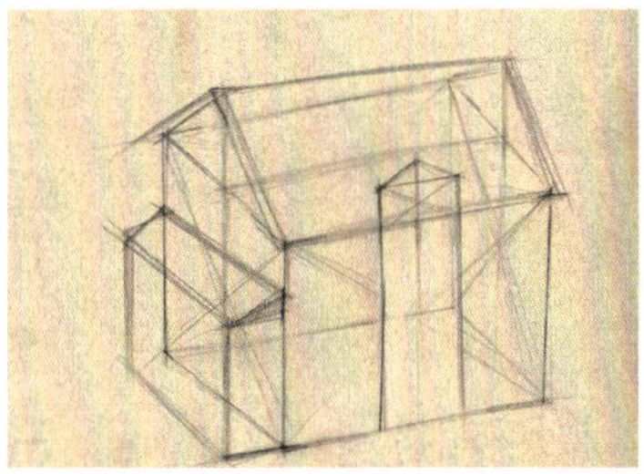

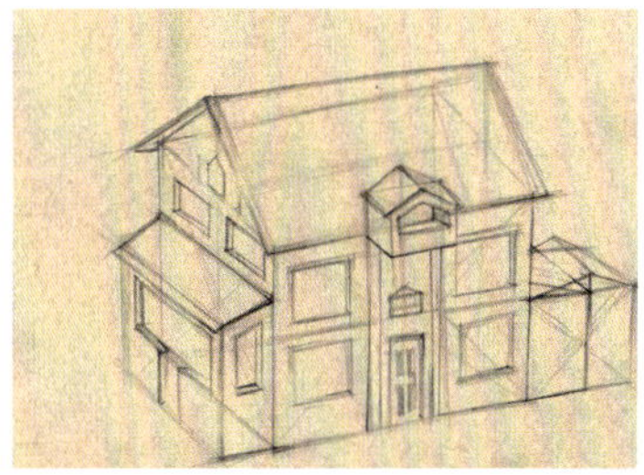

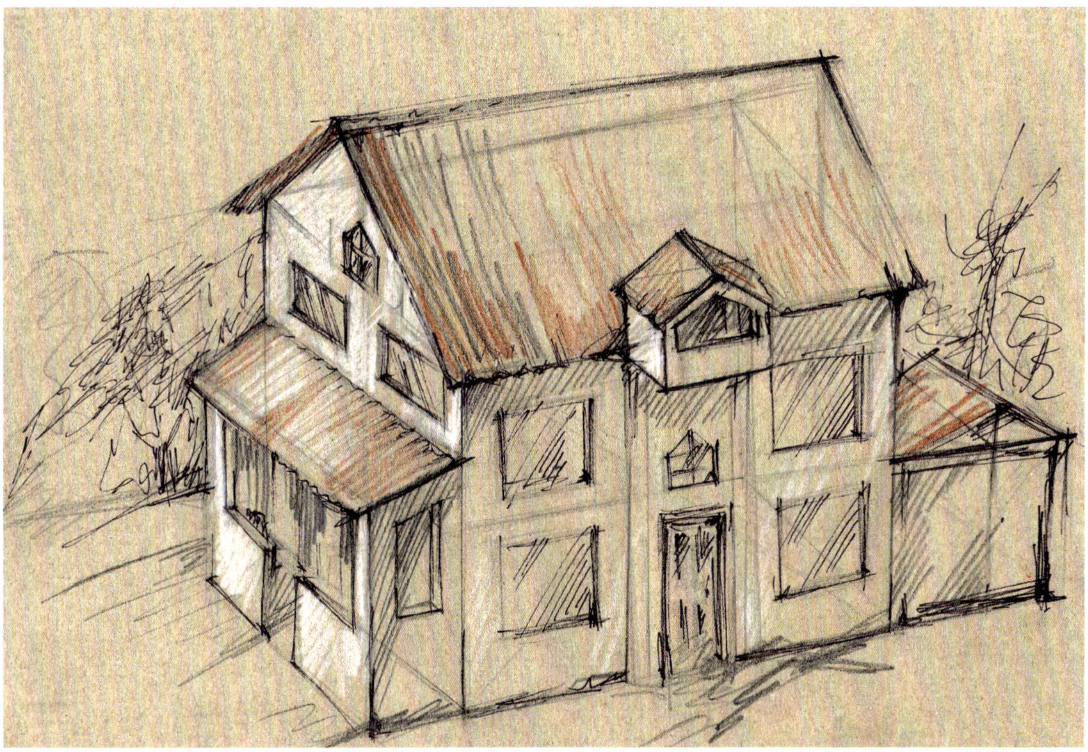

Übungsziel

- mit Diagonalen und Lot arbeiten

Die wichtigsten Übungen in Sachen Kubus haben Sie jetzt erledigt. Sie können nun aufhören, von Klötzen und Rechtecken zu träumen!

Vom Kreis zur Ellipse

Wenn man schräg auf einen Kreis blickt, so erscheint dieser Kreis als Ellipse. Üben Sie nun Ellipsen, indem Sie verschiedene Körper spiralförmig zeichnen.

Übung 53

Gegenstände aus Ellipsen

Zeichnen Sie eine aus Ellipsen bestehende Glasflasche. Wiederholen Sie anschließend die Übung mit zwei bis drei eigenen unterschiedlichen Flaschen- bzw. Vasenformen.
Zeichnen Sie nach Originalobjekten Schalen, Töpfe, Tassen, Zuckerdosen, Eimer, Lupe, Trommel usw., die ausschließlich aus Ellipsen bestehen.
Wichtig: Bitte arbeiten Sie dabei formatfüllend.

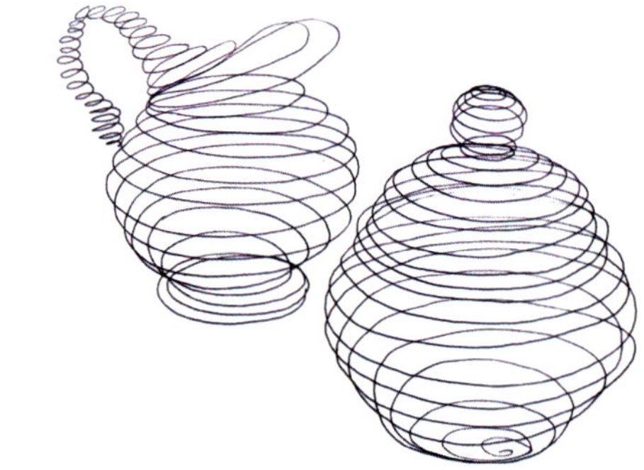

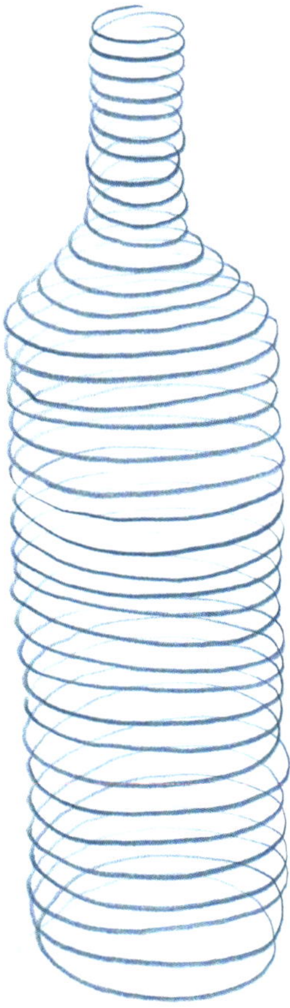

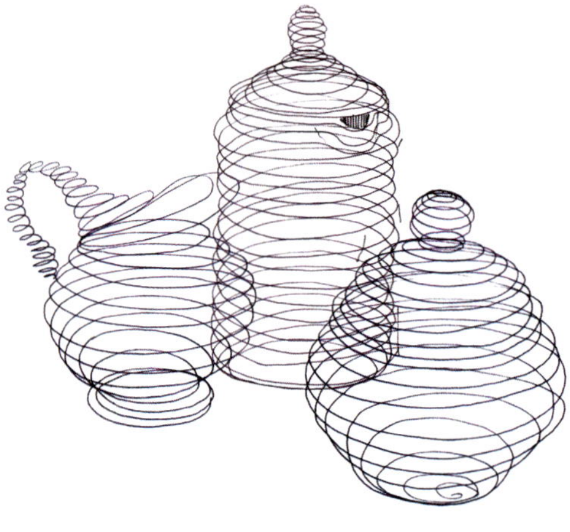

Wenn Sie die Ellipsen vorne kräftiger betonen, erhalten Sie eine stärkere Raumwirkung des Volumens.

Übungsziel

- Raumwirkung bei runden Gegenständen erfahren
- Motive auch übereinander darstellen

Übung 54

Kombination von Ellipse und Konstruktion

Durch die Verbindung von exakter Konstruktion und Ellipsen entsteht eine räumliche Wirkung.

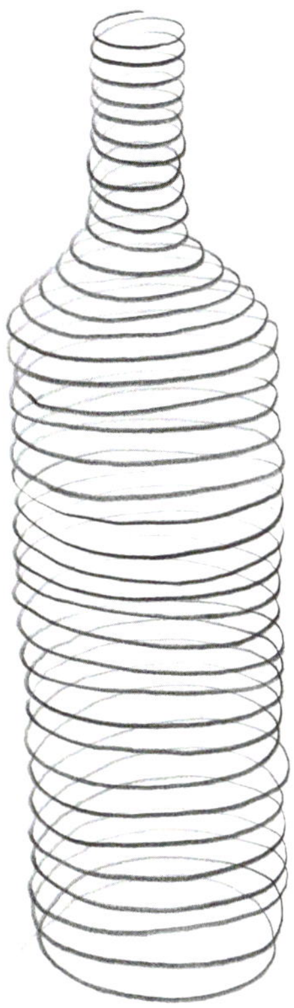

Zeichnen Sie noch mal eine aus Ellipsen bestehende Flasche.

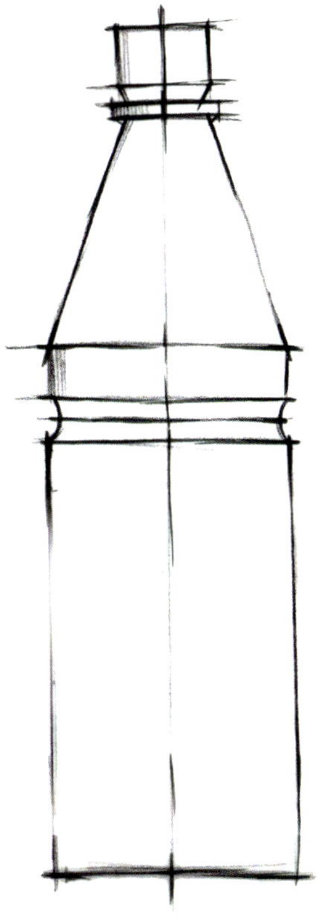

Konstruieren Sie eine Flasche mit Höhen- und Breitenachsen.

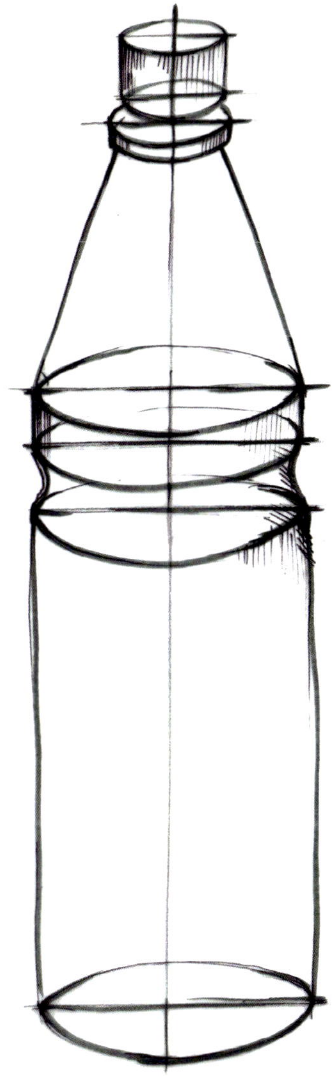

Kombinieren Sie nun die beiden Schritte!

Übungsziel

- genaue Konstruktion des Körpers
- Kombinieren mit Ellipsen, um Volumen und Raumwirkung zu erhalten

Von der Ellipse zum Zylinder

Rundformen sind schwierig. Zum besseren Verständnis nehmen Sie ein Glas und beobachten es von allen Seiten. Schauen Sie von oben auf eine Zylinderform, so erscheint als Grundfläche ein Kreis. Je tiefer Ihr Blickwinkel wird, umso flacher werden die Kreisflächen bzw. die Ellipsen.

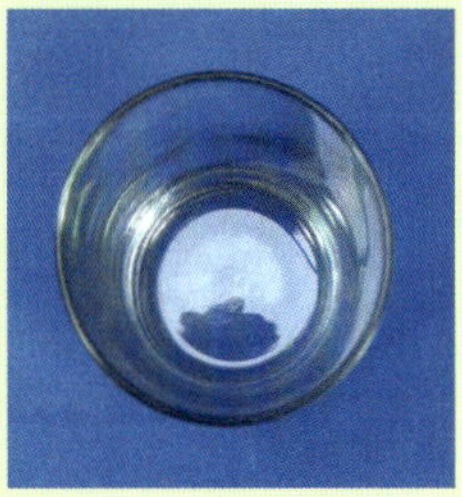
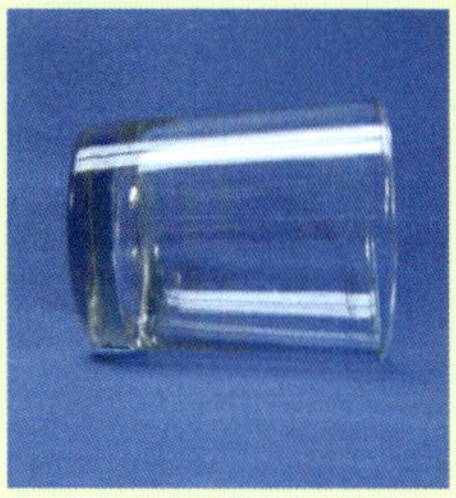
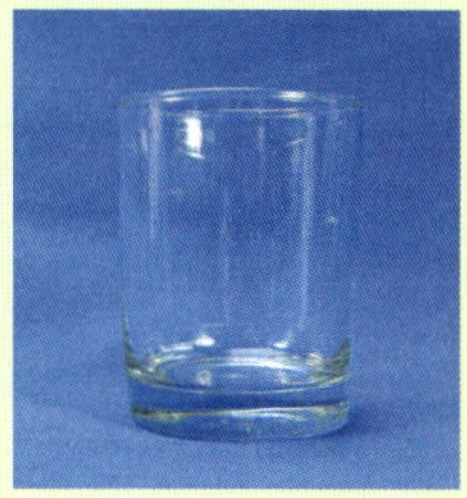
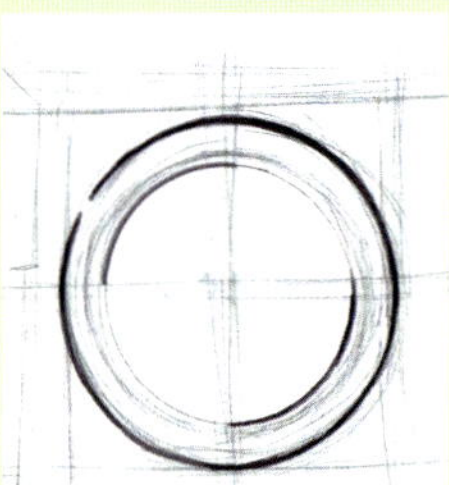
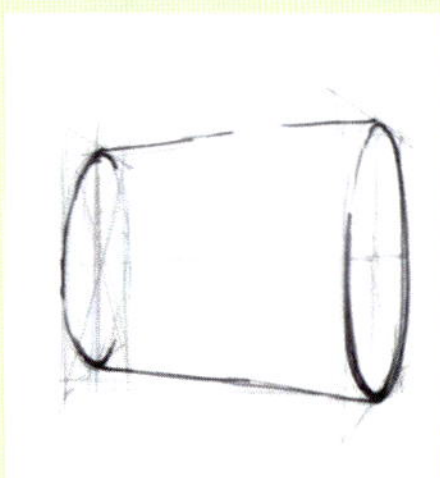
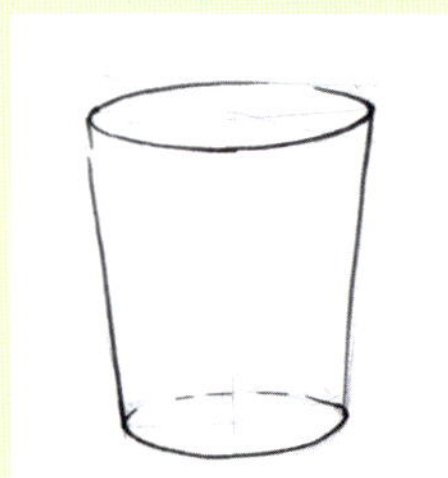

VORSICHT FALLE!

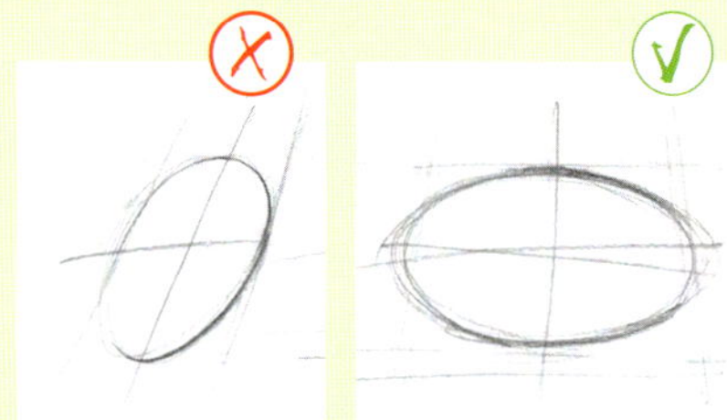

Da ein Kreis seine Form nie verändert, benötigen Sie zur Konstruktion immer ein Quadrat; d. h. auch bei perspektivischer Verkleinerung muss die Ellipse gleichmäßig verlaufen.

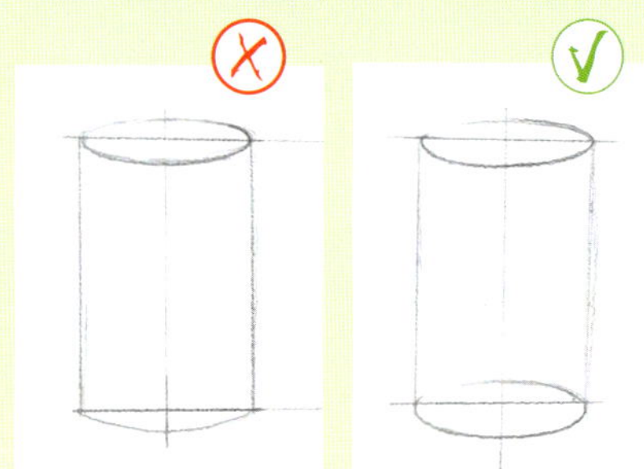

Konstruieren Sie den Zylinder immer transparent, damit keine „Spitzen" entstehen!

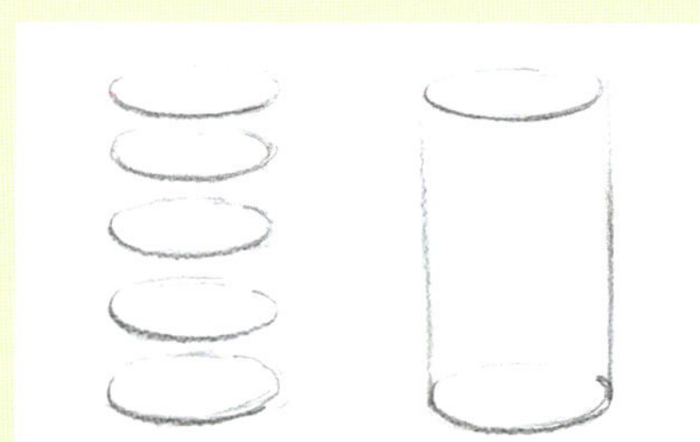

Stehende Zylinder haben ähnliche kleine Ellipsen und die großen Breitenachsen liegen parallel zum Horizont.

Übung 55

Quadrat als Grundfläche

Teilen Sie ein großes Quadrat immer weiter nach innen.

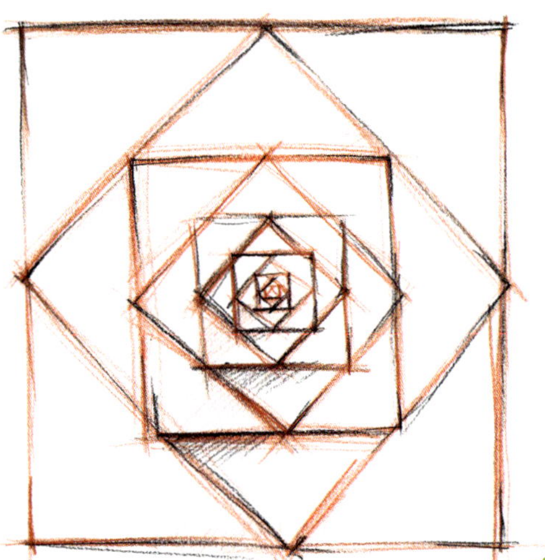

Übungsziel

- sorgfältiges Anlegen eines Quadrats

Übung 56

Vom Quadrat zum Kreis zum Würfel zum Zylinder

Für den Kreis zeichnen Sie zunächst ein Quadrat. Wenn Sie jeweils eine Seitenlänge halbieren, erhalten Sie vier Punkte, die sogenannten Tangentenpunkte. Danach ziehen Sie zwei Diagonalen in das Quadrat ein. Vom Mittelpunkt messen oder schätzen Sie dann zwei Drittel der Strecke ab, so erhalten Sie vier weitere Hilfspunkte. Diese acht Punkte benötigt man besonders zur Konstruktion von Ellipsen perspektivischer Kreisformen.

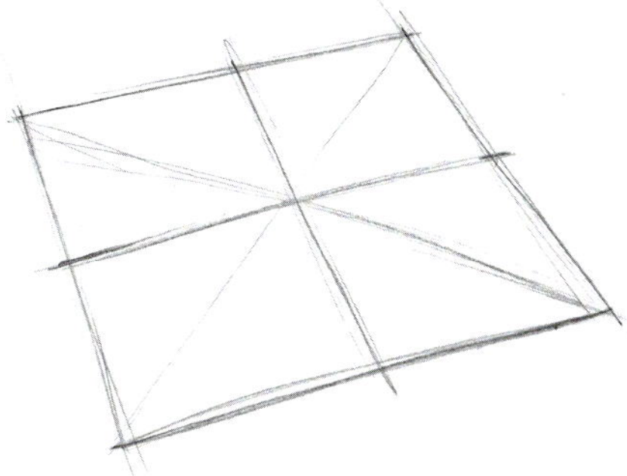

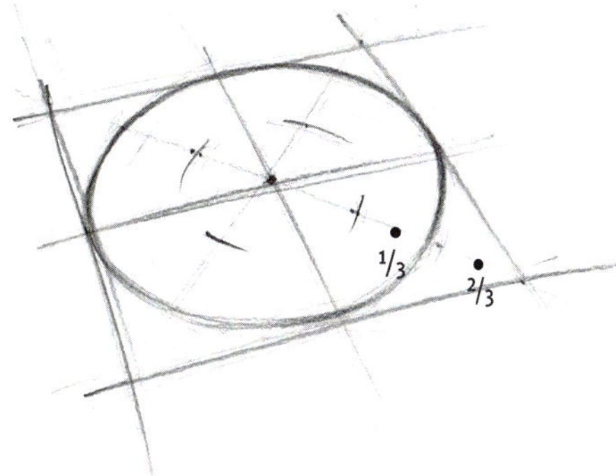

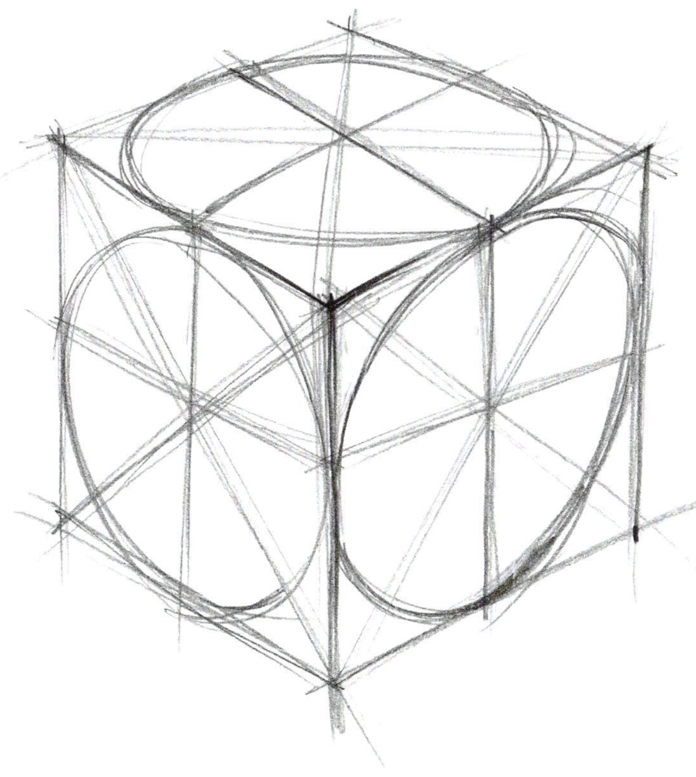

Zeichnen Sie einen Würfel mit drei Kreisformen. Anschließend konstruieren Sie einen Zylinder. Unterdrücken Sie bei bei den Zeichnungen bitte Ihren Perfektionswahn. „Ungefähr“ reicht vollkommen für das Verständnis!

Übungsziel

- Kreisformen in einer quadratischen Fläche konstruieren
- Zusammenhänge sehen

Übung 57

Cocktailshaker

Skizzieren Sie ein einfaches Objekt wie diesen Cocktailshaker aus verschiedenen Positionen. Gehen Sie von der Mittelachse, also der Höhe des Objekts, aus, das Sie liegend, stehend und gekippt darstellen.
Im rechten Winkel dazu legen Sie weitere Achsen an, um die möglichen Breiten des Objekts zu beschreiben.
Anschließend ziehen Sie erneut Ellipsen ein. Dabei müssen Sie die kleinen Achsen je nach Position abschätzen.

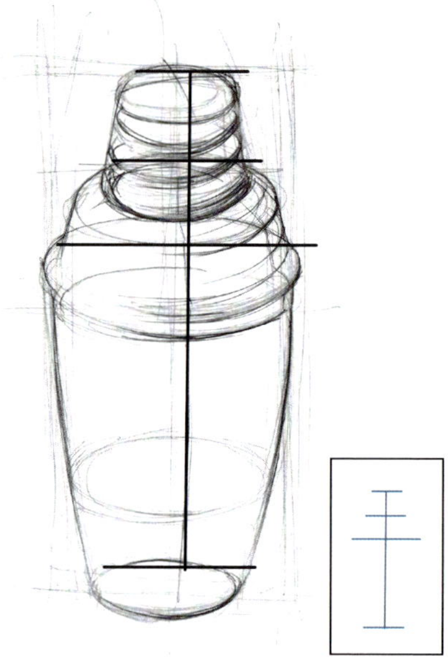

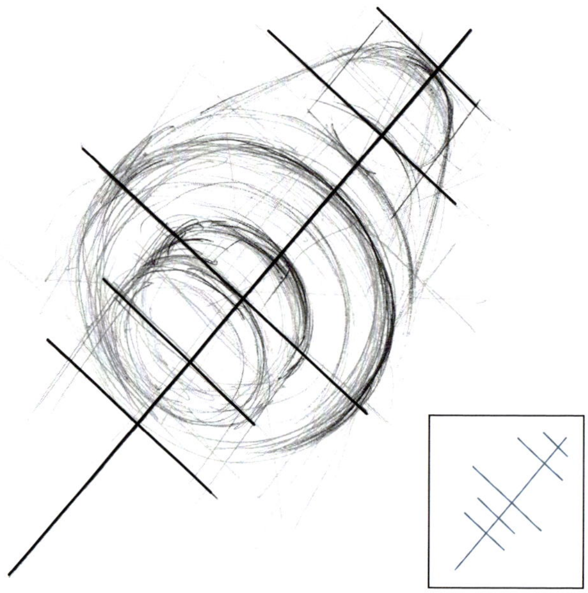

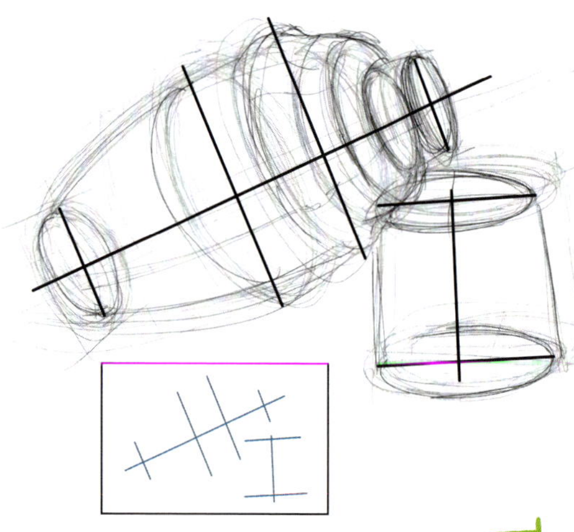

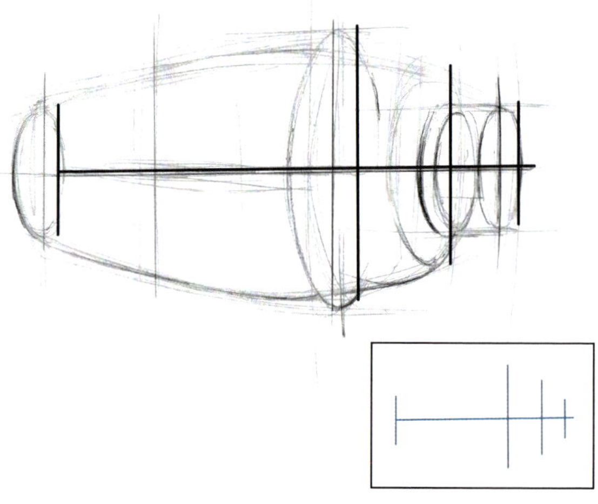

Korrigieren Sie so lange, bis Sie zufrieden sind. Und zwar nicht radieren, sondern drüberzeichnen!

Übungsziel

- verschiedene Ansichten konstruieren

Übung 58

Noch mehr Zylinderformen

Noch unsicher? Dann skizzieren Sie weitere Zylinderformen wie Laterne, Mülltonne, Coladose, Glas und Deckel, Krug, Banane, Föhn, Papierrolle und Halterung, Rakete, Kerze, Paprika, Baumstämme, Batterien, Haarspray. Probieren Sie dabei im Stehen zu arbeiten!

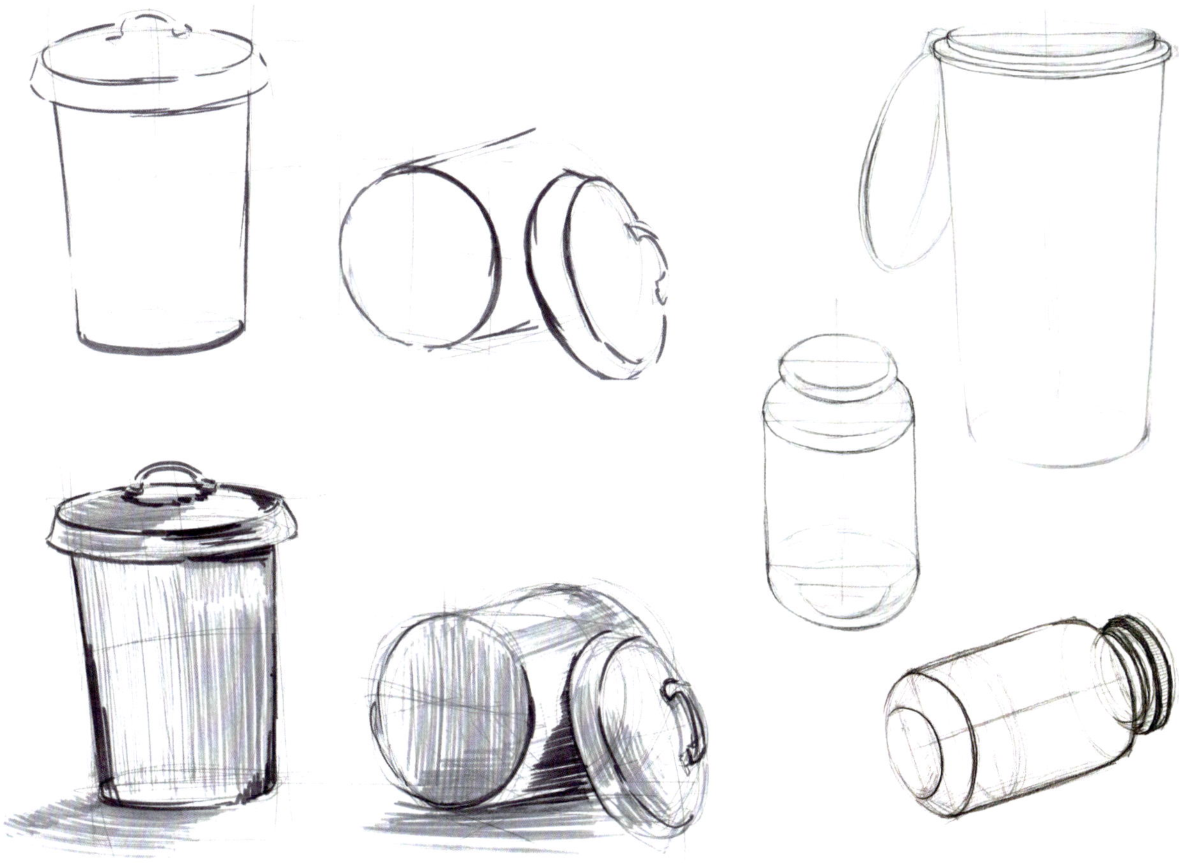

Übungsziel

- Zylinderformen in Gegenständen erkennen
- runde Gegenstände mit Grundachse und Ellipsen konstruieren
- im Stehen zeichnen

Das Volumen

Diese Übungen verstärken Ihre Linienführung und Ihre Handkontrolle. Diesmal orientiert sich die Linie an der Oberflächenform des Motivs und „modelliert" das Objekt mit Linien. Der Strich folgt dabei der Form. Allein durch den Richtungswechsel im linearen Aufbau, z. B. von waagerecht zu senkrecht, entstehen Bewegung und Raumwirkung.

Arbeiten Sie nach Möglichkeit freihändig, nicht aufgestützt und unverkrampft. Das geht optimal im Stehen und mit ausgestrecktem Arm.

Übung 59

Form durch Linie

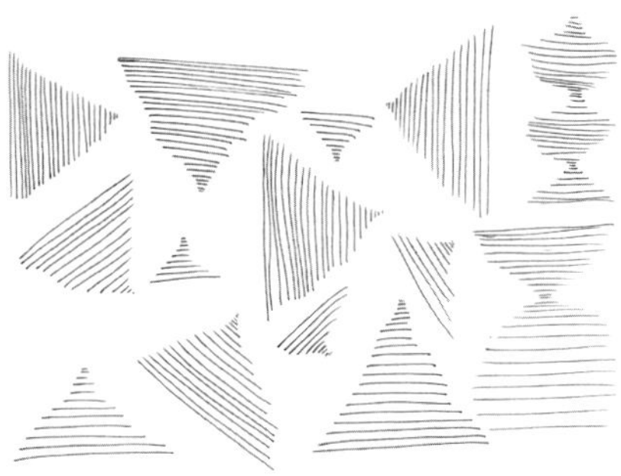

Spielen Sie mit größer und kleiner werdenden Senkrechten und Waagerechten.

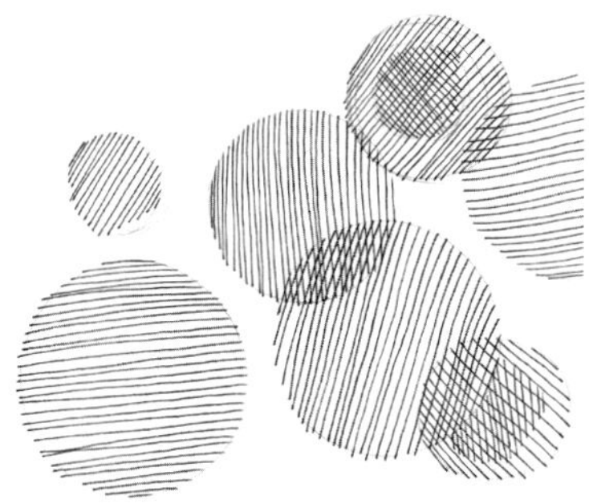

Zeichnen Sie mit hartem Bleistift Kreise (beispielsweise von Gläsern), füllen diese mit Parallelen und radieren zum Schluss die Vorzeichnung aus.

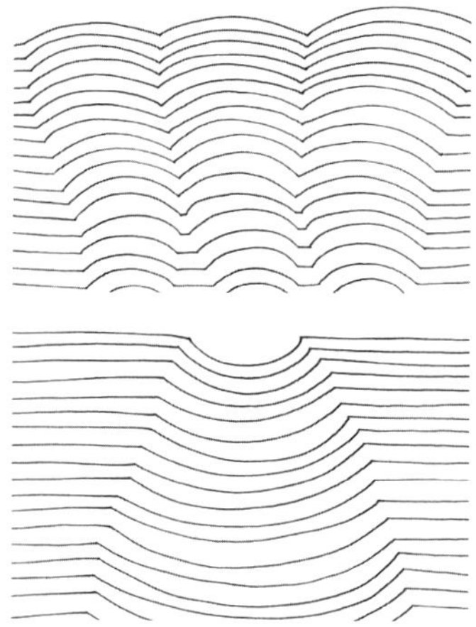

Spielen Sie mit waagerechten Linien und benutzen Sie Knickpunkte, um die Form zu finden.

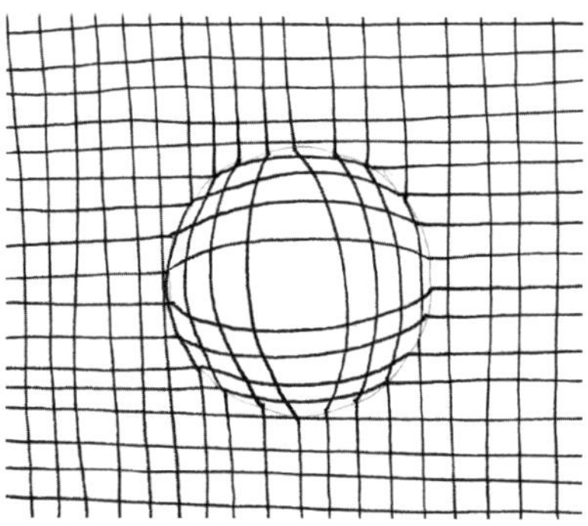

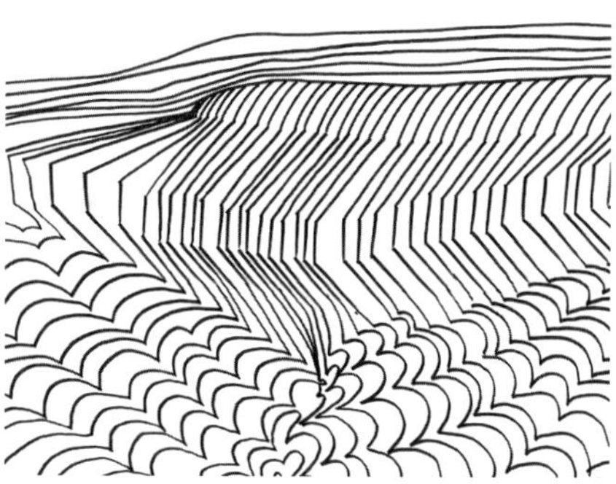

Zeichnen Sie ein Halbrund aus sich kreuzenden waagerechten und senkrechten Linien, z. B. ein Netz, das sich nach außen „beult".

Übungsziel

- spielerisch Formen erfassen

KEINE ANGST VOR LICHT UND SCHATTEN!

Um die Illusion von Raum bzw. Volumen zu erzeugen, benötigt man Tonwerte von hell bis dunkel, die die Lichtsituation übersetzen. Egal ob natürliches Sonnenlicht oder Kunstlicht, Ihr Zeichenobjekt wird durch das Licht modelliert. Nicht nur das Volumen wird so plastisch, auch die Oberfläche lässt sich nachempfinden. Ob die Flächen eben, hohl oder gewölbt sind, das alles ist kein Problem! Im Normalfall reichen vier Tonwerte zur Darstellung selbst komplexer Objekte völlig aus, nämlich Licht, Schatten, Halbton und Vollton.

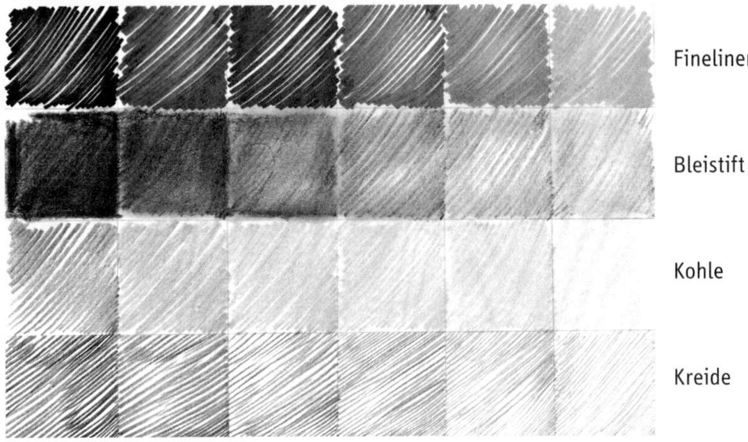

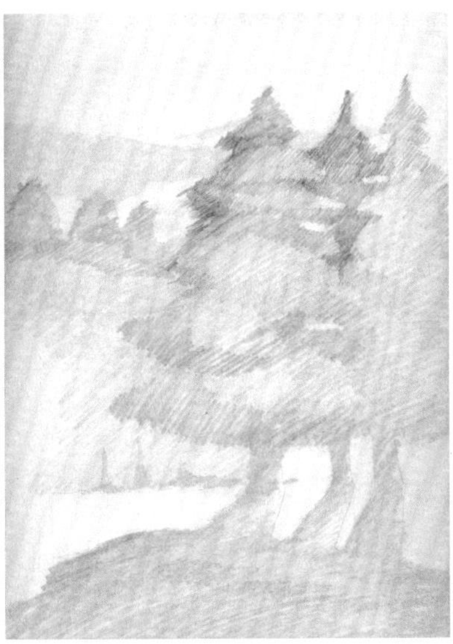

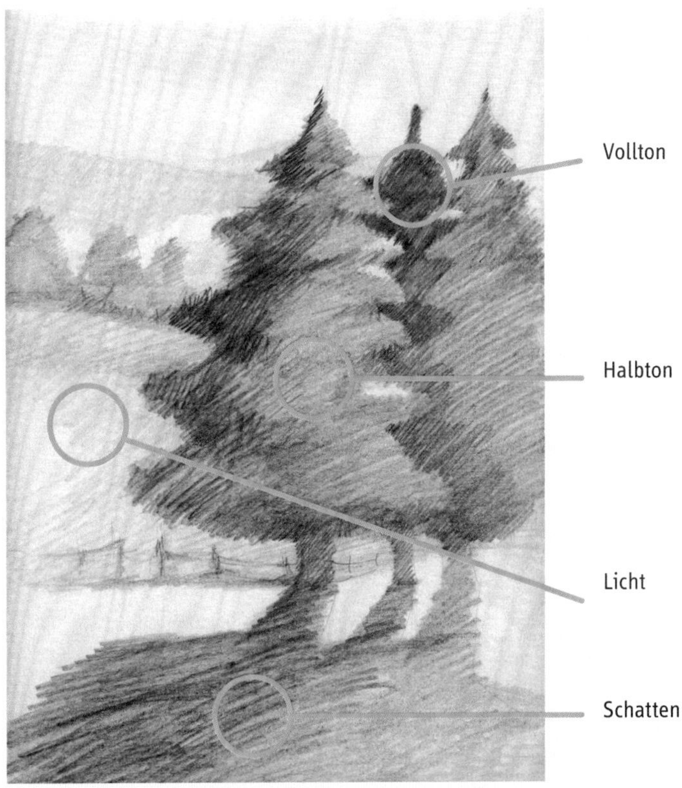

Mit Schraffuren zum Volumen

Exakter als mit Schummern kann man Helligkeit bzw. Dunkelheit mit Schraffuren darstellen. Mit parallelen Linien, die sich in Dichte, Intensität und Breite abwechseln, erzeugen Sie dabei verschiedene Tonwerte.

DIE EINFACHE SCHRAFFUR

Bei dieser Schraffur verlaufen alle Striche parallel – schräg, senkrecht oder waagerecht. Liegen die Parallelen dicht nebeneinander, entsteht mehr Dunkelheit. Durch größeren Abstand erzeugt man automatisch mehr Helligkeit, wie Sie beim nebenstehenden Beispiel gut erkennen können.

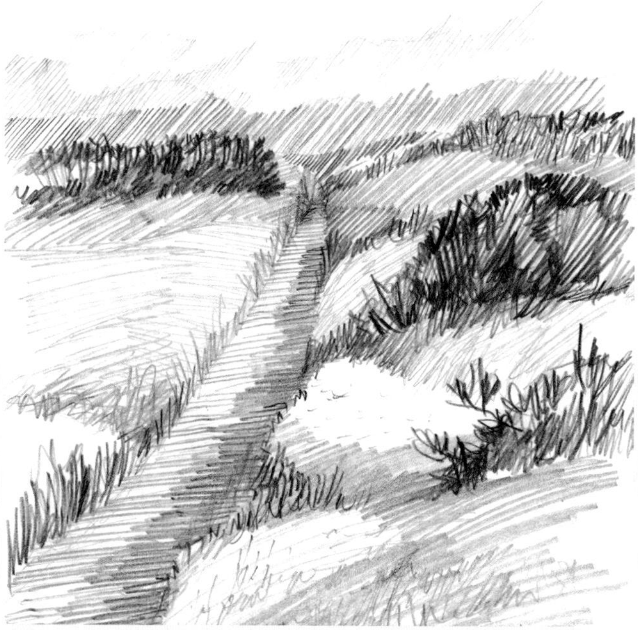

DIE KREUZSCHRAFFUR

Hier überkreuzen sich die Striche wie bei einem Netz. Sie können auch mehrere Schraffurschichten übereinander legen und in verschiedenen Winkeln aufeinandertreffen lassen. Je dichter die Schraffur, desto dunkler der Tonwert.

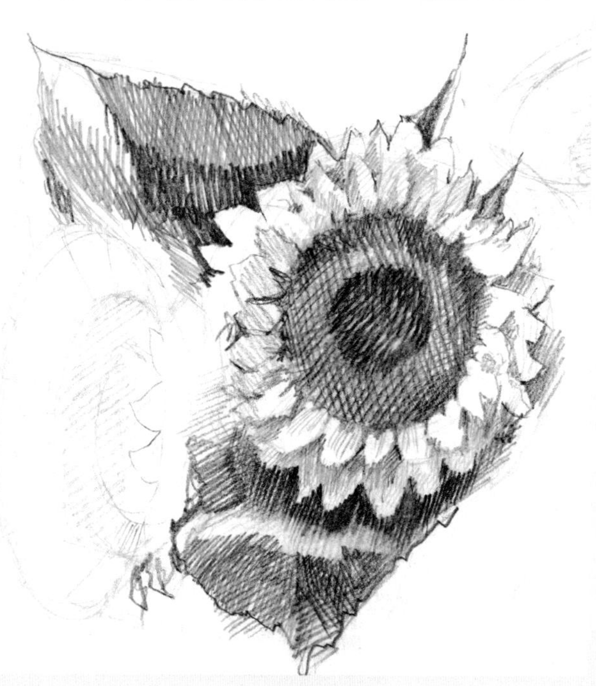

DIE FORMSCHRAFFUR

Sie eignet sich besonders für runde Formen. Der Strich folgt hier immer der Form. Achten Sie darauf, dass die Schraffur nicht zu gleichförmig ausfällt und in Strichstärke und Strichwinkel variiert.

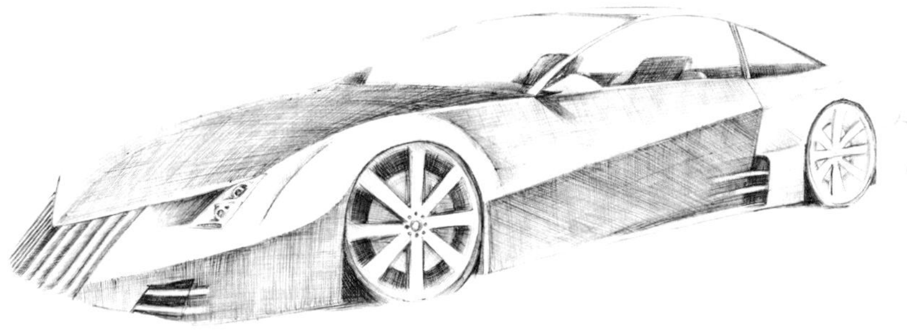

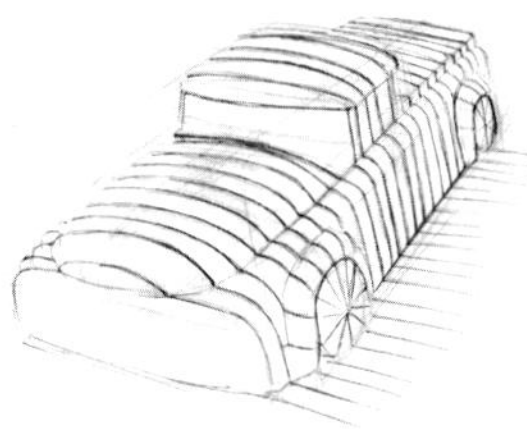

DIE FREIE SCHRAFFUR

Für das Zeichnen von Objekten, besonders mit unregelmäßigen Formen und Oberflächen, kombiniert man meistens die vorangegangenen Schraffurtechniken ganz frei. Sie erzeugen dadurch mehr Plastizität und Lebendigkeit.

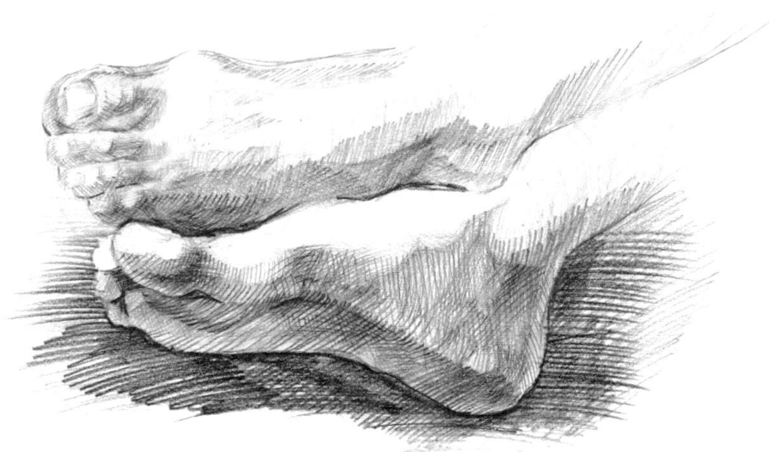

Gerade beim Schraffieren ist es wichtig, dass Sie nicht mit der Hand über Ihre Zeichnung wischen. Decken Sie daher bereits Bearbeitetes mit Schmierpapier ab.

FREIE SCHRAFFUR

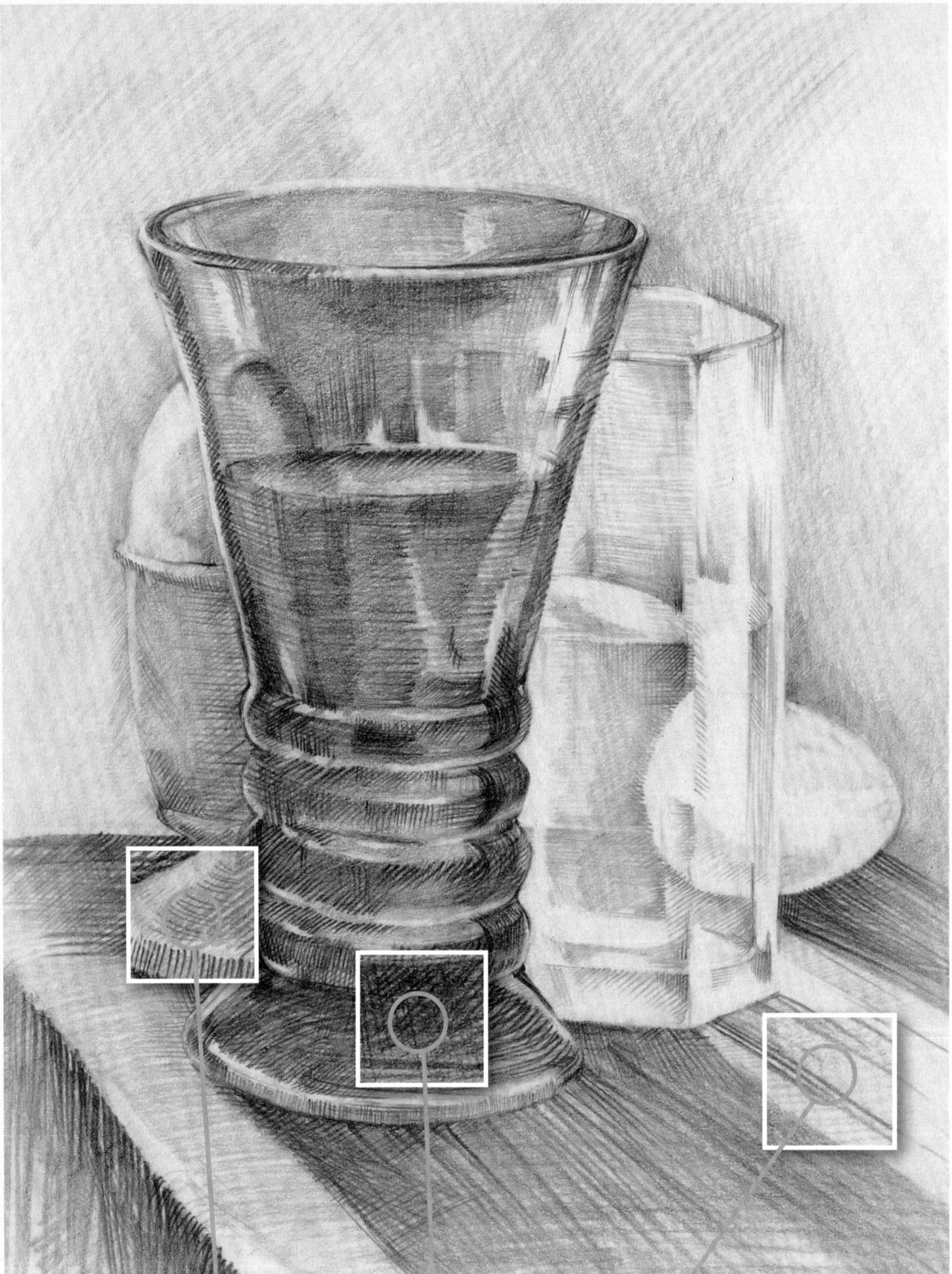

Übung 60

Der Strich folgt der Form

Kopieren Sie die folgenden Beispiele jeweils auf ein Blatt in der Größe DIN A3. Anschließend experimentieren Sie mit eigenen freien Formen! Um sich noch mehr zu konzentrieren, benutzen Sie dazu bitte kein radierfähiges Material, also z. B. Federhalter, Fineliner, Feder und Tusche. Am besten zeichnen Sie mit Bleistift die Kontur vor und schraffieren die Flächen dann mit einem anderen Stift Ihrer Wahl.

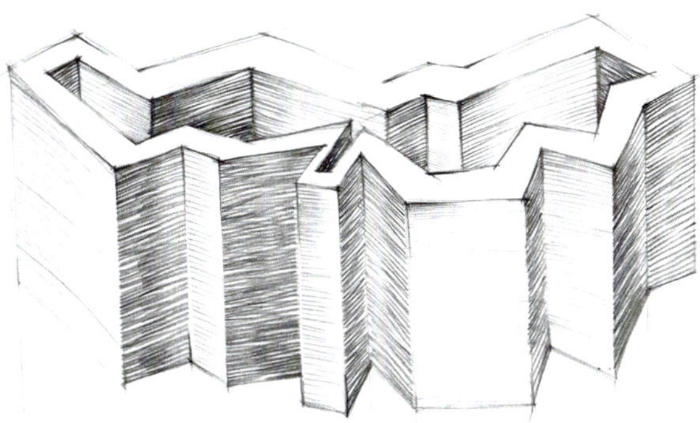

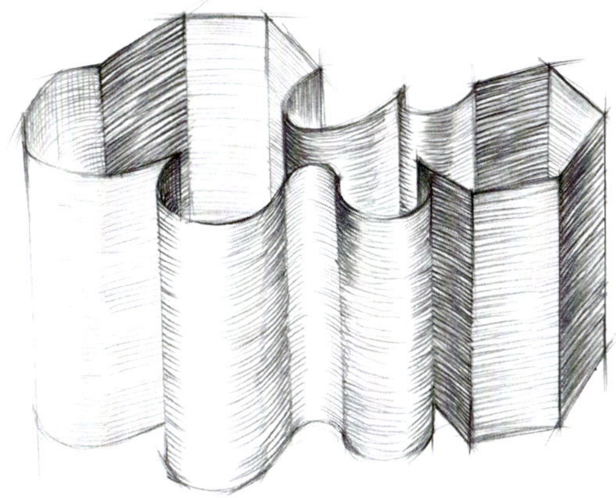

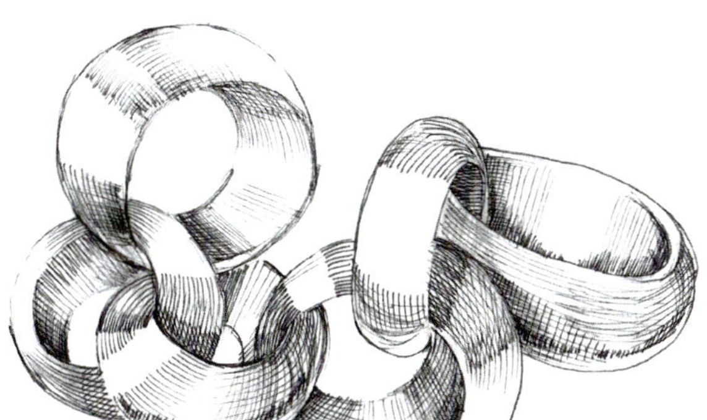

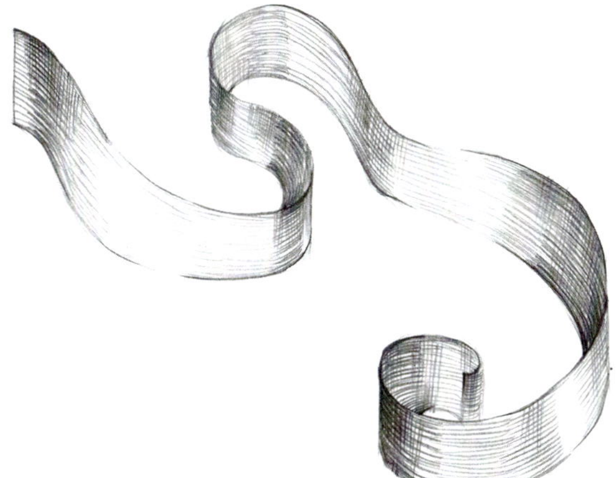

Übungsziel

- mit Schraffuren Raumwirkung erzeugen
- der Strich bzw. die Schraffur folgt der Form

Übung 61

Zwei Giesskannen

Wenn Sie Formschraffuren spannend finden, dann übersetzen Sie doch mal einige Alltagsobjekte wie beispielsweise diese Gießkannen.
Wichtig: Achten Sie darauf, dass Schatten auf dem Boden immer mit waagerechten Linien dargestellt werden.

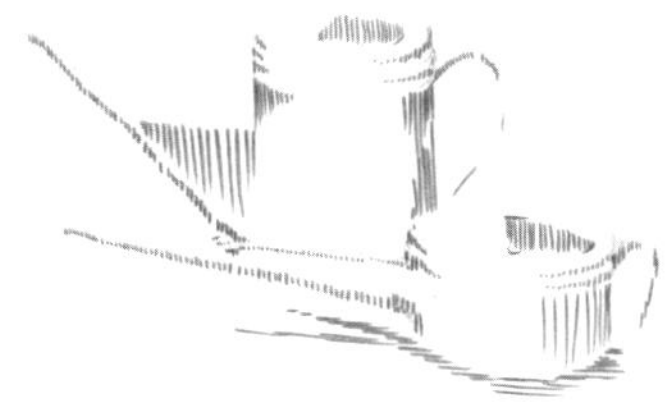

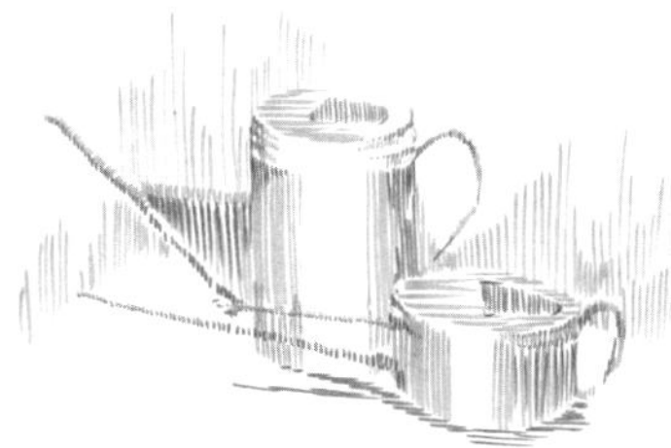

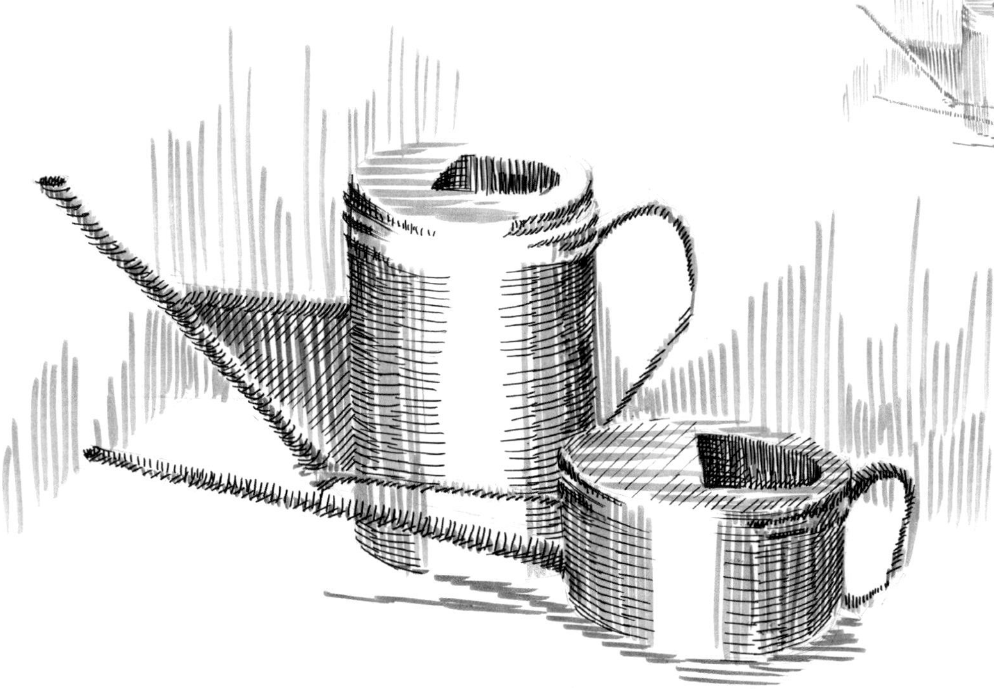

Üben Sie immer in Serien mit vielen Wiederholungen. Halten Sie dabei Ihren Stift auf verschiedene Arten.

Übungsziel

- mit Formschraffuren arbeiten

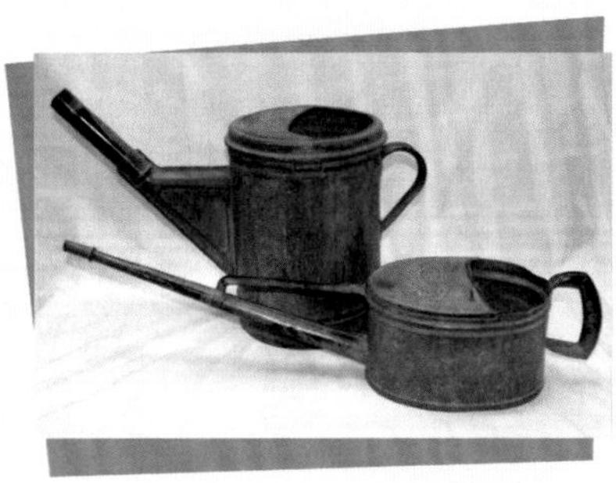

Übung 62

Toilettenpapier – in Form gebracht

Lernen Sie sensibel, Hell-Dunkel-Werte an einem eigenen Stillleben mit Hilfe der Kreuzschraffur herauszuarbeiten.

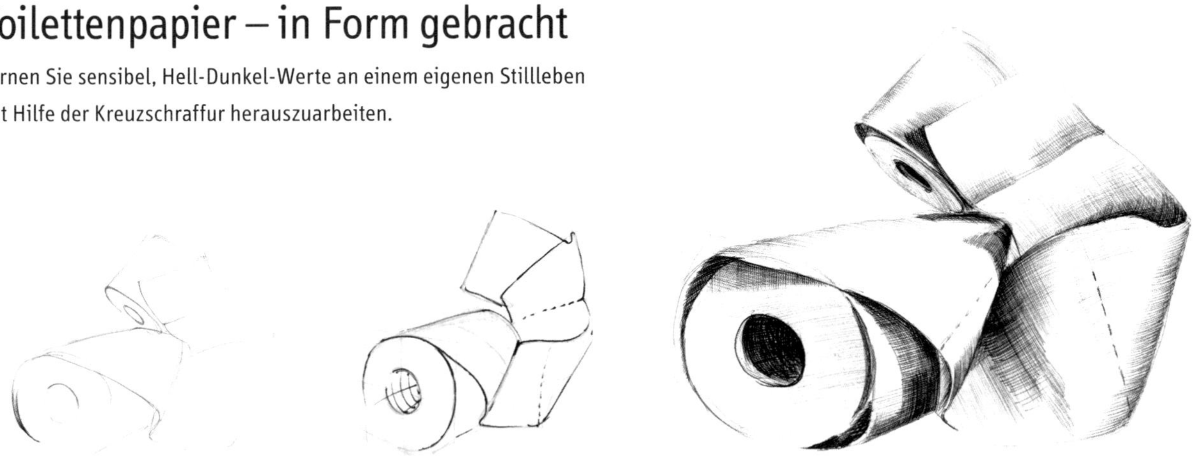

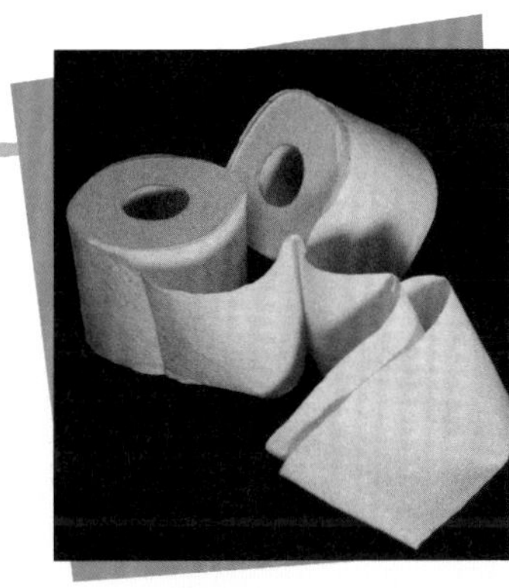

Übungsziel

- Kreuzschraffur einsetzen
- die Schraffur folgt der Form

Übung 63

Freie Formen

Experimentieren Sie mit eigenen Formen. Sie brauchen sich dabei nicht auf schwarz-weiß zu beschränken. Verwenden Sie farbige Kugelschreiber, Filzstifte usw.

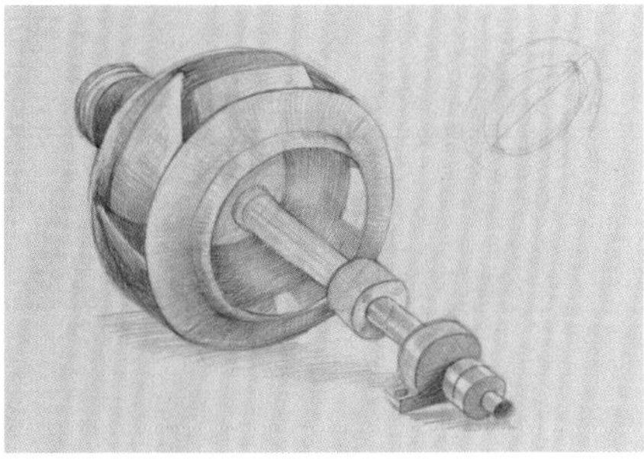

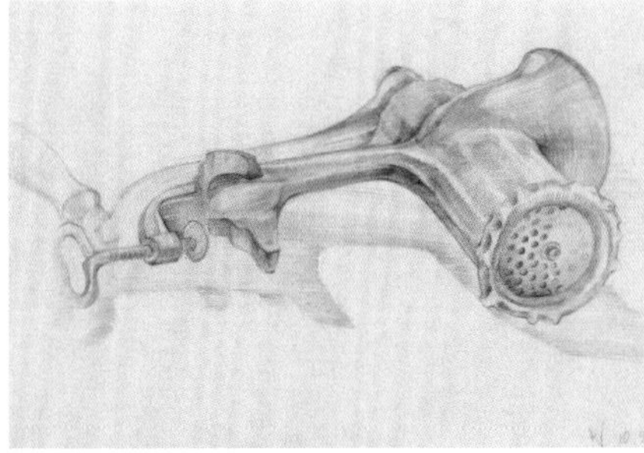

Übungsziel

- verschiedene Schraffuren verwenden

Spiel mit Variationen

Bleiben Sie auch in Zukunft bei Ihren Übungen. Je öfter Sie trainieren, umso besser wird Ihre Strichführung. Versuchen Sie, sich von Ihren Erwartungen und Ihrem Leistungsdruck zu entfernen. Hier einige Anregungen, wie Sie auch spielerisch trainieren können.

Übung 64

Kleines Zeichendiktat

Verteilen Sie nach Belieben auf Ihrem Blatt:

10	senkrechte Linien	1	Kreisform
20	Halbbogen	1	Schachbrettform (schwarz-weiß ausmalen)
2	spitzwinklige Dreiecke	1	Punktestruktur an einer beliebigen Stelle
1	Horizontlinie (Waagerechte)	1	beliebige Form nach Wahl, die Sie besonders betonen

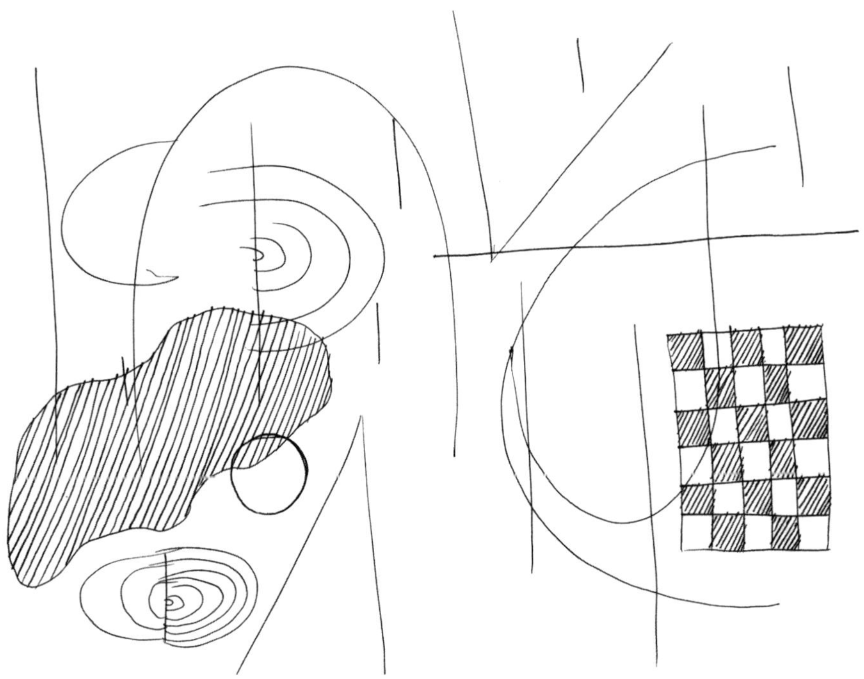

Übungsziel

- Strichführung verbessern
- spielerisch die Hand schulen

Übung 65

Flickenteppich

Legen Sie aus Schraffuren einen Flickenteppich übereinander, der durch Überlappung räumliche Tiefe vortäuscht.

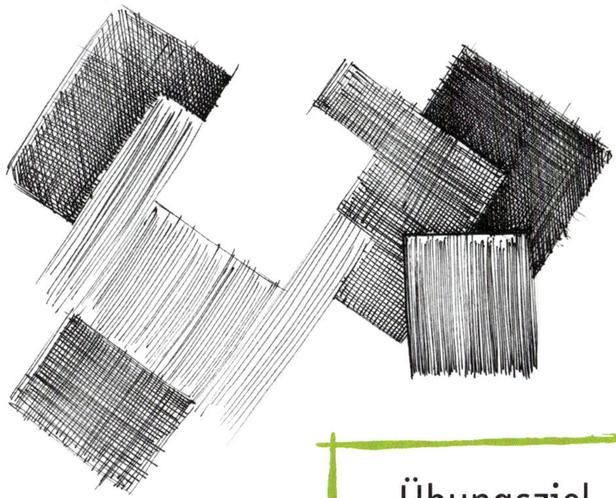

Übungsziel

- räumliche Tiefe erarbeiten
- unterschiedliche Schraffuren verwenden

Übung 66

Musterbrettchen

Entwickeln Sie aus eigenen Strichübungen nach und nach ein Musterbrettchen.

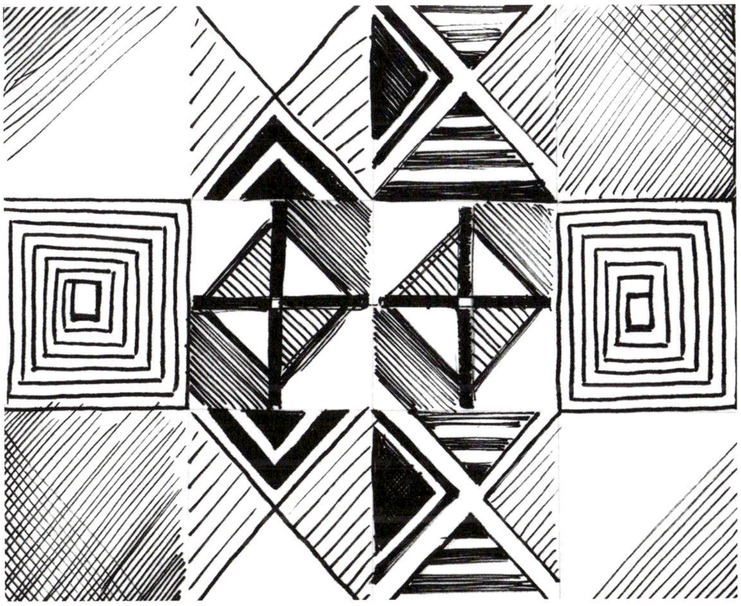

Übungsziel

- Strichführung optimieren
- spielerisch Kombinationen von Linien, Mustern und Schraffuren erschaffen

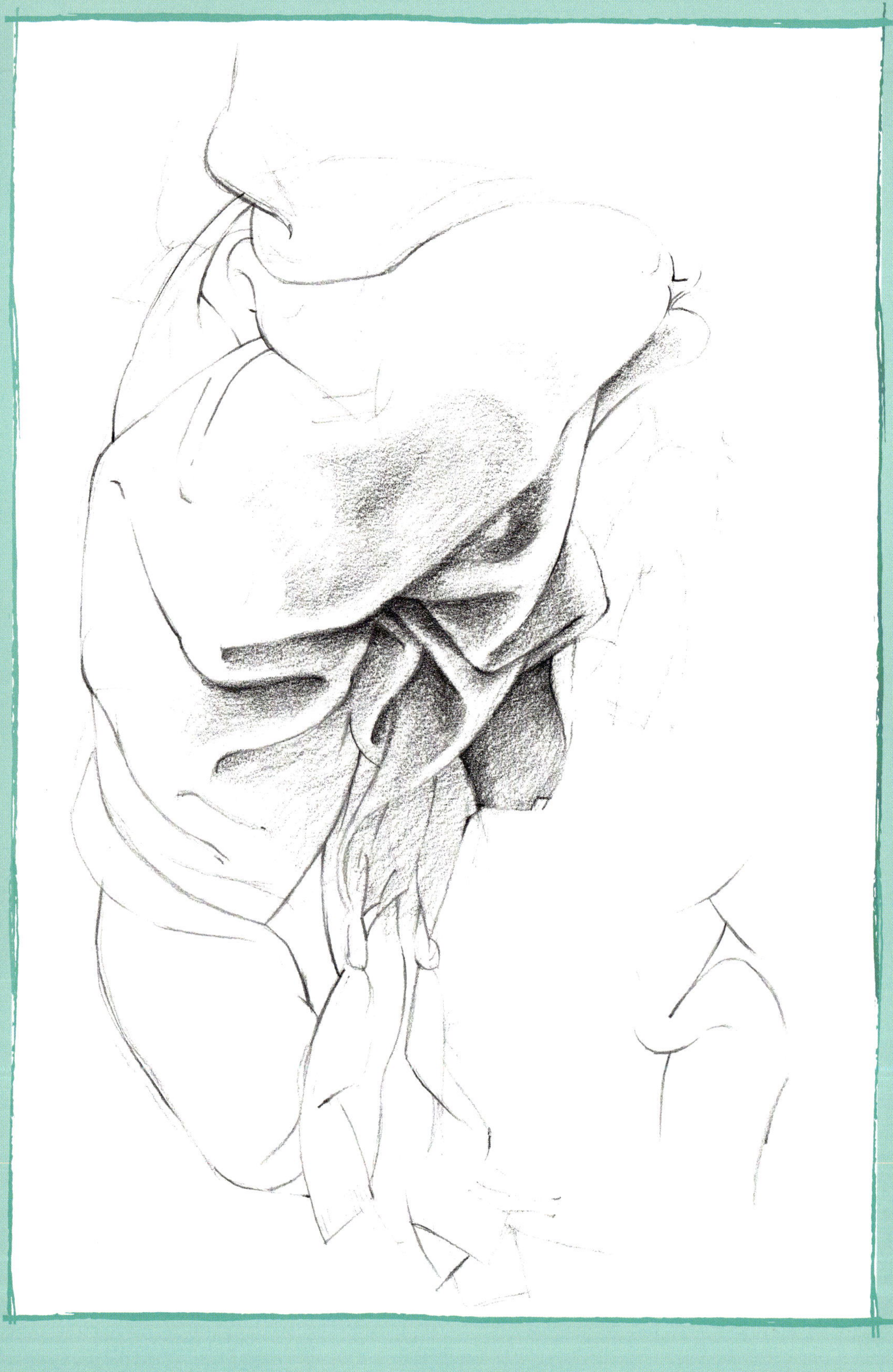

Kapitel 3

Richtige Darstellung

Räumlich zeichnen – mit den folgenden spielerischen Übungen macht es sogar richtig Spaß! Hier wenden Sie grundlegende Zeichengesetze automatisch an und lösen auf diese Weise sogar schwierig wirkende Zeichenprobleme. Sie beginnen allmählich, nicht mehr in Motiven, sondern in Raumstrukturen zu denken. Tauchen Sie ein in Licht und Schatten, Gläser und Flaschen, Blumen und Früchte, Menschen und Tiere!

Licht und Schatten

Erst die Beleuchtung schafft in unserer Umgebung den dreidimensionalen Raum. Durch Eigenschatten und Schlagschatten wird eine Form genau definiert. Tonwerte und Grauabstufungen erkennen Sie leicht, wenn Sie Bilder in schwarz-weiß ausdrucken.

Hier war dem Zeichner nicht klar, dass der Schatten immer auch etwas mit der Form zu tun hat. Wenn man Gegenstände „durchsichtig" zeichnet, fällt es leichter, den Schatten richtig anzulegen.

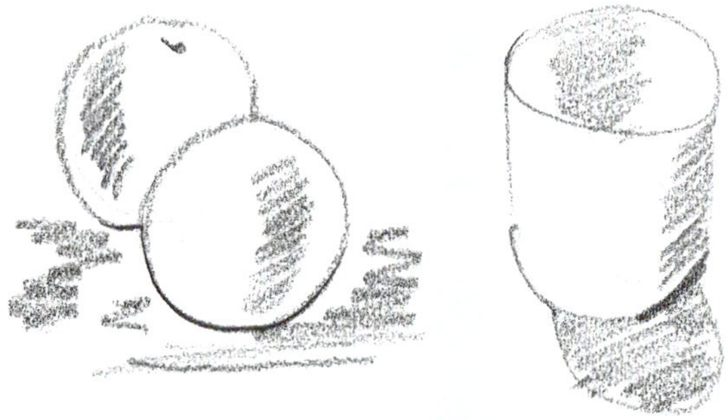

falsche Schatten

Übung 67

Schatten untersuchen

1 Fotografieren Sie einen Gegenstand im Freien zu unterschiedlichen Tageszeiten.

2 Leuchten Sie ein Stillleben im Raum in unterschiedlichen Richtungen selbst aus. Sie können die Grundflächen der Gegenstände umreißen und die Schatten auf einem daruntergelegten Papier ausfüllen.

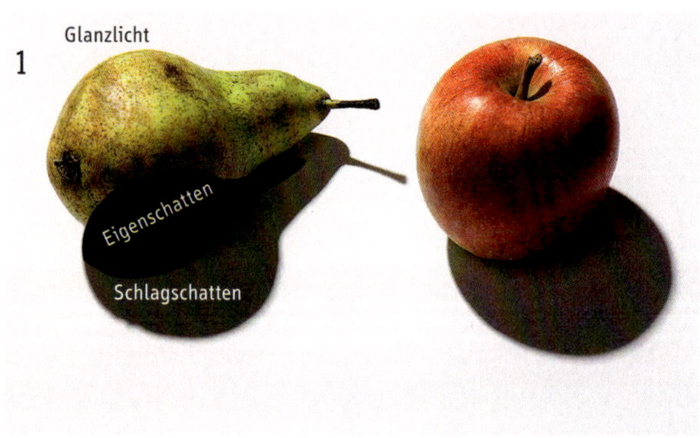

Sonnenlicht

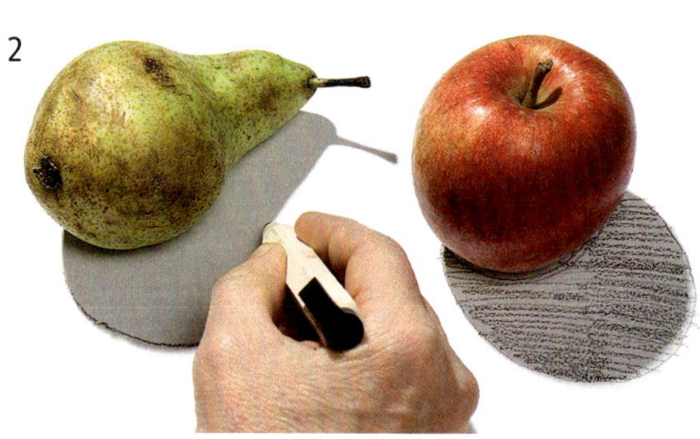

Kunstlicht

Übungsziel

- Unterschiede zwischen künstlichem Licht und Sonnenlicht erkennen
- Zusammenhang von Licht- und Schattenrichtung erfassen

Übung 68

Schatten konstruieren

Um sich über die Licht- und Schattenrichtung klar zu werden, können Sie Gegenstände in die Sonne stellen und erforschen. In meinen Fotos habe ich Lichtrichtung, Schattenrichtung und Form eingezeichnet. Sie können die Schattenform auch gleich umreißen und den Gegenstand umzeichnen. Das zeigt Ihnen, wo der Schatten beginnt und endet.

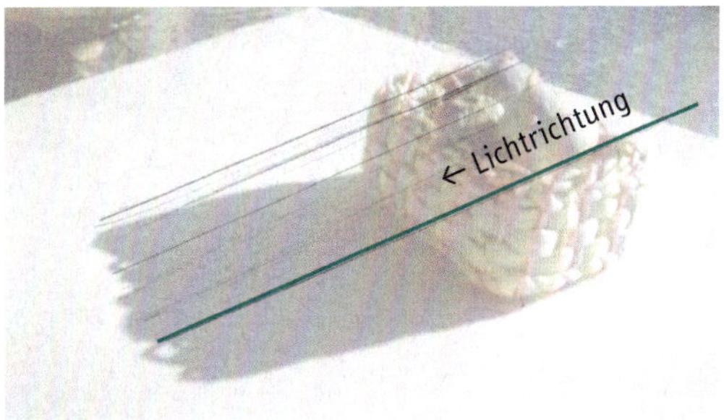

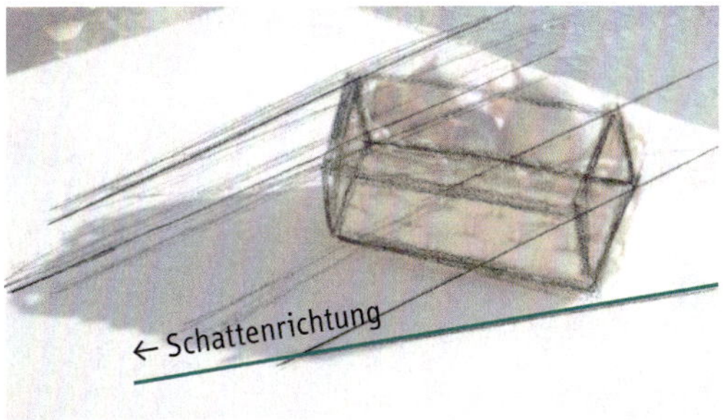

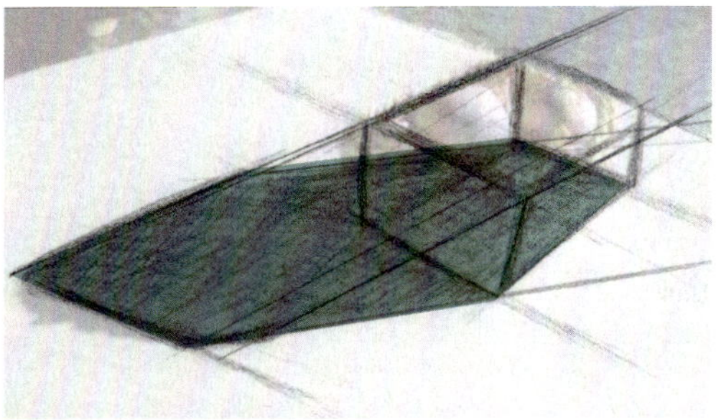

EINIGE WICHTIGE REGELN FÜR DAS FREIHANDZEICHNEN VON SCHATTEN

- Sonnenlicht kommt von oben und verhält sich parallel, weil die Lichtquelle weit weg ist.
- Kunstlicht zieht den Schatten auseinander.
- Der Schattenfluchtpunkt liegt unterhalb der Lichtquelle.
- Die Form des Schlagschattens hängt vom Einfallswinkel der Lichtquelle ab. Steiles Licht gibt kurze Schatten, flaches Licht (z. B. abends) lange Schatten.

Versuchen Sie nicht, den Schatten genau zu konstruieren. Es reicht, wenn Sie die Licht- und Schattenrichtung sowie die Form beachten. Denken Sie dabei daran, die Gegenstände durchsichtig zu zeichnen.

Übungsziel

- Lichtrichtung herleiten
- Schattenrichtung am Boden entdecken
- Form nachvollziehen

Übung 69

Schatten einzeichnen

Zuerst drucken Sie das Motiv schwarz-weiß aus. Dann zeichnen Sie die Steine mit einer feinen Linie von vorne nach hinten ein und bringen die verschiedenen Grautönungen der Form folgend auf. Nun folgen Eigen- und Schlagschatten.
Übrigens: Dieses Motiv habe ich mit einem HB-Bleistift ausgeführt. Grundsätzlich sind härtere Bleistifte für Transparentpapier gut geeignet, da es glatt ist.

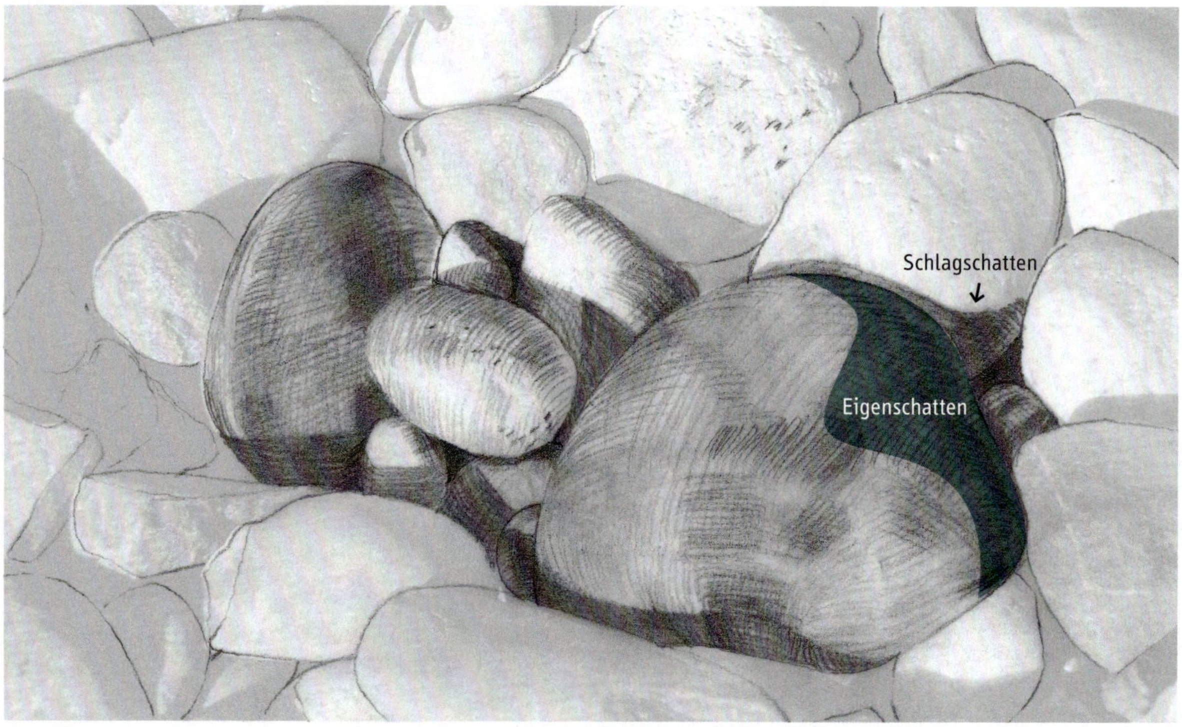

Wenn Sie Ihr Transparentpapier vor der Fertigstellung zur Kontrolle auf weißes Papier legen, können Sie die Tonwerte gegebenenfalls leichter korrigieren.
Sie können die gefundenen Umrisslinien auch auf Papier übertragen. Helle Graustufen schummern Sie darauf mit H-Bleistiften, dunklere Stellen mit Ihrem B-Sortiment.

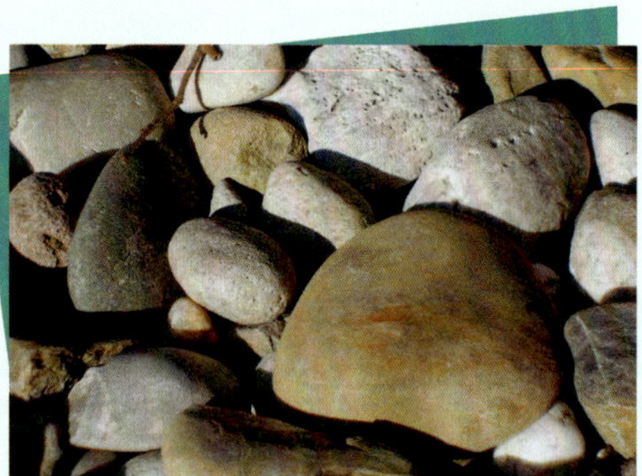

Übungsziel

- Tonwerte erkennen
- Eigenschatten und Schlagschatten beachten

Übung 70

Schwierige Schatten meistern

Pflanzen werfen Schatten, die der Zeichner nicht einzeln herleiten kann. Es gilt ein Gefühl dafür zu entwickeln, dass auch hier der Schatten der Sonne gegenüber liegt und dieser Schatten die Form, auf die er trifft, in verzerrter Form wiederholt.

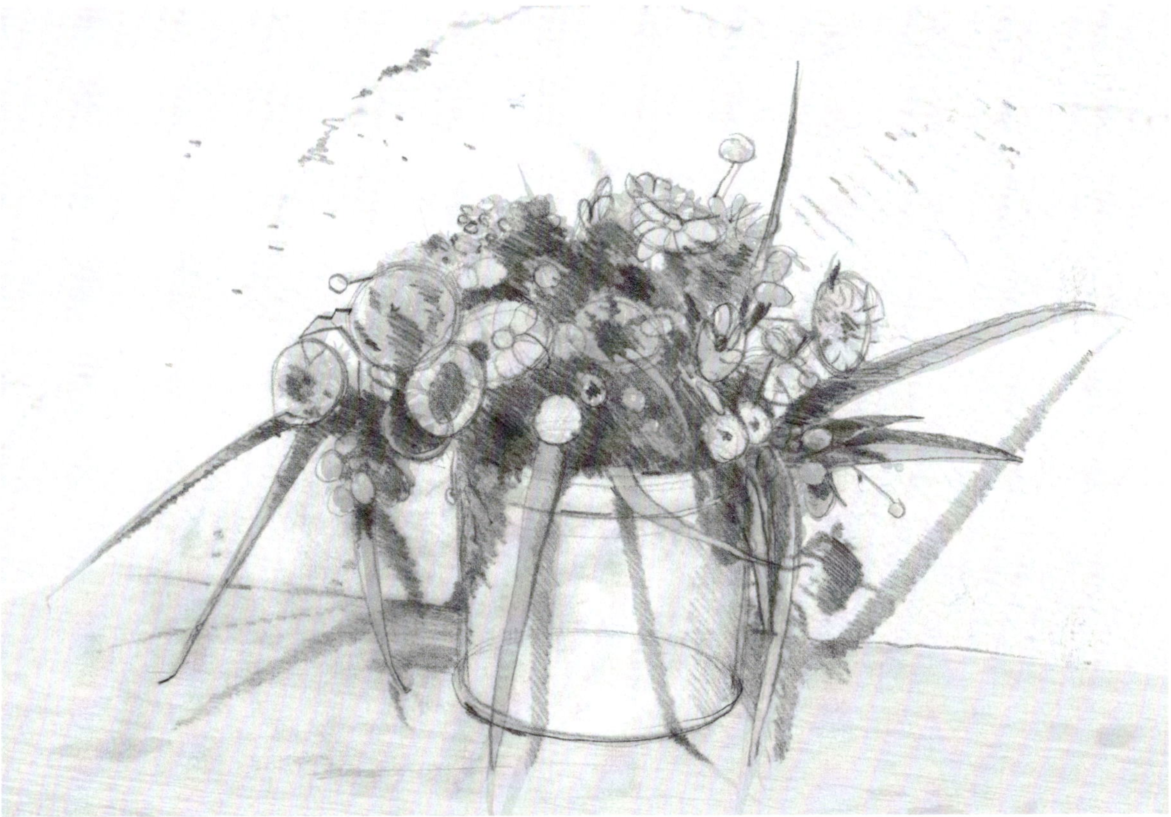

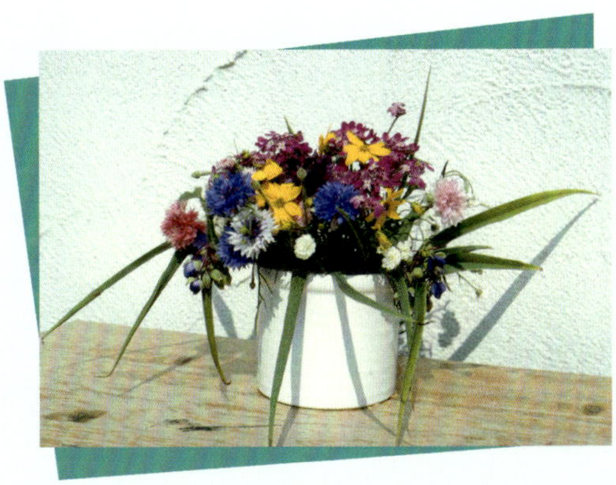

Übungsziel

- Formen vereinfacht darstellen
- Schatten nachvollziehen
- Licht und Schatten bei organischen Strukturen erkennen

Übung 71

Gegenlicht mit Schatten darstellen

Gegenlichtmotive lassen sich mit zusammengefassten Schatten darstellen. Bearbeiten Sie hellere Stellen mit härteren, dunklere Stellen mit weichen Bleistiften. Wenn Ihnen die Übung mit buntem Motiv zunächst schwer fält, versuchen Sie es nochmal mit einem Schwarz-Weiß-Ausdruck.

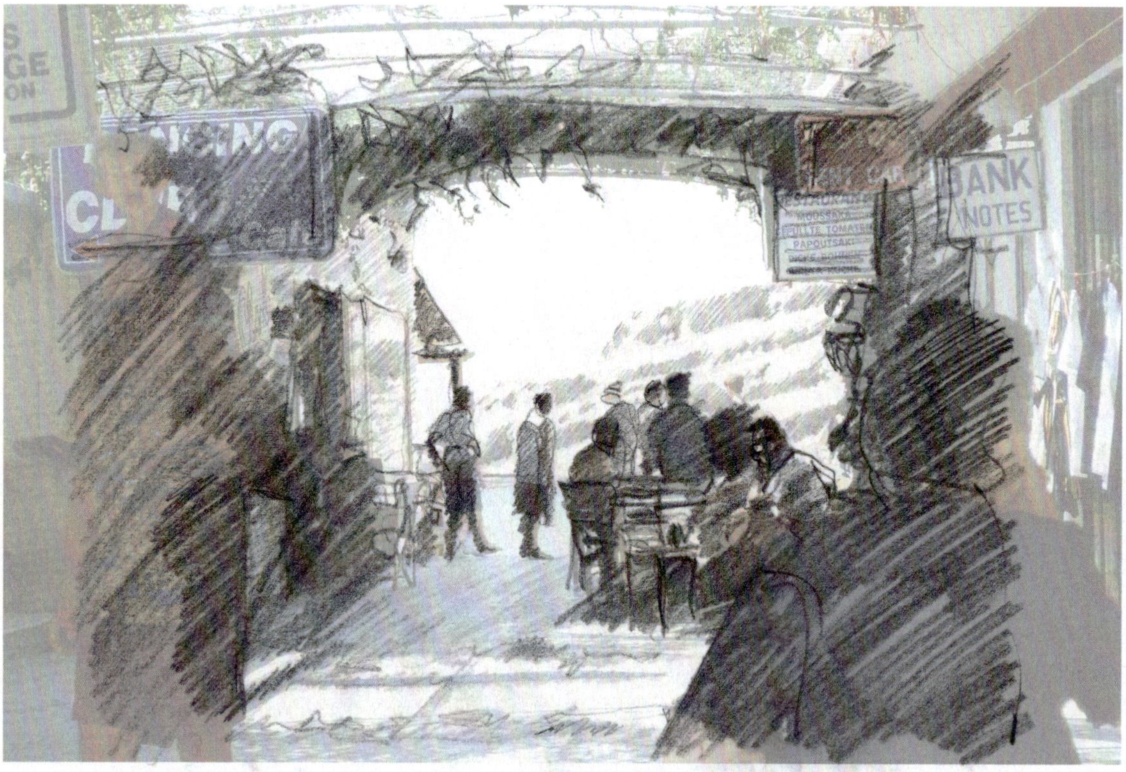

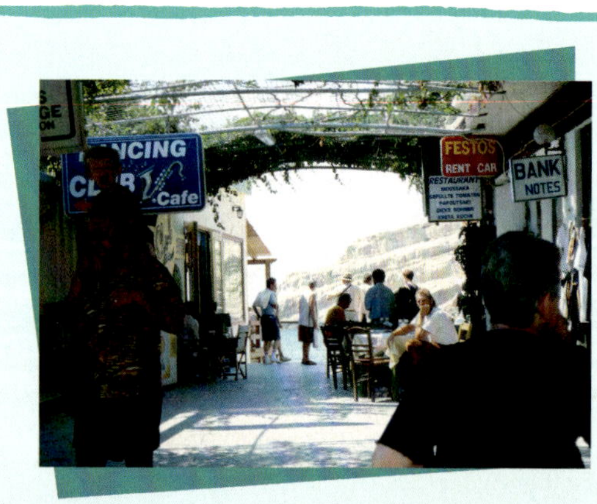

Übungsziel

- mit Schatten zusammenfassen
- Schattentöne unterscheiden

Übung 72

Faltenwurf schattieren

Zeichnen Sie die Hauptlinien des Tuchs auf Transparentpapier. Diese Zeichnung übertragen Sie leicht auf Ihr Zeichenpapier und suchen mit schwachen Linien die kleinen Einteilungen des Tuchs. Mit weichem Stift verstärken Sie die Hauptlinien. Dann wird geschummert und zuletzt nehmen Sie mit dem Knetgummi einige Lichter heraus. Studien von Faltenwürfen sind wichtig, um ein Gefühl für das Zeichnen von Kleidung zu bekommen, die Sie für die Darstellung von Menschen benötigen.

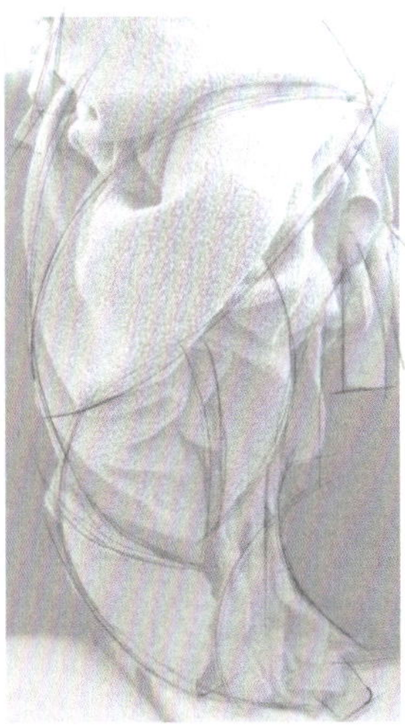

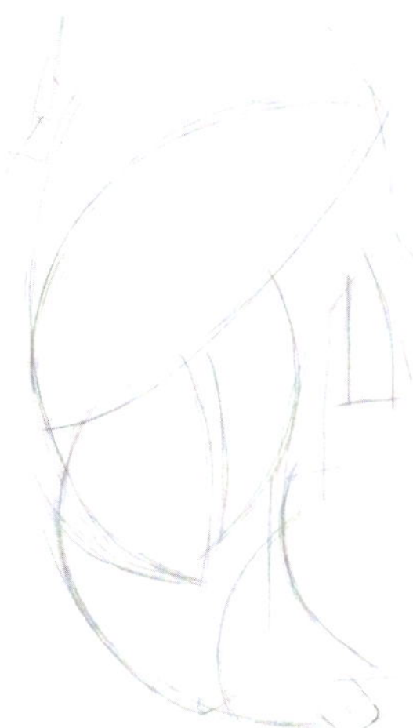

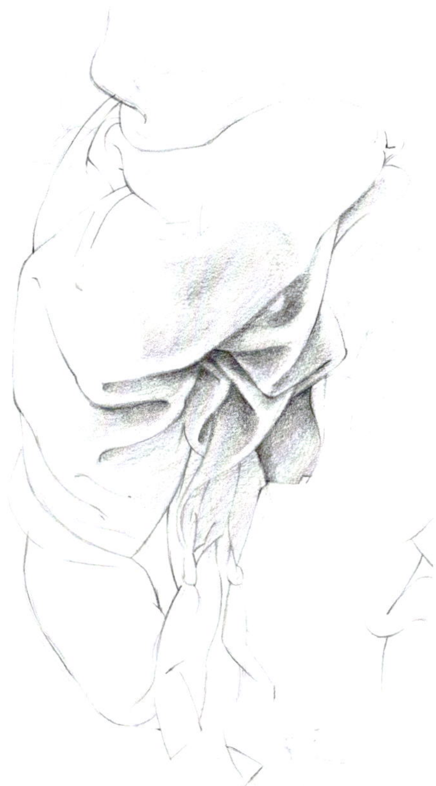

Übungsziel

- Überschneidungen verdeutlichen
- Grauabstufungen (Tonwerte) herausarbeiten

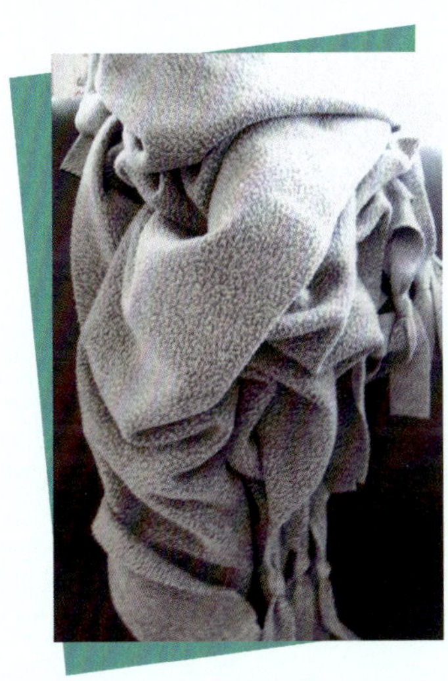

Gläser und Flaschen

Spätestens beim Zeichnen von Gefäßen sieht sich der Anfänger verschiedenen Problemen gegenüber. Hier zeige ich Ihnen, wie Sie die häufigsten Fehler vermeiden können.

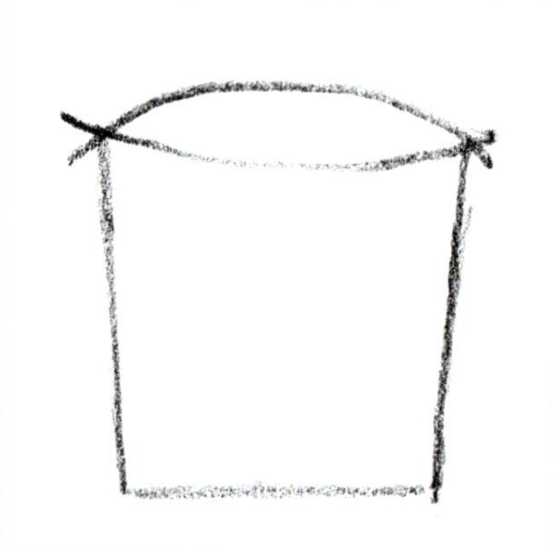

Oft sehen Gefäße wie dieses aus. Weil man weiß, dass der Boden gerade ist, lässt man sich häufig zum Zeichnen einer Linie verleiten. Und da Ecken leichter zu zeichnen sind als Kurven, entsteht so ein typischer „Fisch".

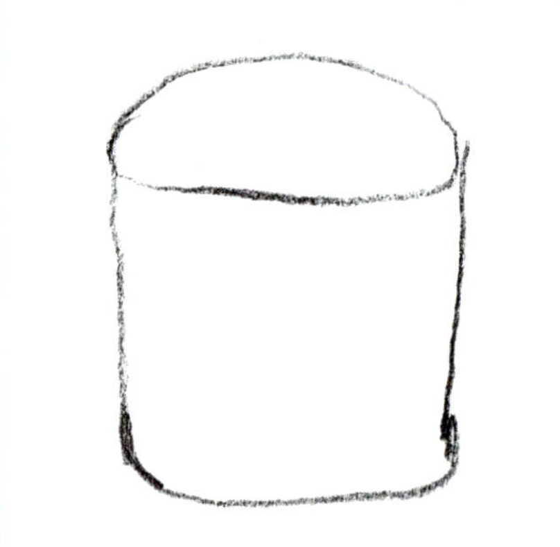

Hier war dem Zeichner die Rundung durchaus bewusst. Allerdings war ihm nicht klar, dass die Ellipsen in einem Zusammenhang stehen. Zeichnen Sie Gefäße grundsätzlich durchsichtig. Dann entdecken Sie schneller mögliche Fehler.

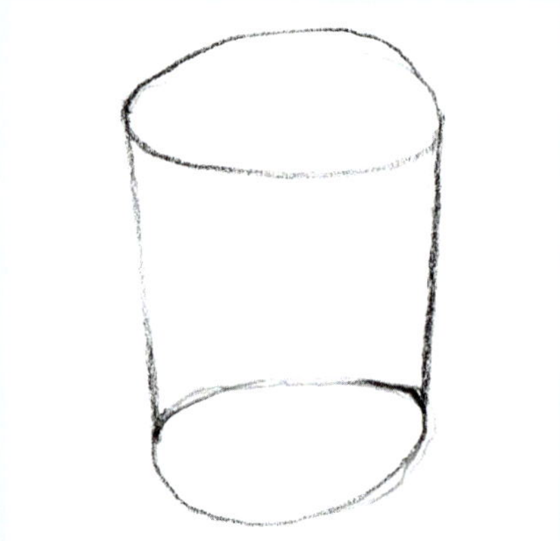

Diese Zeichnung stammt von einem etwas geübteren Zeichner. Mit Hilfe der Mittelachse (siehe unten) kann sie relativ leicht gerade ausgerichtet werden.

SO GEHT'S GANZ EINFACH:

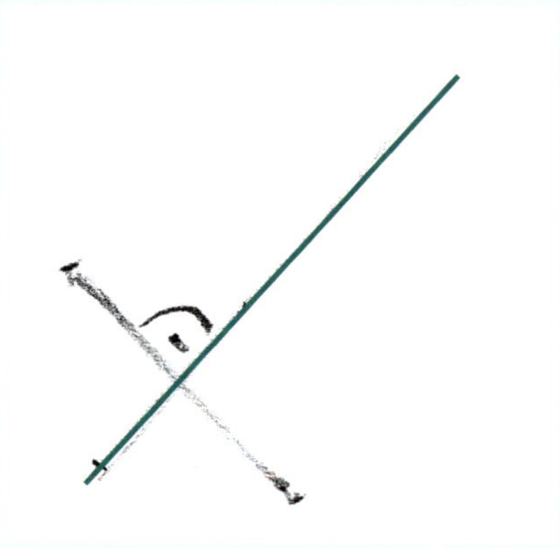

Legen Sie die Hauptachse Ihres Motivs fest und zeichnen Sie dazu ein Kreuz im rechten Winkel ein. Achten Sie darauf, die Abstände links und rechts zu markieren.

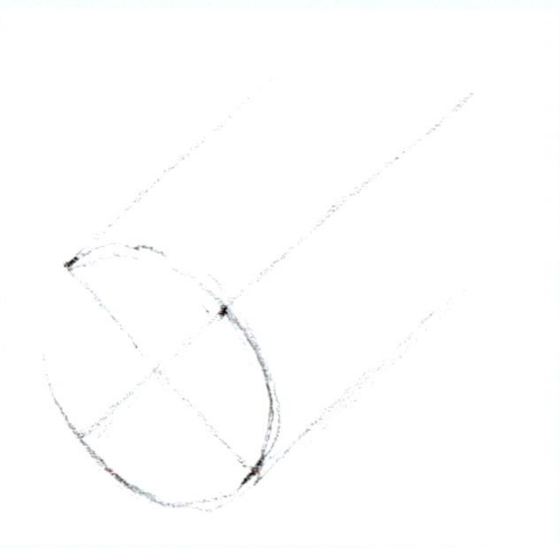

Nun zeichnen Sie den hinteren Abstand etwas kürzer als den vorderen ein. Zeichnen Sie dann eine Ellipse und deuten Sie das Gefäß parallel zur Achse an.

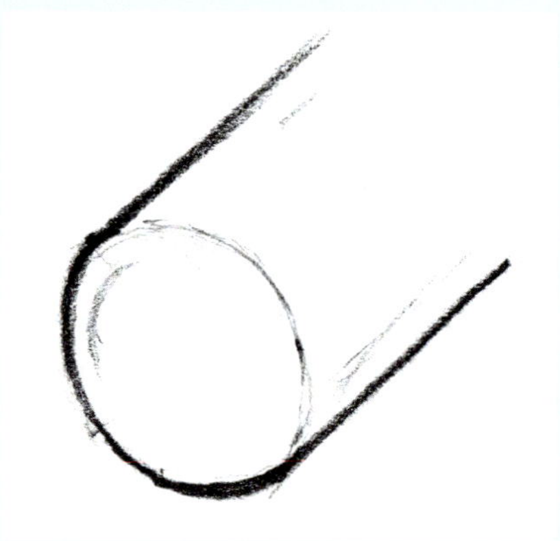

Betonen Sie die sichtbaren Linien und entfernen Sie zum Schluss alle anderen mit Knetgummi.

Übung 73

Mit Ellipse und Mittelachse zeichnen

Alle Gegenstände auf dieser Seite können Sie mit Hilfe der Ellipse und ihrer Mittelachse zeichnen. Sicher fallen Ihnen dabei noch andere Dinge ein, die sich ebenfalls zum Üben eignen.

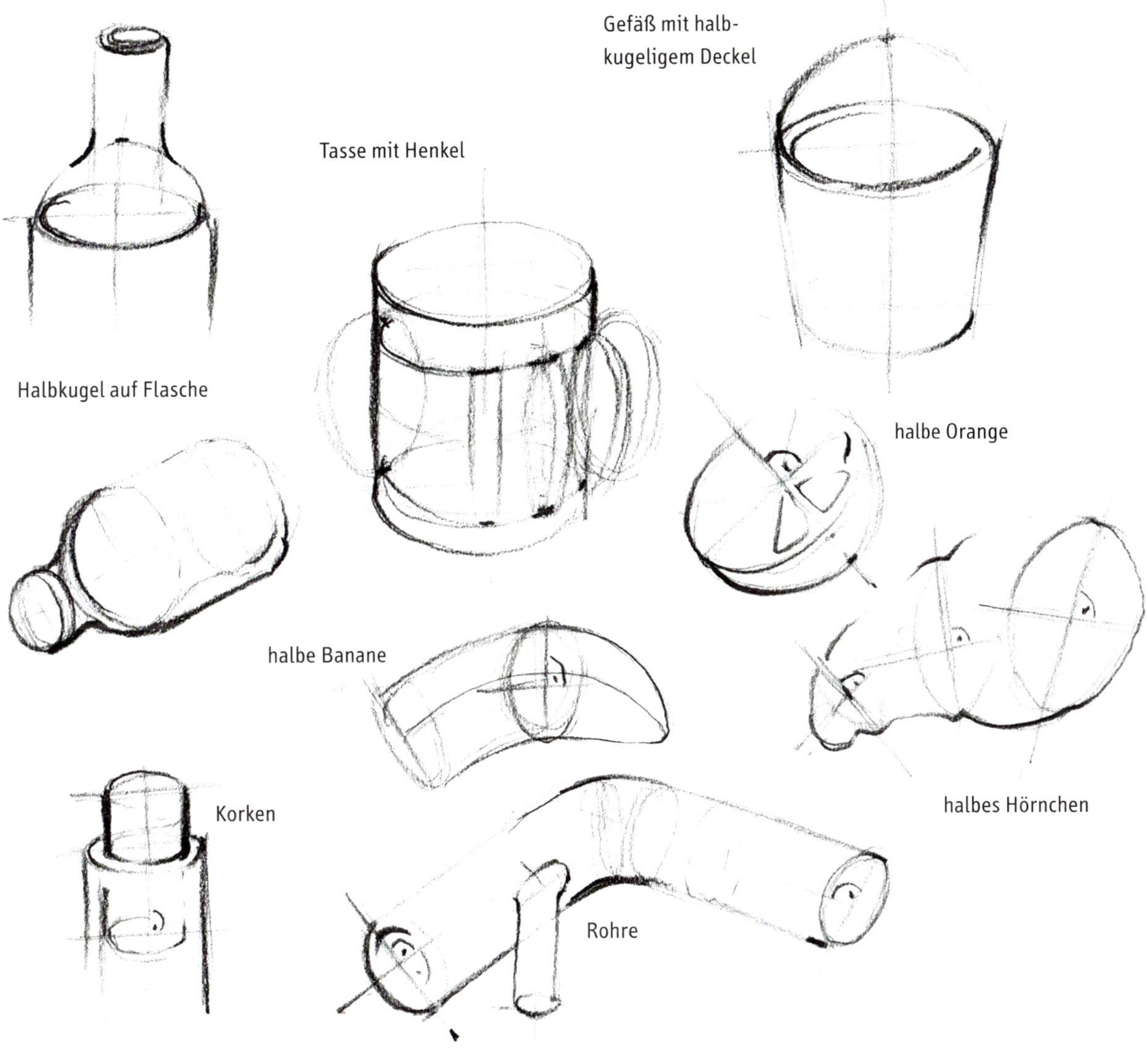

Übungsziel

- Ellipsen mit Hilfe der Mittelachse konstruieren
- verschiedene Dinge mit Ellipsen zeichnen

Übung 74

Zwei gläserne Gefäße zeichnen

Stellen Sie zwei gläserne Gefäße in anderthalbfacher Armlänge von sich entfernt auf einen Tisch und beginnen Sie nun, das vordere Gefäß abzuzeichnen.

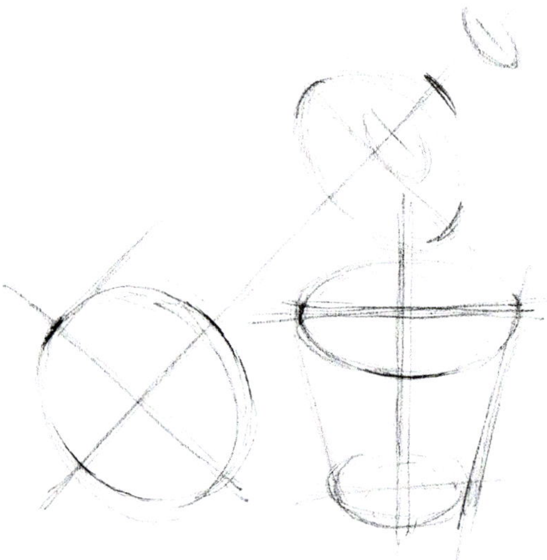

Die ersten Striche sollten zart ausgeführt werden. Mit ihnen suchen Sie die richtige Form. Radieren Sie nicht, sondern setzen Sie einfach mehrere Linien.

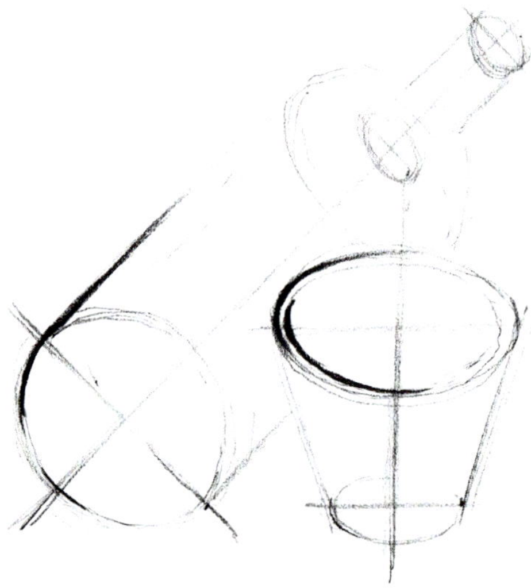

Wenn Sie die Hauptform gefunden haben, können Sie die gut sichtbaren Linien verstärken. Achtung: Linien im Vordergrund sind dunkler als Linien, die weiter entfernt sind!

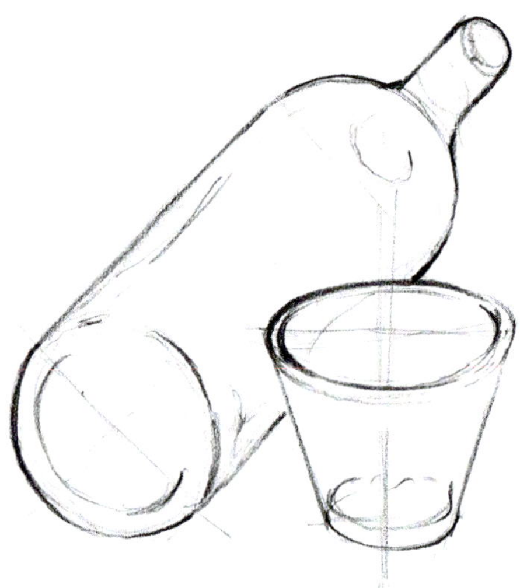

Vervollständigen Sie Ihre Zeichnung, indem Sie die innen liegenden Linien einfügen, die Sie durch das Glas erkennen können.

Übungsziel

- Stillleben aufbauen
- Motive planen
- Strich variieren

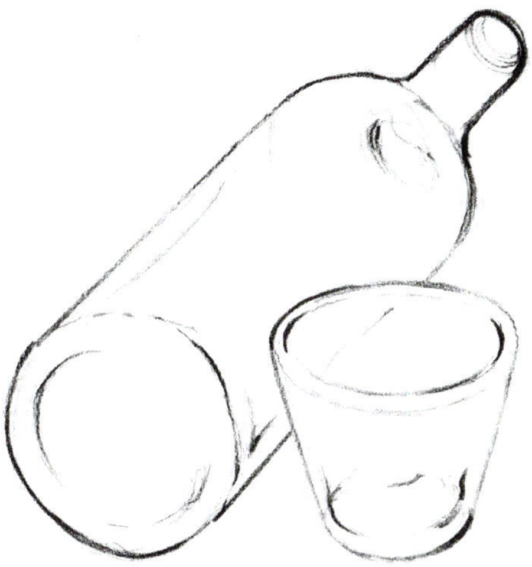

Die fertige Zeichnung überarbeiten Sie mit dem Knetgummi. Mit seiner Hilfe können Sie gezielt Hilfslinien bis zur Unsichtbarkeit abschwächen.

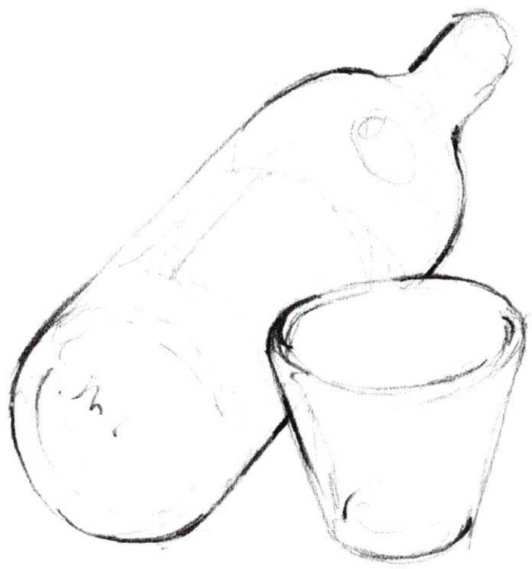

Legen Sie nun ein Transparentpapier über Ihre Zeichnung. Mit flottem Strich erreichen Sie durch gezielte Betonung Ihre eigene Handschrift. Dadurch sieht die Zeichnung nicht mehr so steif aus.

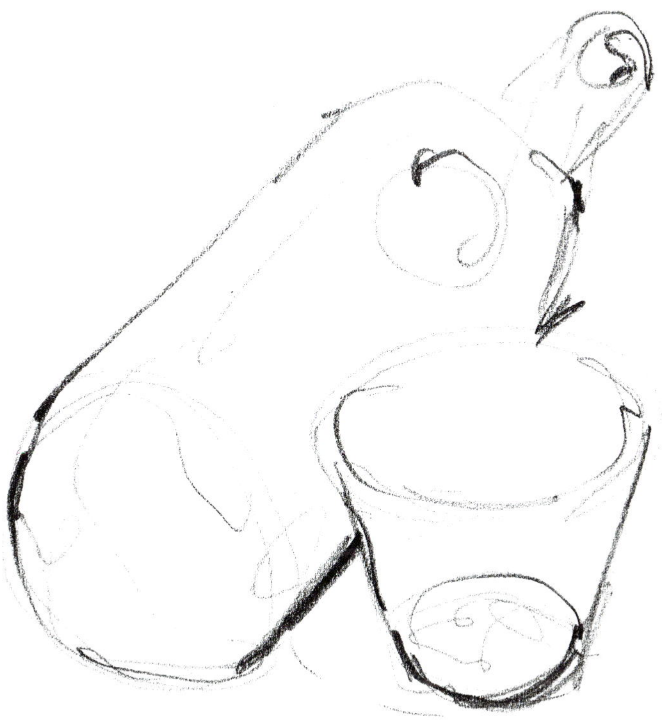

Übung 75

Fotos überzeichnen

Überzeichnen Sie mit Hilfe eines Transparentpapiers immer wieder Fotos aus Büchern, Prospekten, Magazinen usw. Durch diese Übung erlernen Sie spielerisch den zeichnerischen Aufbau eines Bildes.

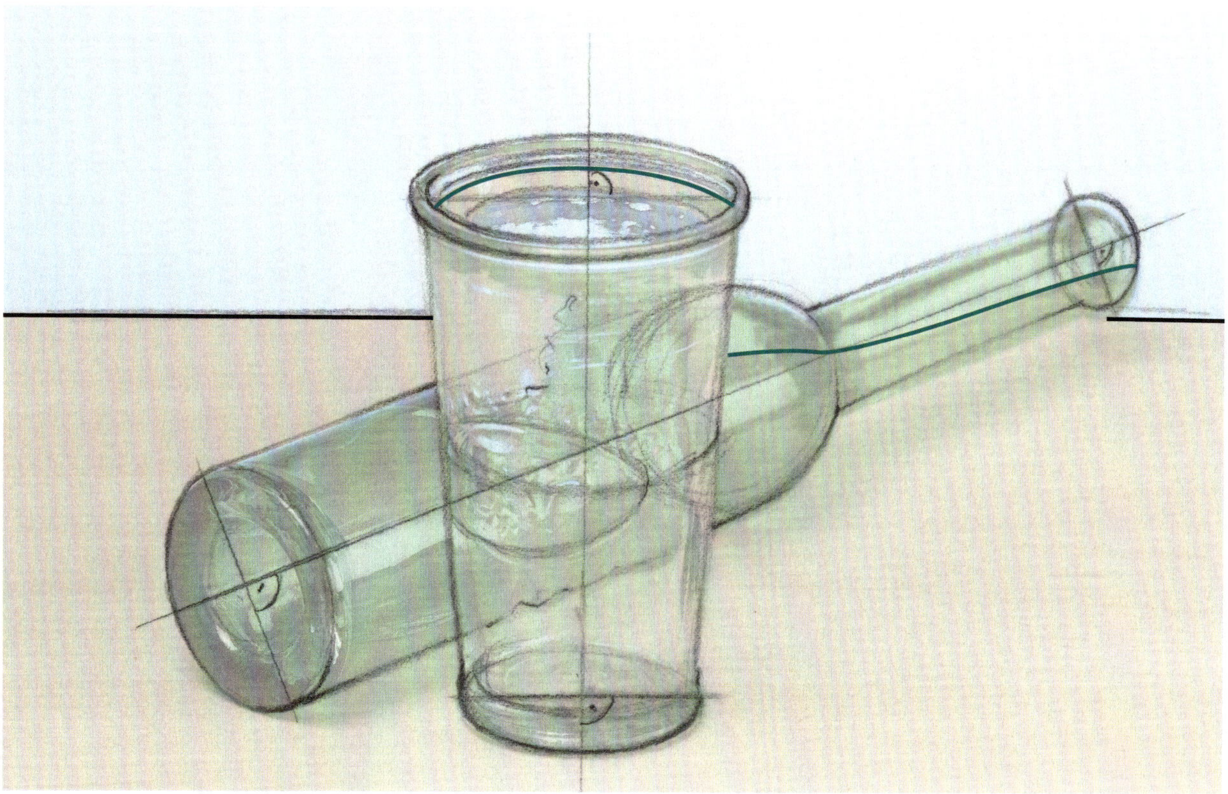

Übungsziel

- Fotos zeichnerisch erfassen
- Zeichenregeln festigen

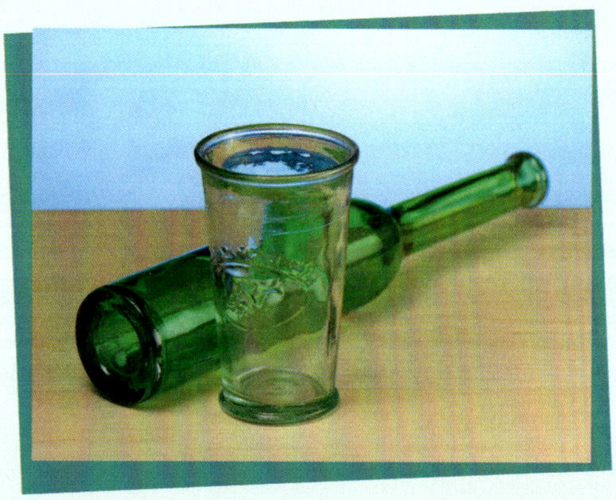

Übung 76

Komplizierte Motive bewältigen

Auch vor komplizierten Motiven brauchen Sie sich nicht zu fürchten. Ganz wichtig: Verfallen Sie nicht ins Nachzeichnen von Konturen! Beginnen Sie immer vorne und zeichnen Sie wie gewohnt die gut sichtbaren Linien im zweiten Schritt nach.

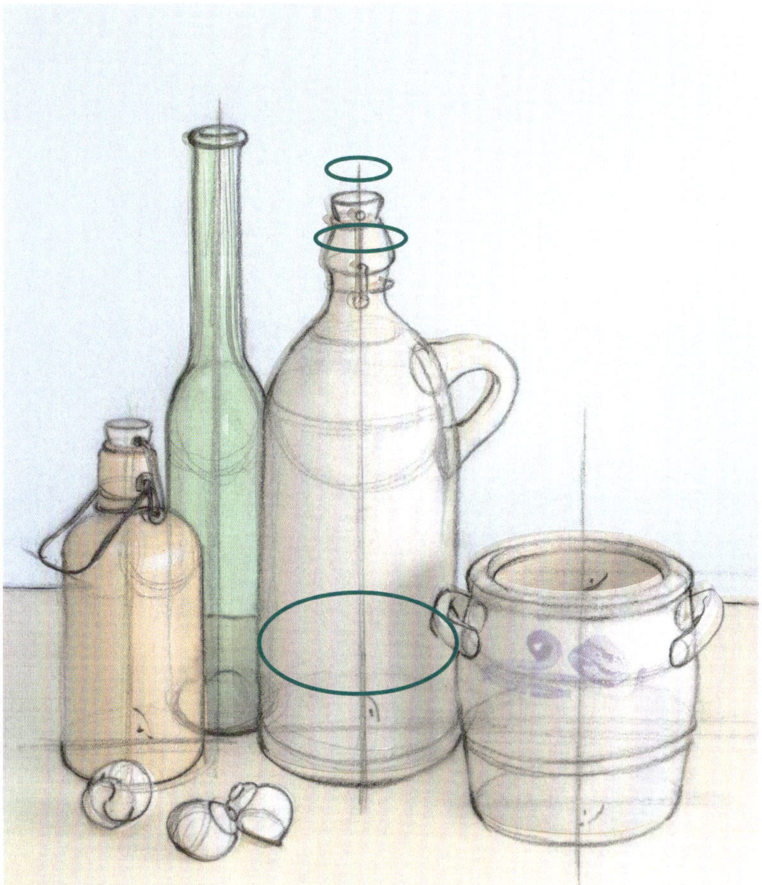

Übungsziel

- komplexe Motive bewältigen
- den Raum erfassen

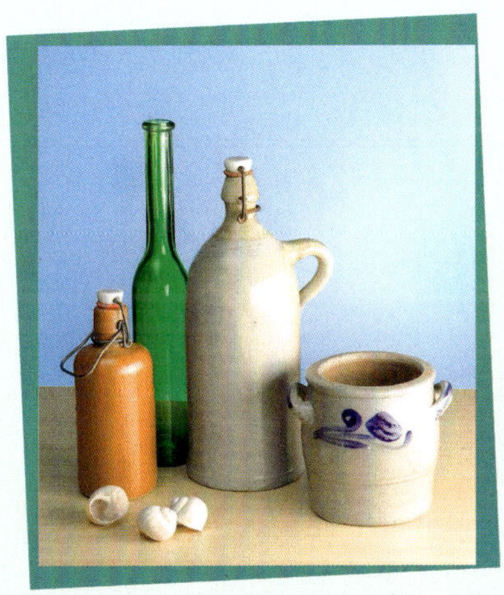

Blumen und Früchte

Blumen und Früchte sind beliebte Motive. Allerdings konzentrieren sich die Maler dabei oft auf die Farbe und vergessen ihre Räumlichkeit.

Der Kreis und die Kugel als Hilfsform helfen hier weiter. So werden Ihre Zeichnungen nicht mehr wie diese beiden Beispiele aussehen.

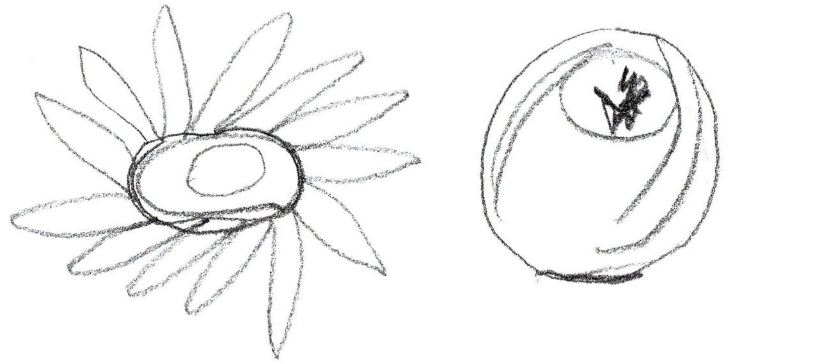

KREIS UND ELLIPSE ALS ZEICHENHELFER

Calla

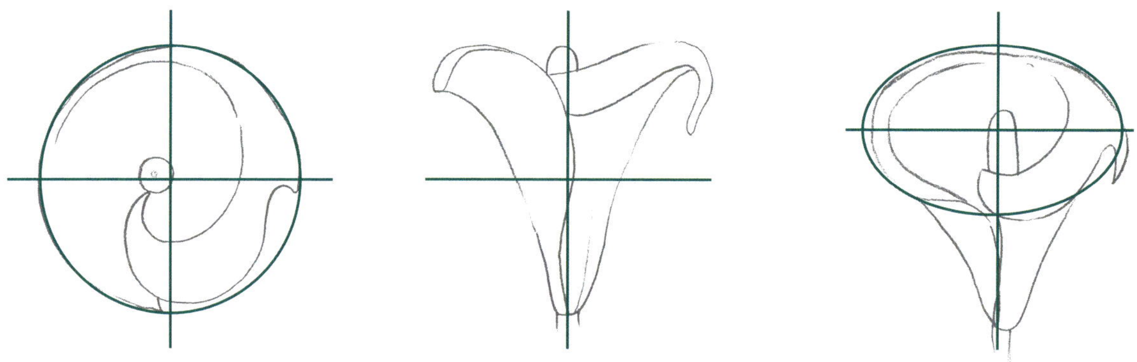

Malve

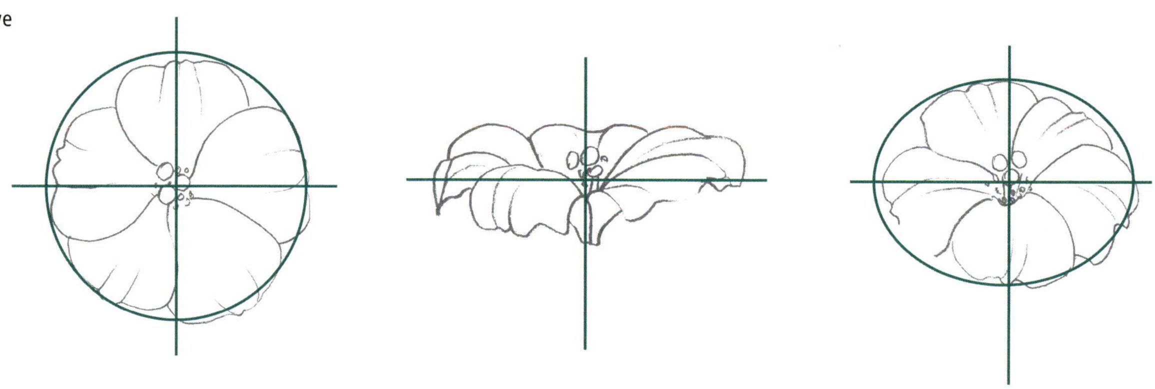

Dahlie

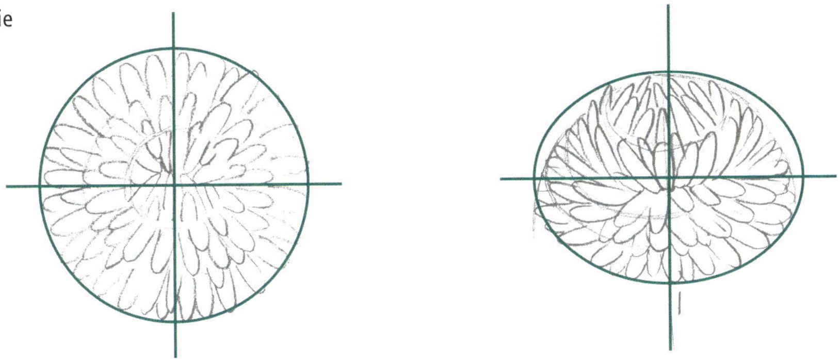

KUGEL ALS ZEICHENHELFER

Zierlauch

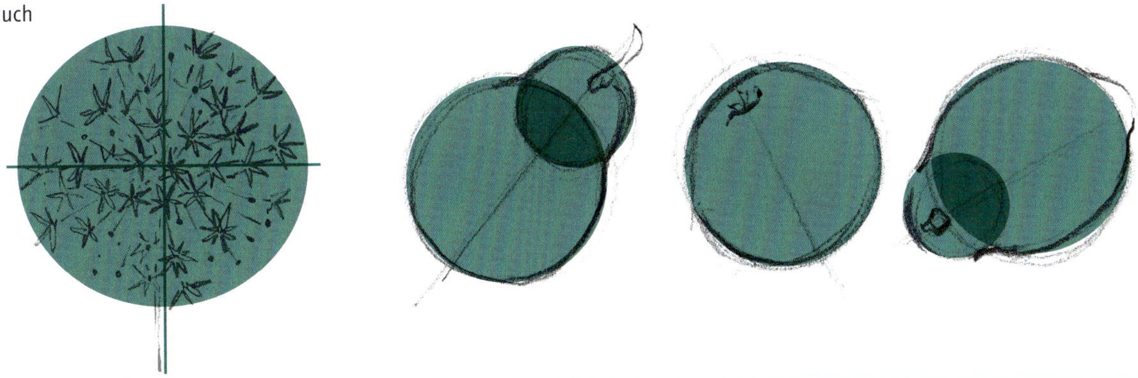

Durch geringe Veränderungen entstehen aus der Kugel immer wieder andere Blumen und Früchte.

Übung 77

Mit Linien und Bogen arbeiten

Legen Sie die Hauptachse der Früchte fest und zeichnen dann Ihre Hilfskugeln ein.
Mit wenigen Linien und Bogen entsteht schon ihr typisches Aussehen.

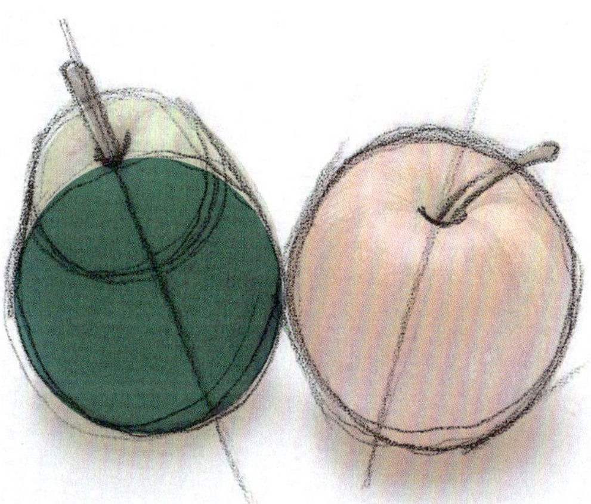

Übungsziel

- einfache Formen erfassen
- genau beobachten

Übung 78

Mit Hilfslinien vereinfachen

Mit wenigen Hilfslinien können Sie scheinbar komplizierte Blüten mit vielen Blättern vereinfachen. Um die Blätter richtig räumlich zu erfassen, zeichnen Sie interessante Blätter am Rand noch mal auf. Die Mittelachse der Blätter hilft Ihnen dabei.

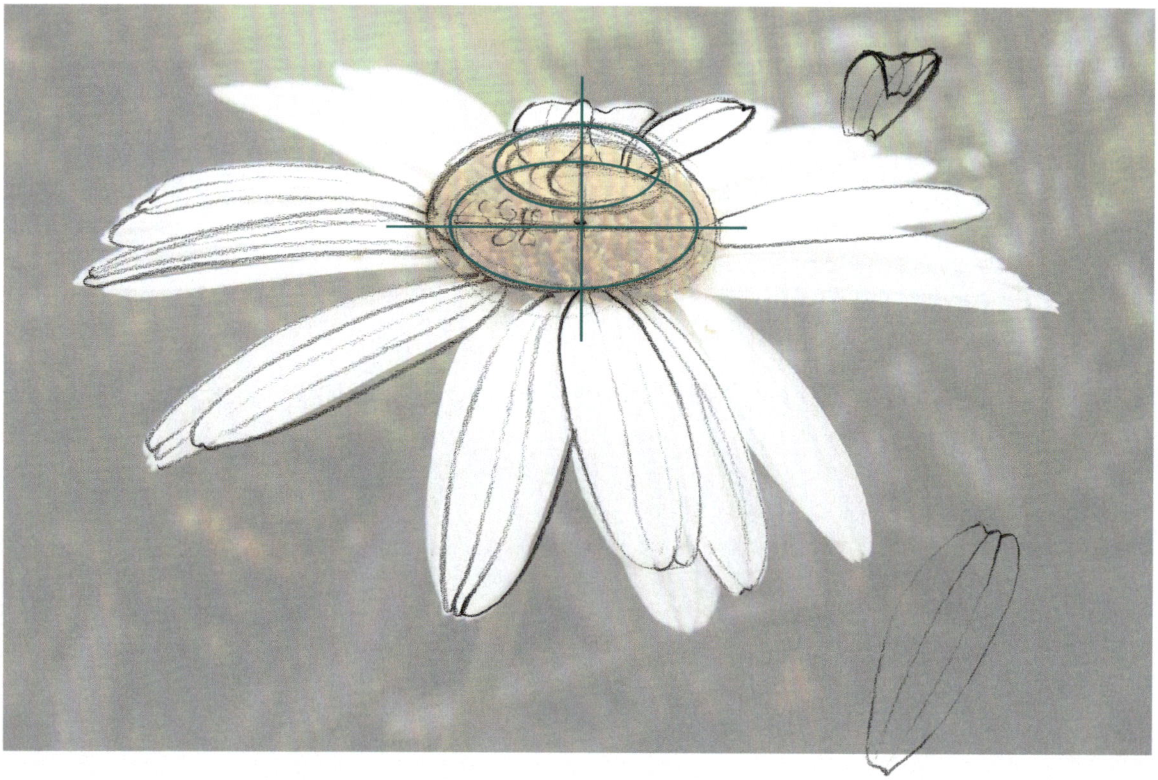

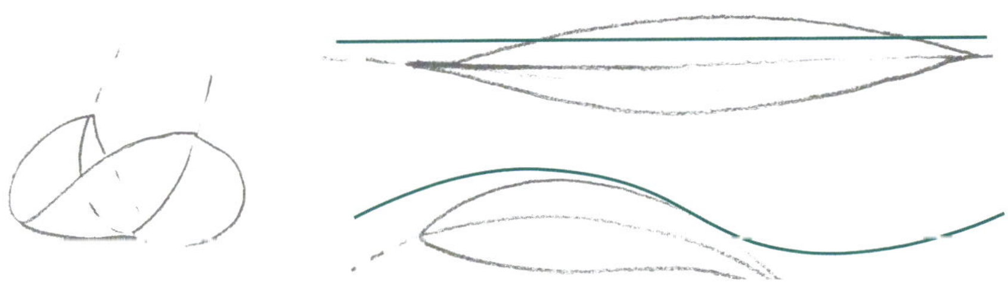

Achten Sie bei gedrehten und gewölbten Blättern immer auf die Mittelachse!

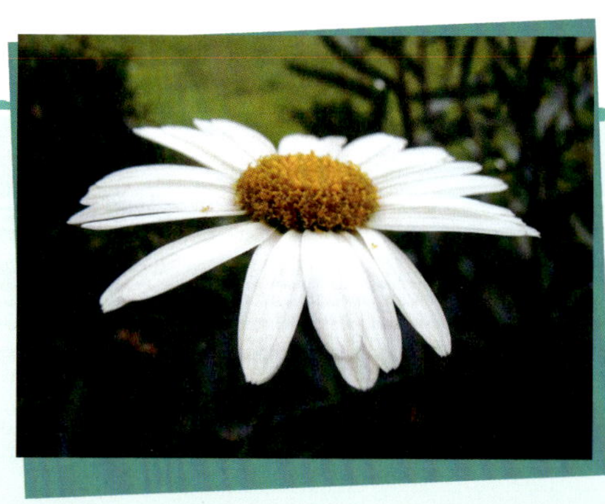

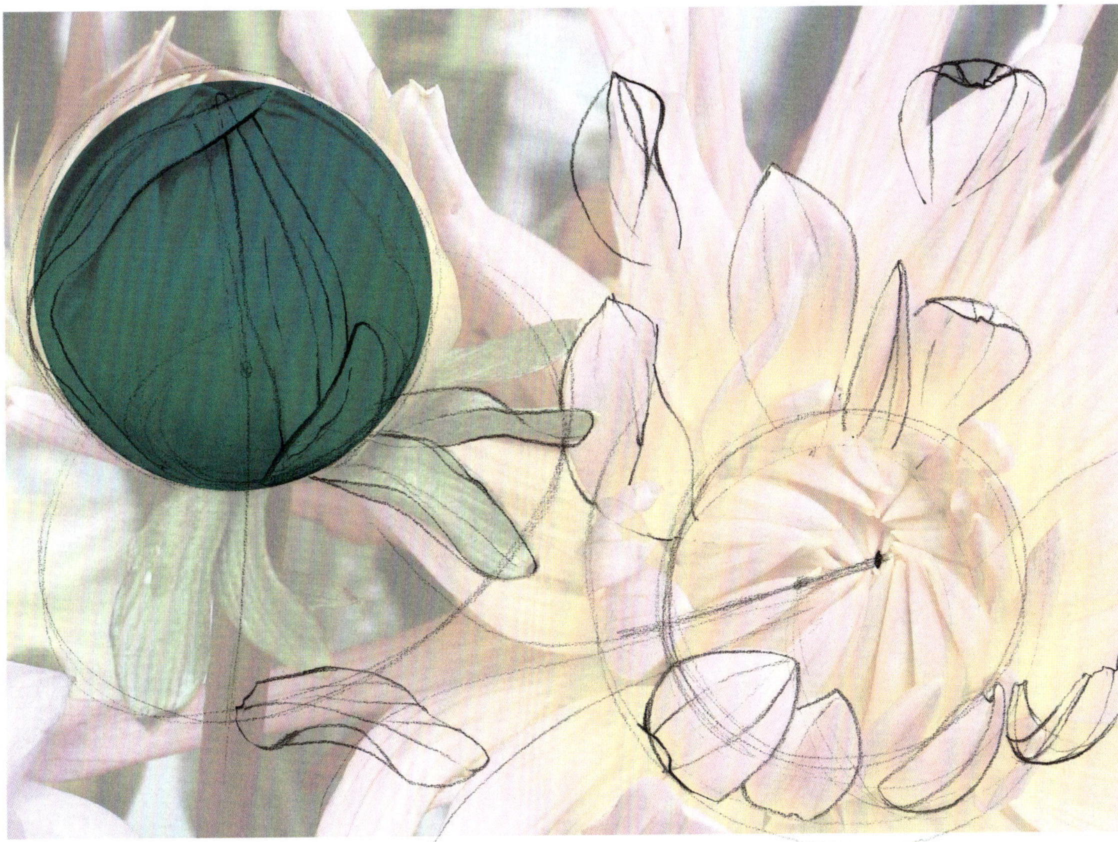

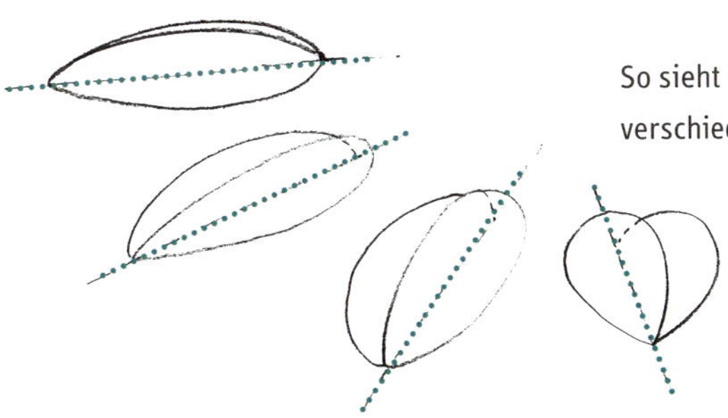

So sieht das gleiche Blatt aus verschiedenen Blickrichtungen aus.

Übungsziel

- einfache Gesamtform erkennen
- Blattdrehungen erforschen

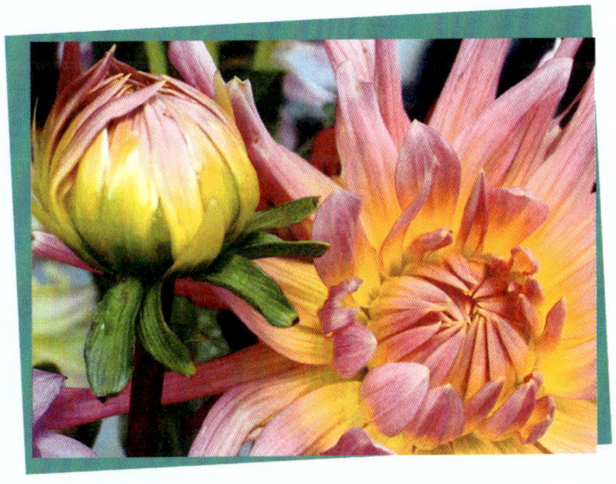

Übung 79

Gesamtform erfassen

Wenn beim Zeichnen das Augenmerk auf den einzelnen Blüten ruht, übersieht man leicht die Gesamtform. Bei Dolden und Rispen ist es wichtig, zuerst einmal die Regelmäßigkeiten des Wuchses herauszufinden.

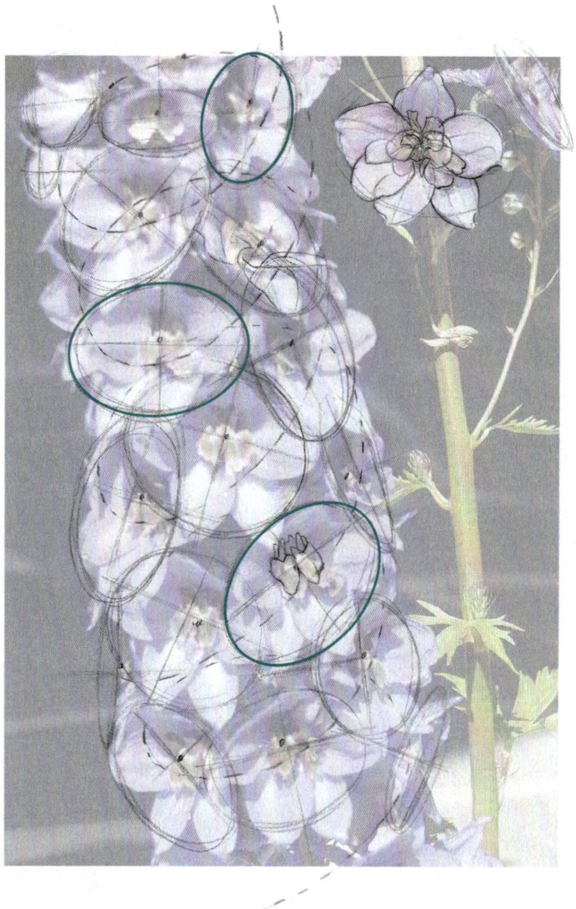

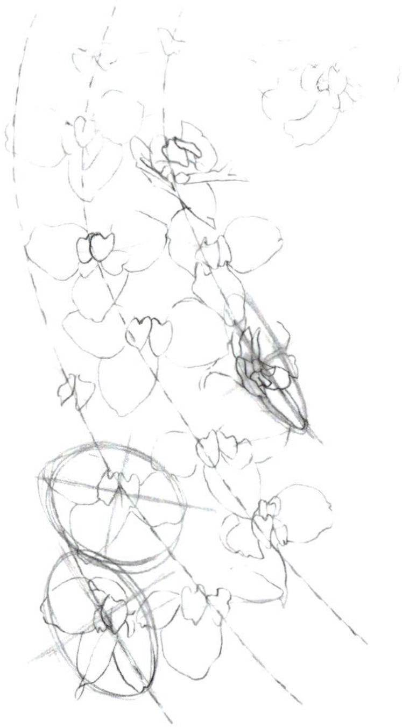

Bei vielen Beispielen zeige ich Ihnen verschiedene Zeichenstadien innerhalb einer Abbildung. Sie können diese Zeichnungen natürlich immer komplett zu Ende bringen. Wenn Sie das Schema durch Überzeichnen entdeckt haben, fällt es Ihnen leicht, solche Motive nach einem Foto oder in der Natur zu zeichnen.

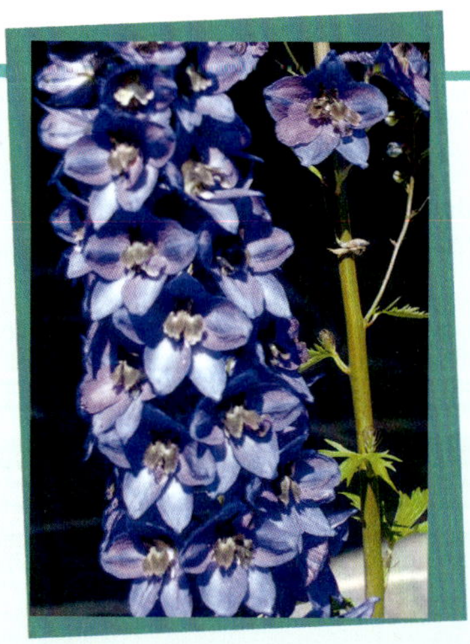

Übungsziel

- regelmäßige Strukturen entdecken
- verschiedene Hilfslinien anwenden
- geduldig zeichnen

Übung **80**

Perspektive beachten

Nach dem Erfassen der Gesamtform und der Hauptachse (hier die Ananas) zeichnen Sie die Früchte von vorne nach hinten mit Hilfslinien. Beachten Sie dabei, dass Früchte, die weiter hinten sind, auch weiter oben liegen müssen. Zeichnen Sie zuletzt die sichtbaren Linien etwas stärker.

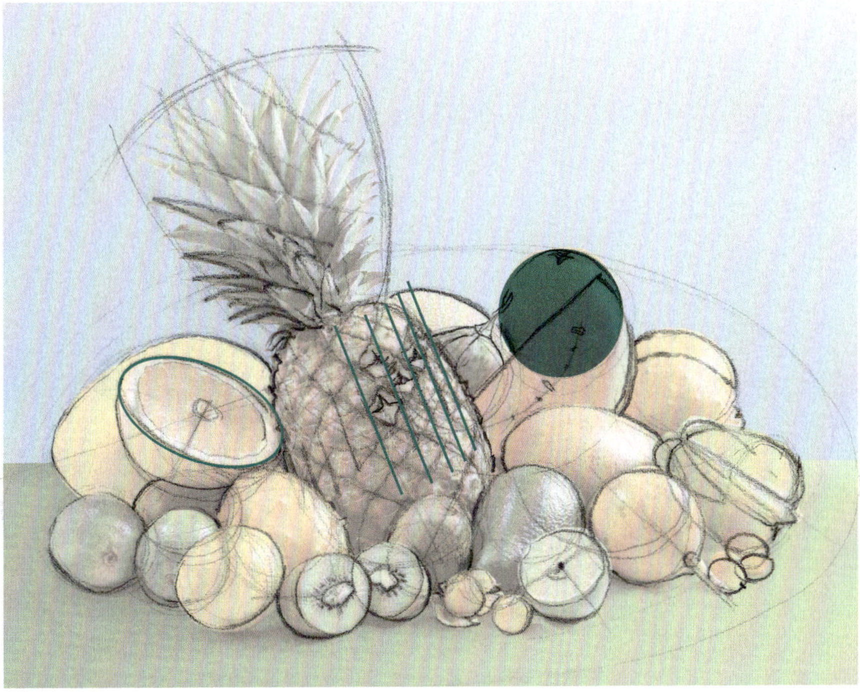

Übungsziel

- mehrteiliges Motiv aufbauen
- durchsichtig zeichnen
- verschiedene Hilfslinien anwenden

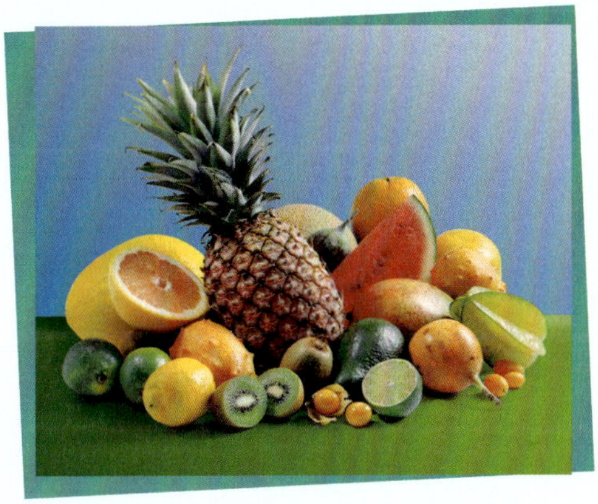

Beachten Sie, dass alle Strukturen an der Seite zusammenrücken. Die parallelen Hilfslinien verdeutlichen das nochmals.

Übung 81

Tiere – Hauptformen und Linien

Eine Katze lässt sich recht gut vereinfachen. Wenn Menschen oder Tiere ruhig stehen oder sitzen, gibt es viele Symmetrien und gleiche Richtungen, die beim Zeichnen helfen. Im ersten Schritt zeichnen Sie die Hauptformen ein. Dann verbinden Sie die symmetrischen Punkte mit Linien. Im zweiten Schritt zeichnen Sie die schwachen Hilfslinien fürs Fell und widmen sich dem typischen Ausdruck der hier gezeigten Katze.

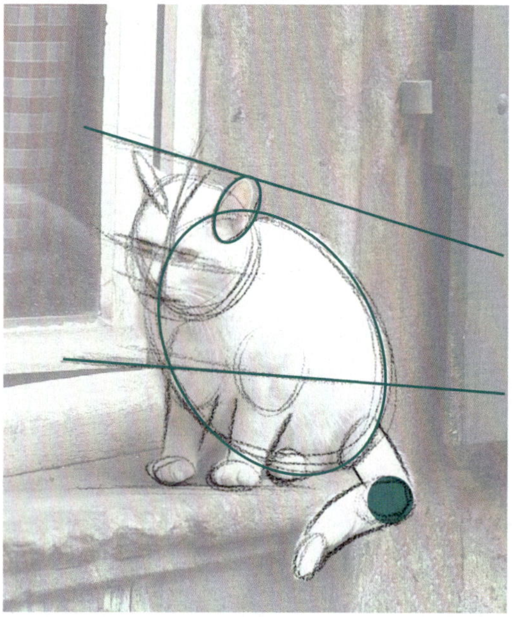

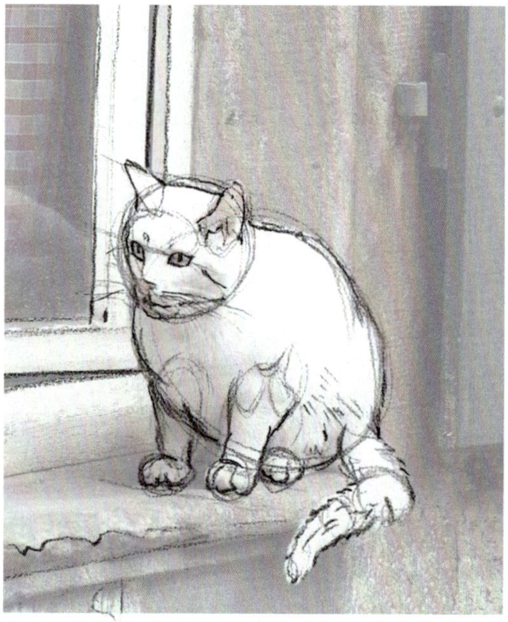

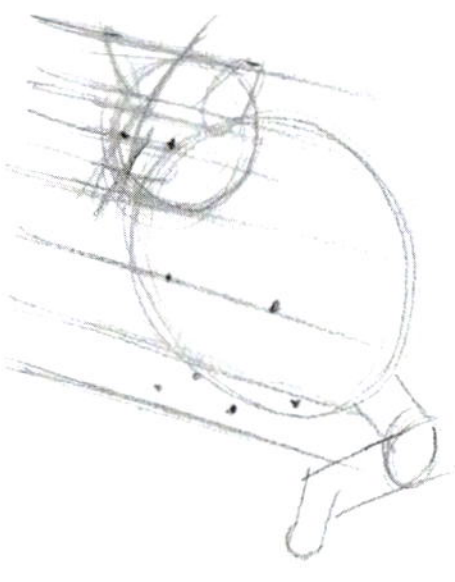

Wenn Sie die Symmetrie bei dieser Katze übertreiben, können Sie das entstandene Schema als Zeichenhilfe verwenden.

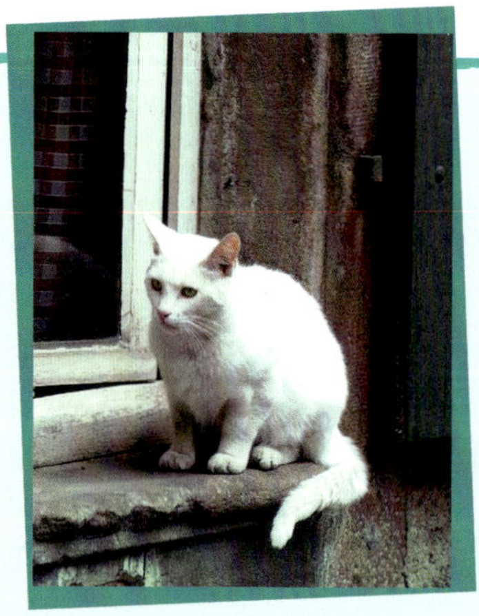

Übungsziel

- Symmetrien erkennen
- Hauptrichtung festlegen
- Linie mit Druck variieren

Übung 82

Rasch skizzieren

Motive, die sich bewegen, müssen rasch skizziert werden. Die Ausarbeitung kann dann nach Schema erfolgen. Dazu muss man vorher Symmetrien und Feder- oder Fellstrukturen z. B. an einem Foto studiert haben. Zuerst überzeichnen Sie das Foto mit einfachen Strukturen. Diese Zeichnung bildet dann die Grundlage, um eine weitere Zeichnung darüberzulegen.

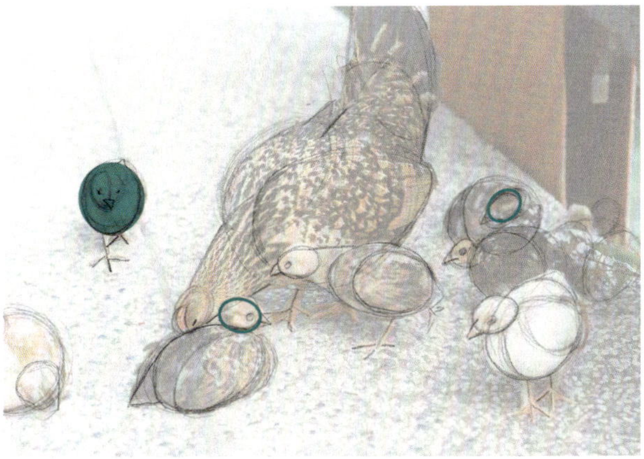

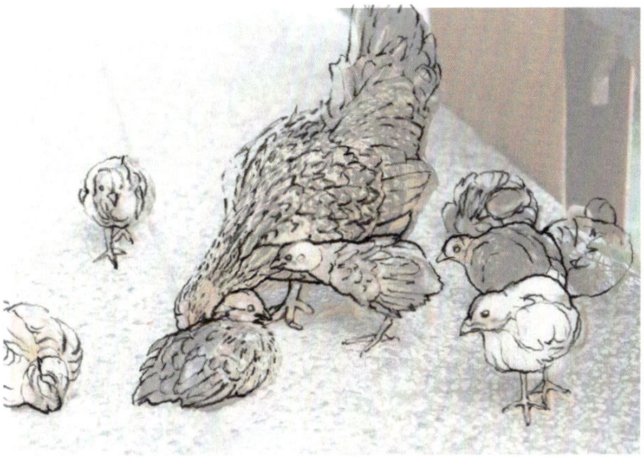

Übungsziel

- bewegte Motive rasch vereinfachen
- Strukturen der Federn erkennen
- Überschneidungen herausarbeiten

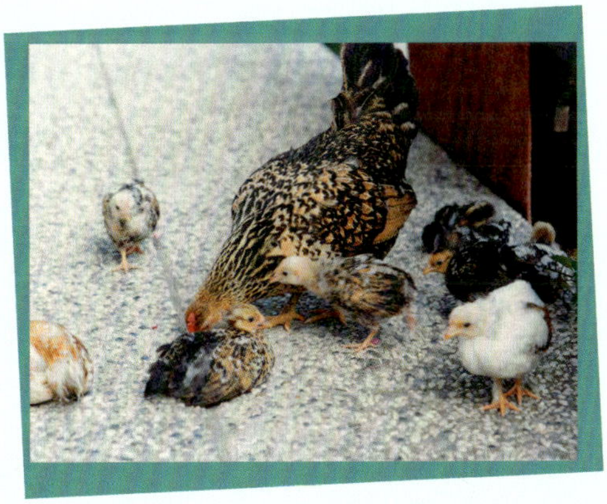

Übung 83

Schnelle Skizzen

Überprüfen Sie zeichnerisch und ordnen Sie zu.

Motiv Wasserfall
- Licht und Schatten
- groß und klein
- senkrechte und schräge Linien

Motiv Treppe
- Licht und Schatten
- Augenhöhe
- Fluchtpunkt der Treppenstufen
- senkrechte, waagerechte und schräge Linien

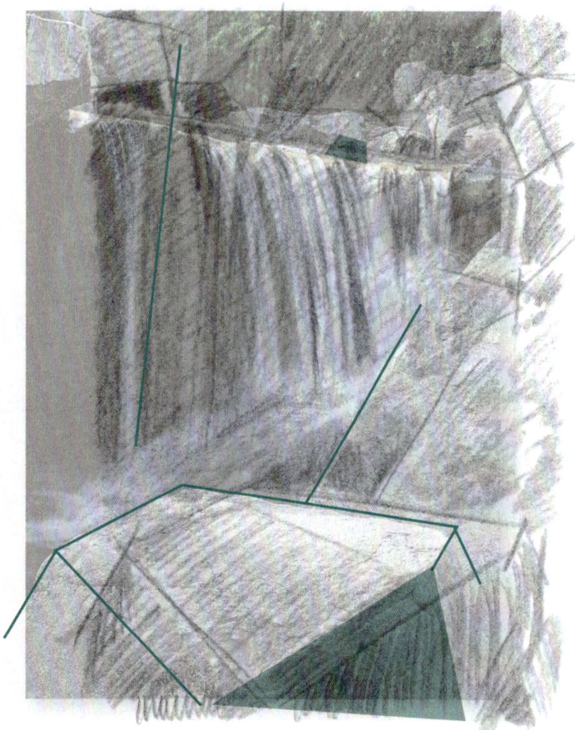

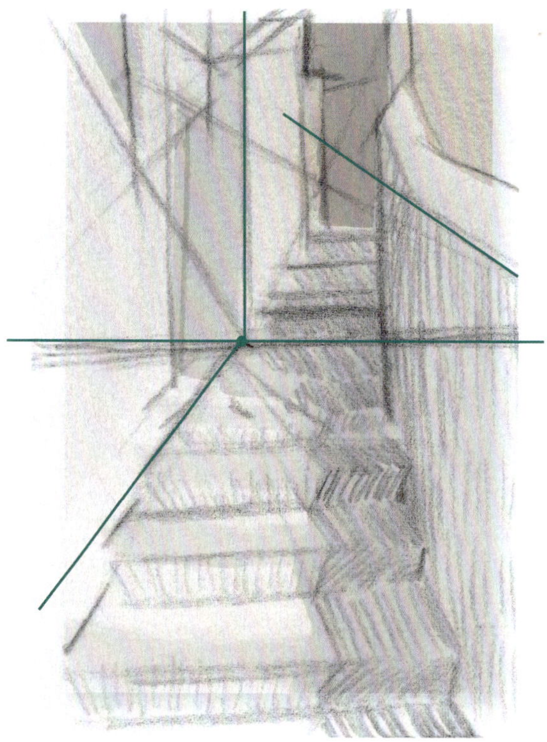

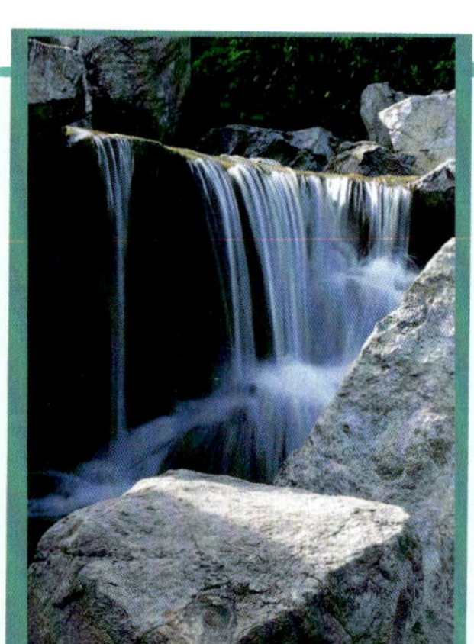

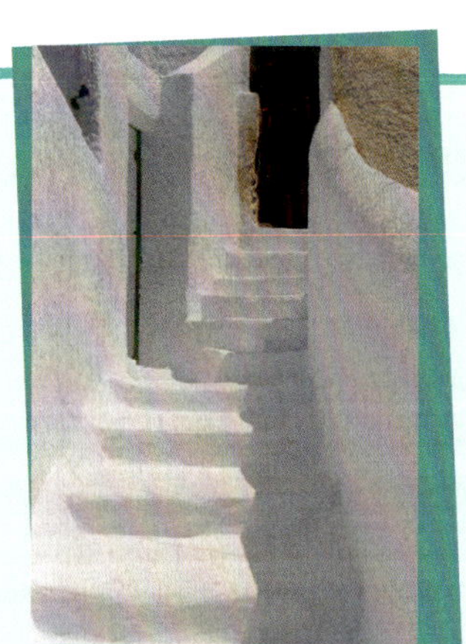

Übungsziel
- sichere Bildplanung
- Wesentliches erfahren

Übung 84

Hauptachsen und Formen bestimmen

Überprüfen Sie zeichnerisch und ordnen Sie zu.

Motiv Seerose

- Hauptachsen
- Ellipsen
- Überschneidungen
- typische Blattformen

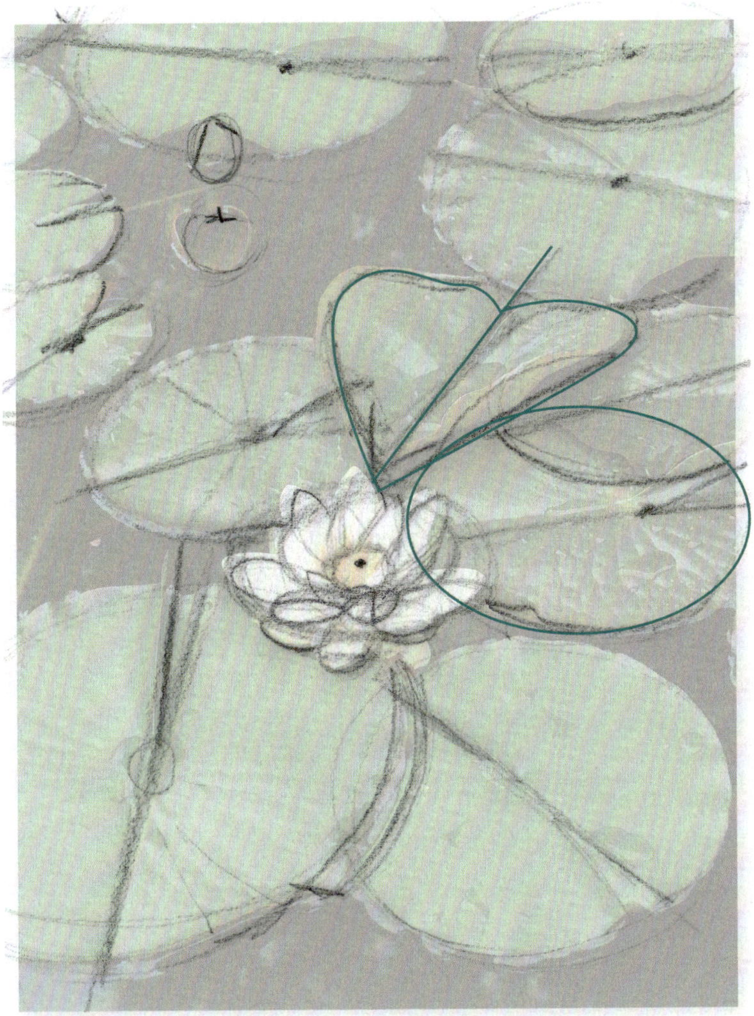

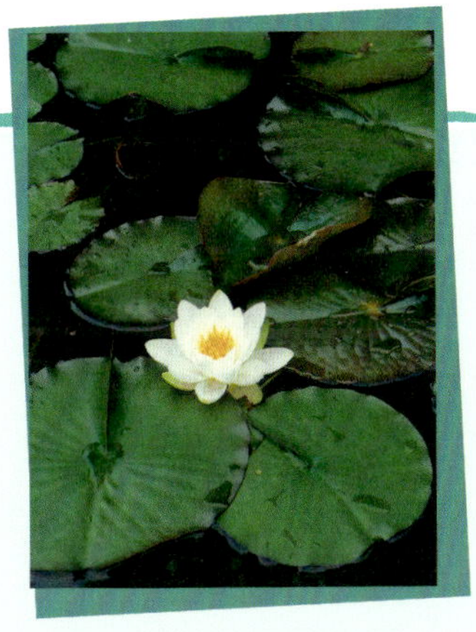

Übungsziel

- Grundformen in Motiven suchen
- Licht- und Schattenbereiche erkennen

Übung 85

Linien und Schraffuren

Überprüfen Sie zeichnerisch und ordnen Sie zu.

Motiv Wüste

- waagerechte Linien rücken in der Ferne zusammen
- Horizontlinie
- Berge liegen oberhalb des Horizonts
- Licht und Schatten

Motiv Bergwiese

- Einteilung Vordergrund, Mittelgrund, Hintergrund mit unterschiedlich weichen Bleistiften
- schräge Linien
- Wolken im Raum
- Tonwertänderung am Himmel

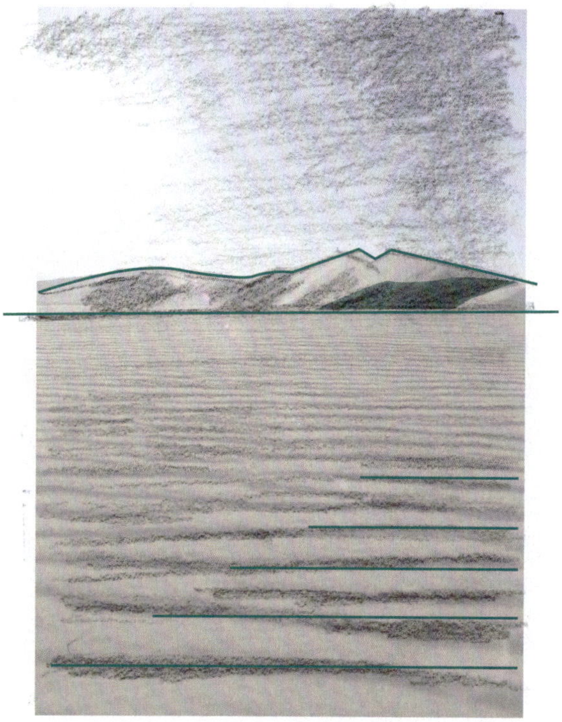

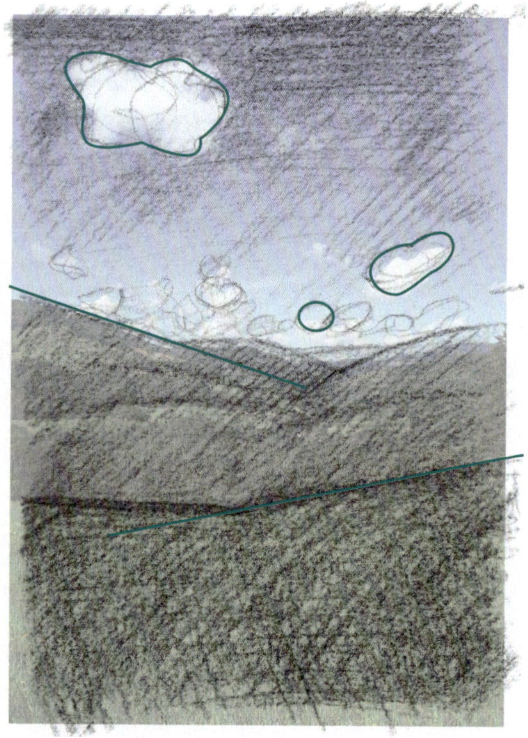

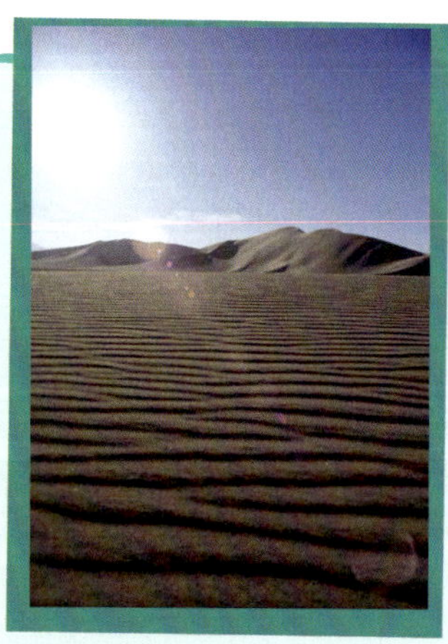

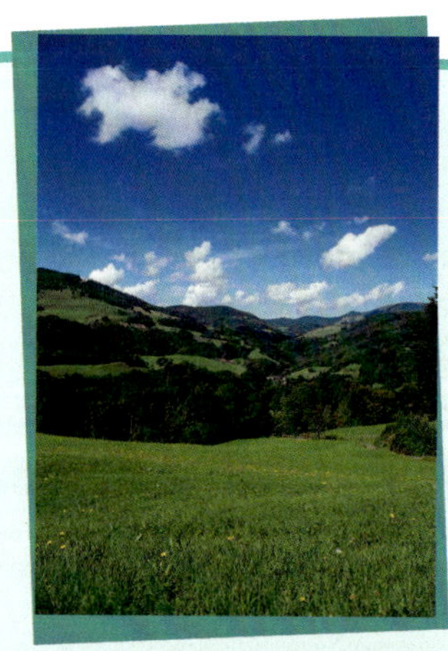

Übungsziel

- Linien entdecken
- Schraffuren den Hauptlinien folgen lassen

Übung 86

Fluchtpunkte und Fluchtlinien

Überprüfen Sie zeichnerisch und ordnen Sie zu.

Motiv Ruine

- gemeinsame Fluchtpunkte
- senkrechte Linien
- Schatten zusammenfassen

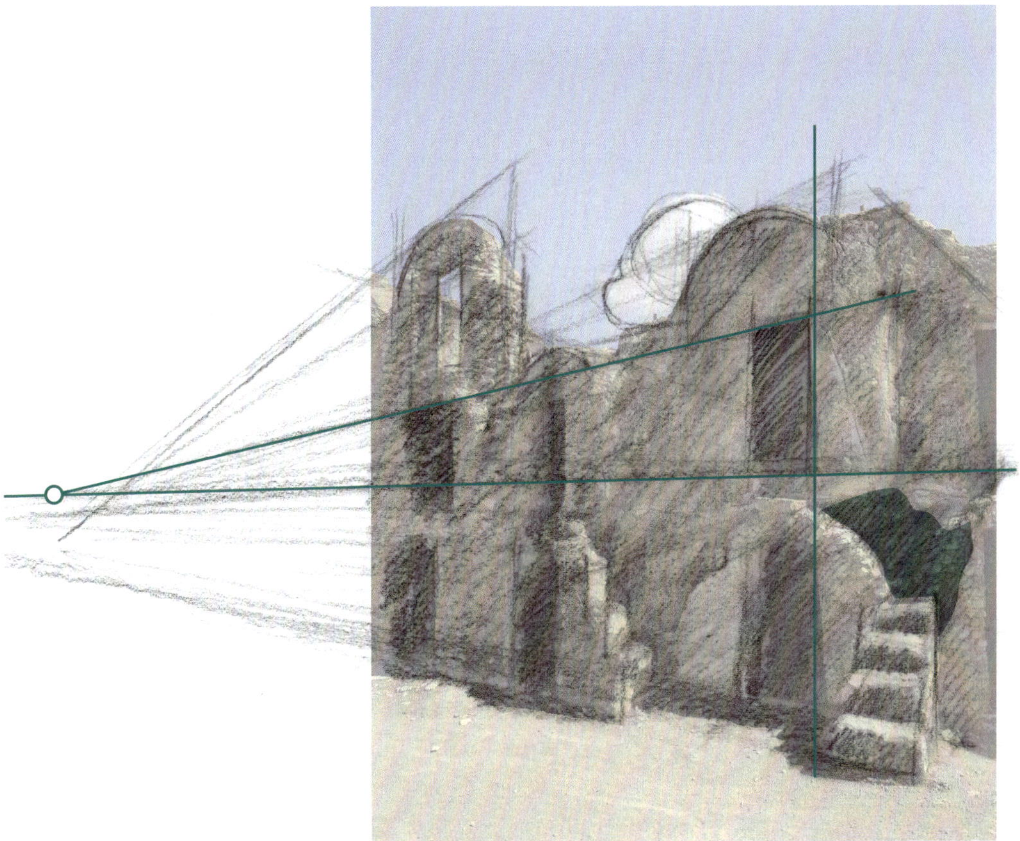

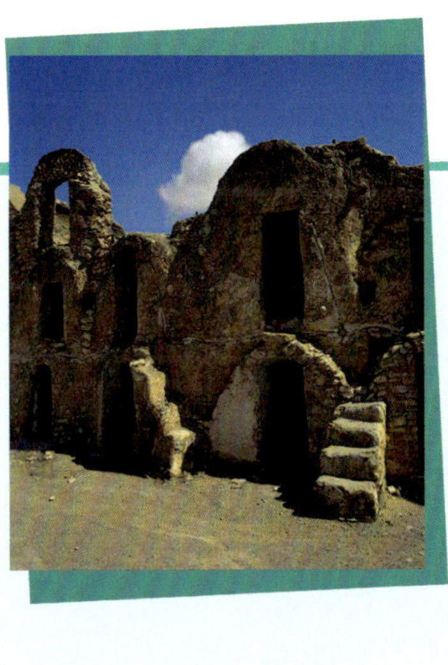

Übungsziel

- Fluchtlinien entdecken und einzeichnen
- Licht- und Schattenbereiche mit Schraffuren herausarbeiten

Das Zeichen-Tagebuch

Ich möchte Sie dazu anregen, wieder jeden Tag eine Skizze in Ihrem Zeichen-Tagebuch zu machen. Sie können jeden Tag eine andere Linienform bearbeiten oder die Linienform eines Tages eine ganze Woche variieren. Hierbei werden Sie erkennen, wie unterschiedlich Ihre Zeichnungen ausfallen.

Auf dieser Doppelseite sehen Sie exemplarisch eine Woche aus meinem Zeichen-Tagebuch. Sieben unterschiedliche Ausgangslinien haben mich zu sieben Interpretationen angeregt. Vielleicht bleiben Sie ja an einer Ausgangslinie hängen, die Sie variieren möchten. Möglicherweise entdecken Sie jedoch auch eigene Strukturen und Linien, die Sie Ihrem persönlichen Zeichen-Tagebuch zugrunde legen.

Hier können Sie Gelerntes anwenden. Am besten legen Sie gleich los.

Montag

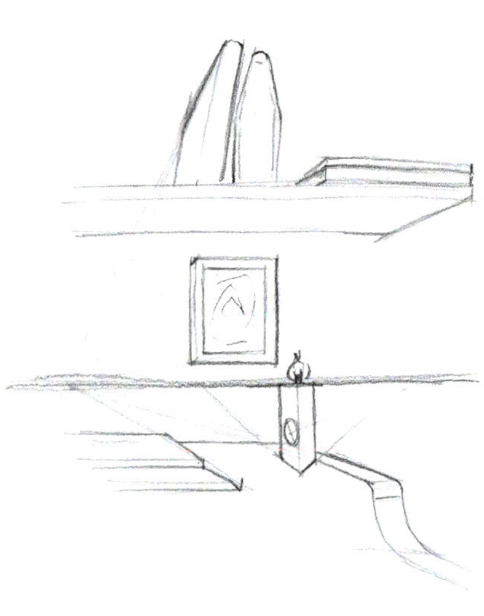

Dienstag

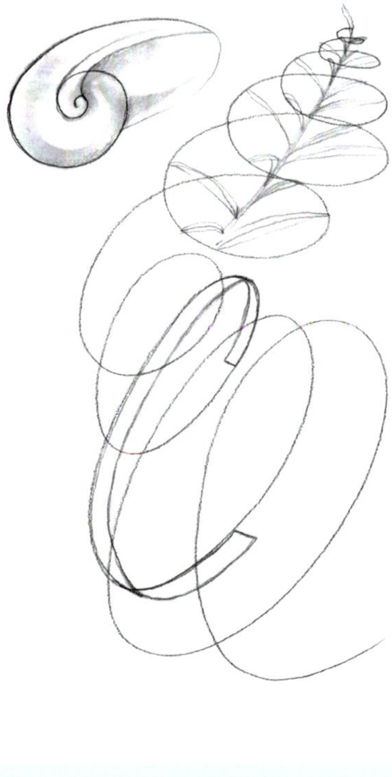

Mittwoch

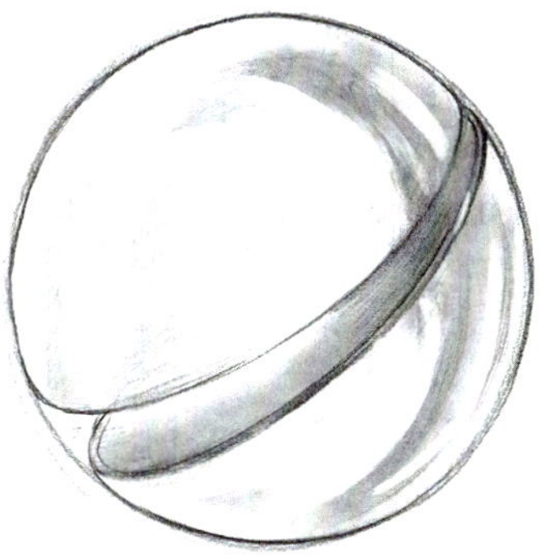

Donnerstag

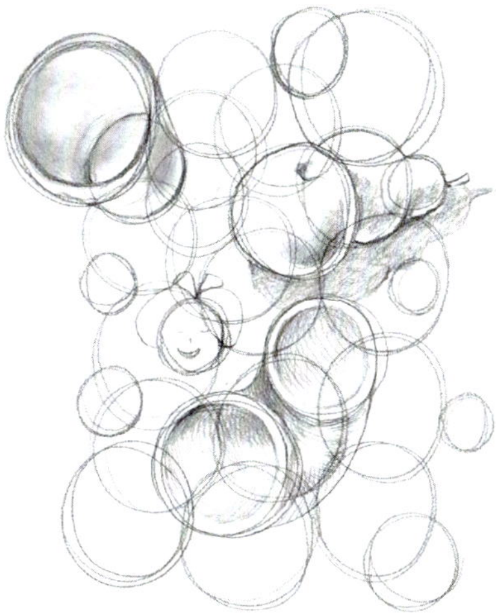

Freitag

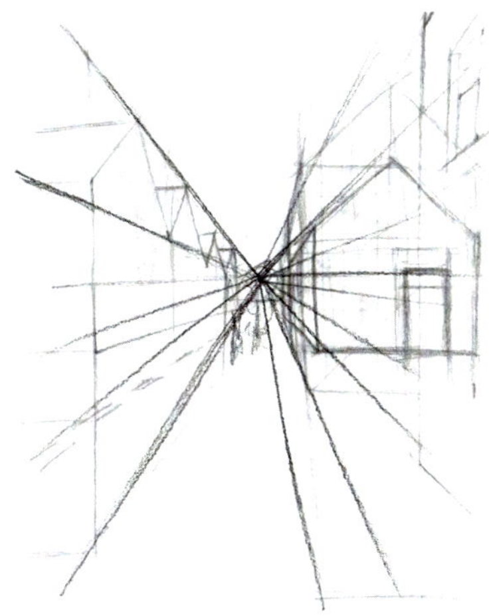

Samstag

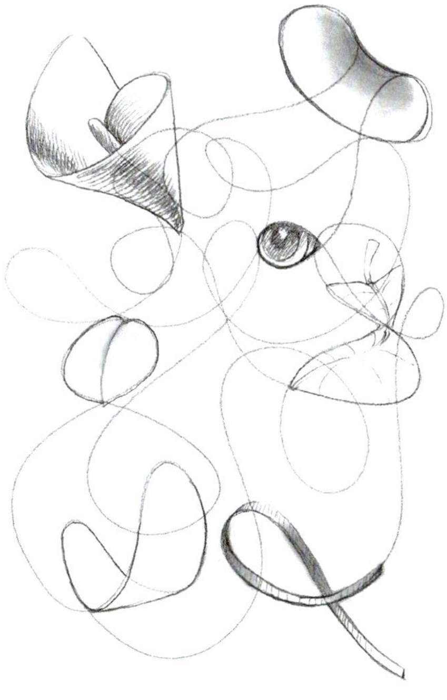

Sonntag

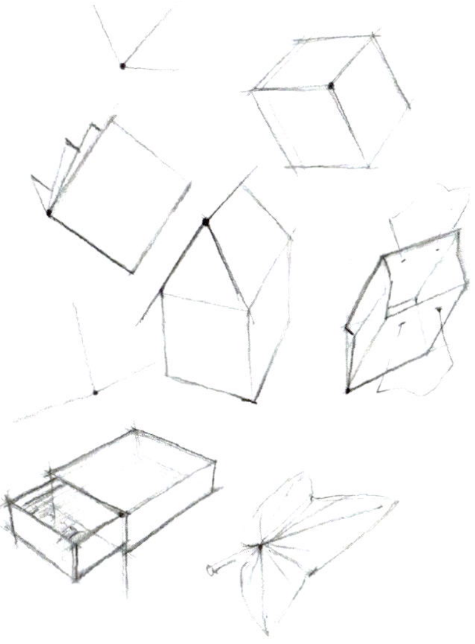

Eine Woche mit Linien

Hier habe ich für Sie sieben Tagebuchseiten mit Hilfslinien vorbereitet. Lassen Sie sich von ihnen zu einem skizzenhaften Bild oder auch einer ausgearbeiteten Studie anregen. Bei meinen Beispielen auf Seite 128f. habe ich mich für mehrere Bleistiftstudien entschieden.

Sammeln Sie ausgedruckte und überarbeitete Seiten in einem speziellen Tagebuchordner.

Montag

Dienstag

Mittwoch

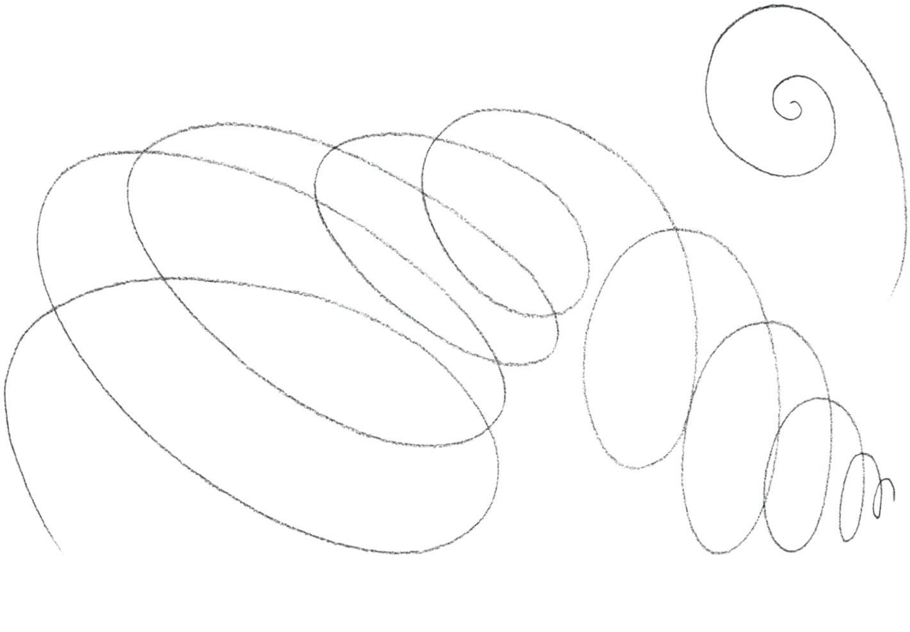

Donnerstag

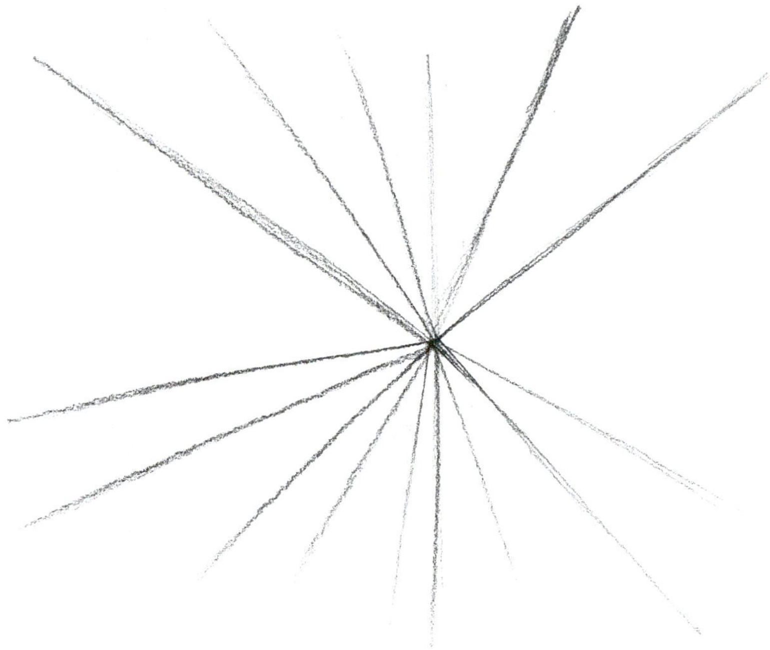

Freitag

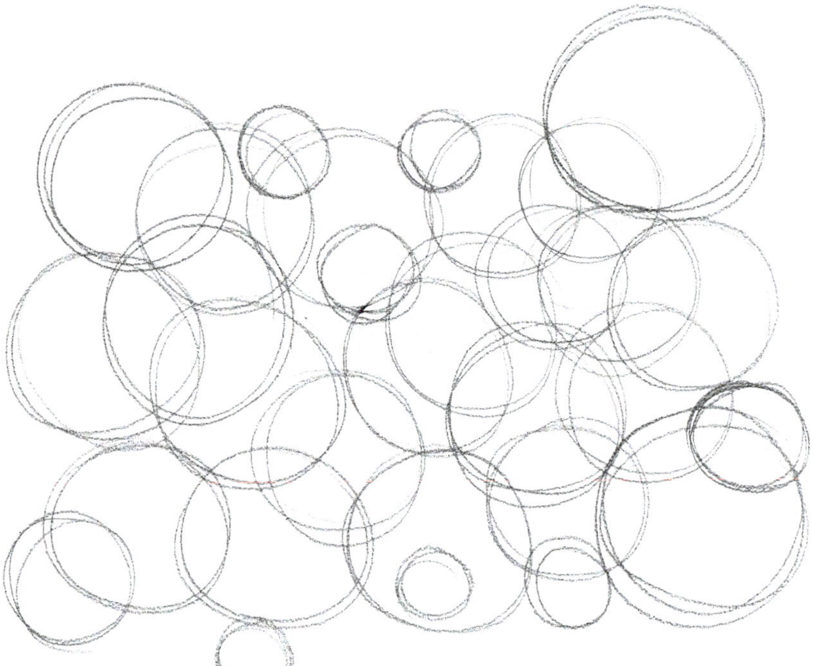

Samstag

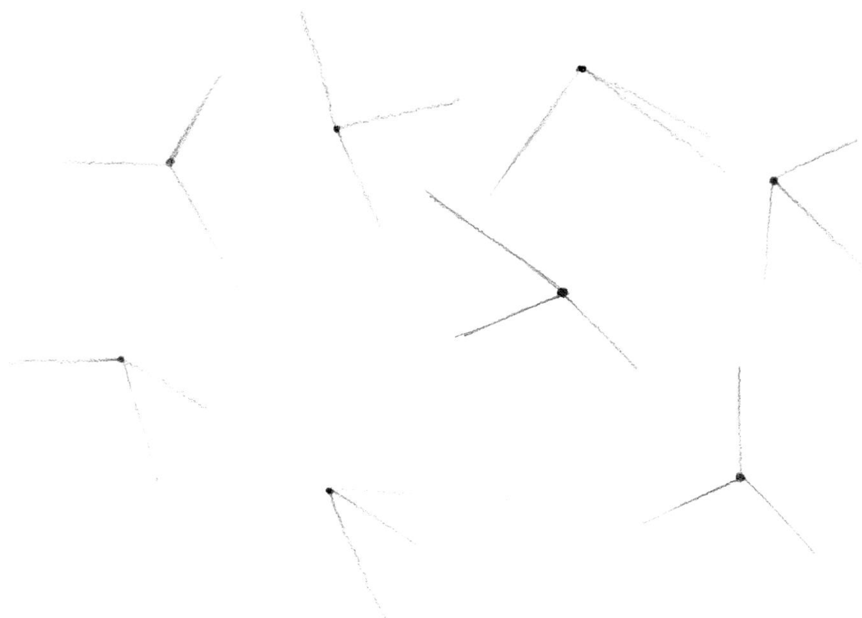

Sonntag

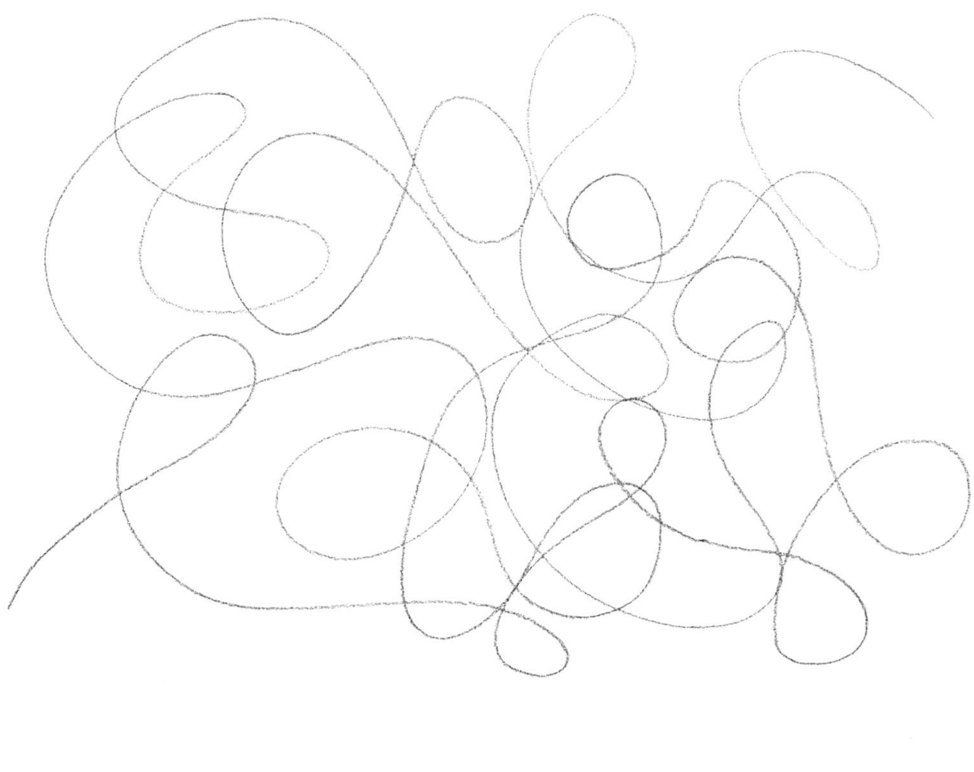

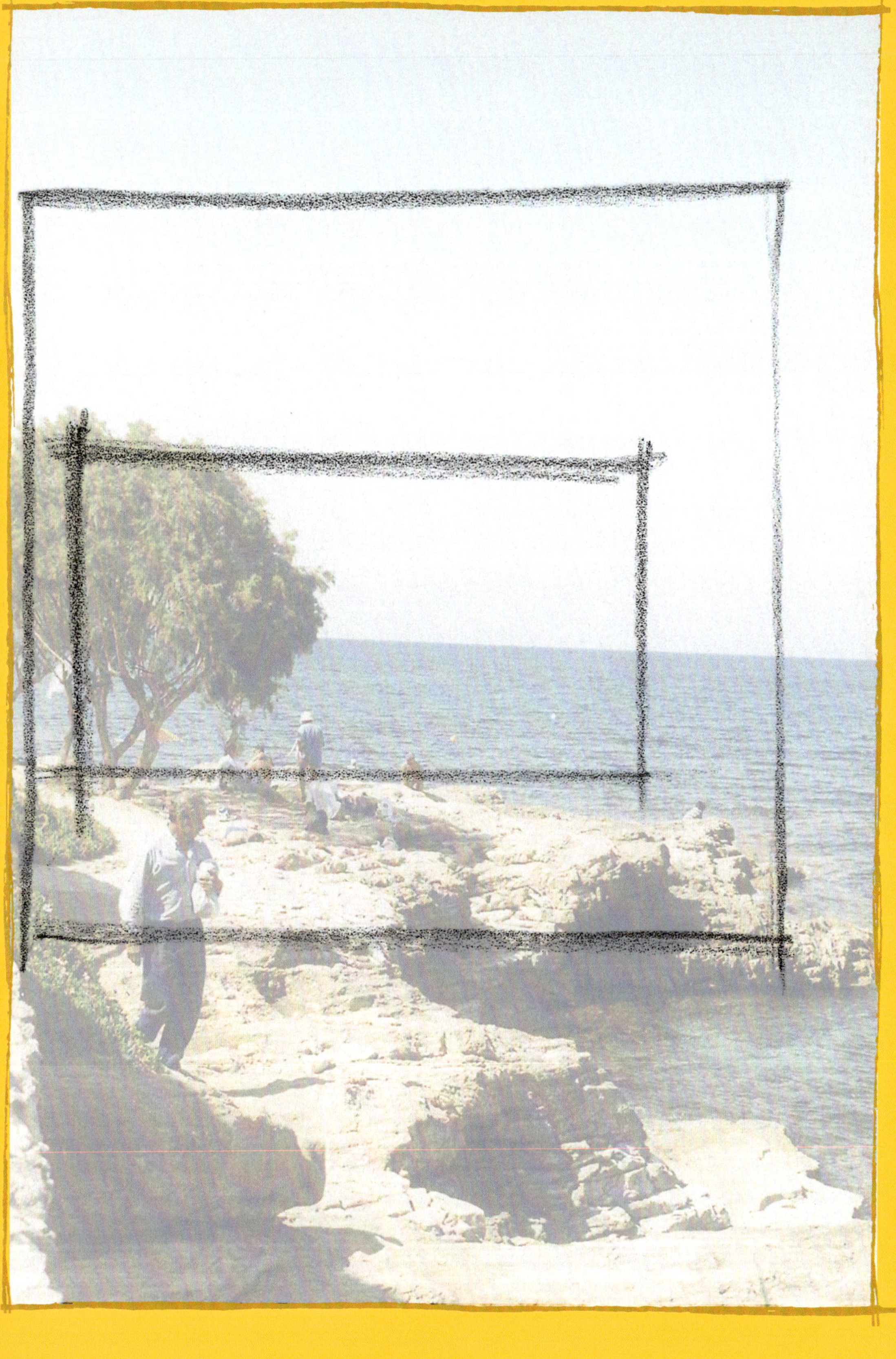

Kapitel 4

Komposition

Auch die Bildgestaltung kann man lernen. Wie Sie den besten Bildausschnitt finden und Ihre Ideen in Strukturen umsetzen können, das erfahren Sie in diesem Kapitel. In zahlreichen Übungen lernen Sie quasi nebenbei grundlegende Zeichenregeln kennen. Punkt, Linie und Fläche werden spielerisch zu Ihren Ausdrucksmitteln und das Überarbeiten unterschiedlicher Motive führt Sie sicher zur eigenen Komposition.

Motive suchen

Zeichnen können Sie alles und überall. Sobald Sie am Morgen die Augen aufschlagen, sind die Motive da. Mit dem folgendem Experiment erkunden Sie spielerisch Ihre Umgebung.

Übung 87

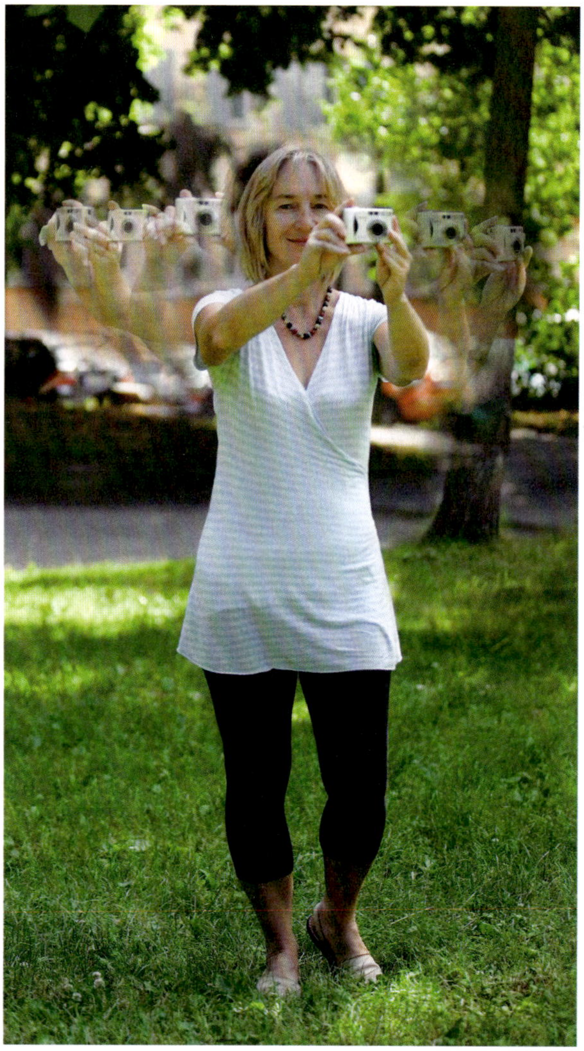

Ein Standpunkt – viele Bilder

Gehen Sie ein Stück hinaus in Ihre Umgebung. Mit der Digitalkamera oder Ihrem Handy halten Sie fünf bis zehn Motive fest, die Ihnen bei einer Drehung um 360 Grad vor die Linse kommen.

Übungsziel

- mit Fotografie arbeiten
- die Landschaft neu entdecken
- spielerische Ergebnisse zulassen

Diese Bilderserie ist durch Drehung auf einem Standpunkt entstanden. Legen Sie Ihre eigenen Ergebnisse ebenfalls im Kreis aus. Ein paar Linien auf Transparentpapier verdeutlichen die Bildeinteilung. Durch Formatänderung, Einsetzen von Tonwerten, Hinzufügen und Weglassen lässt sich Ihr ausgewähltes Motiv weiter verbessern.

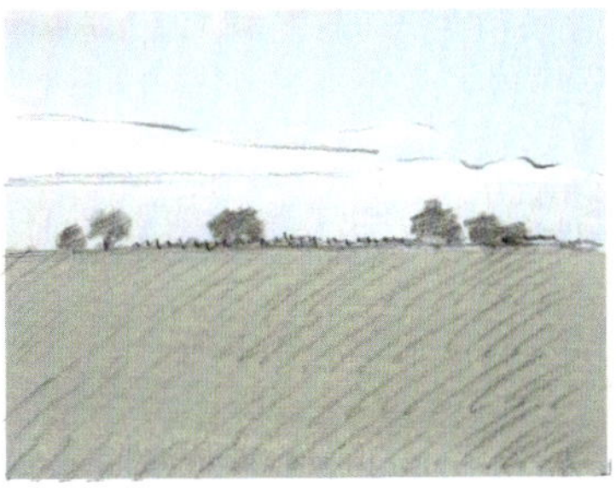

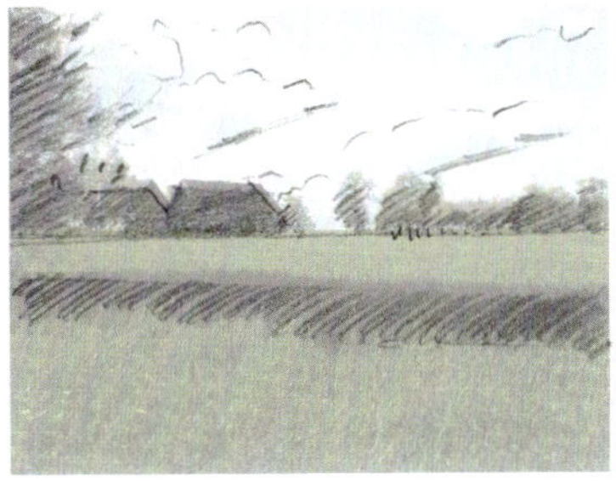

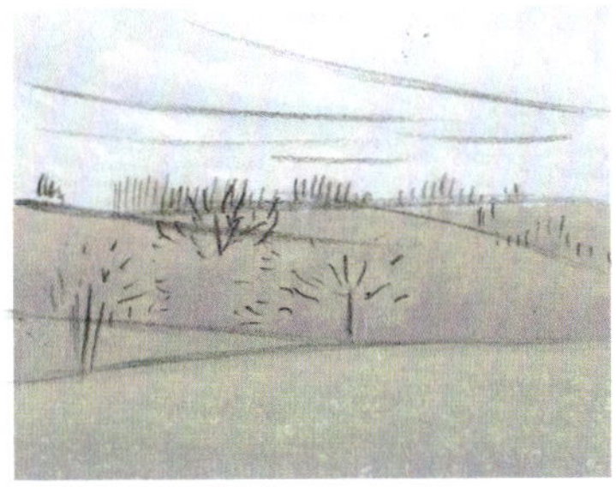

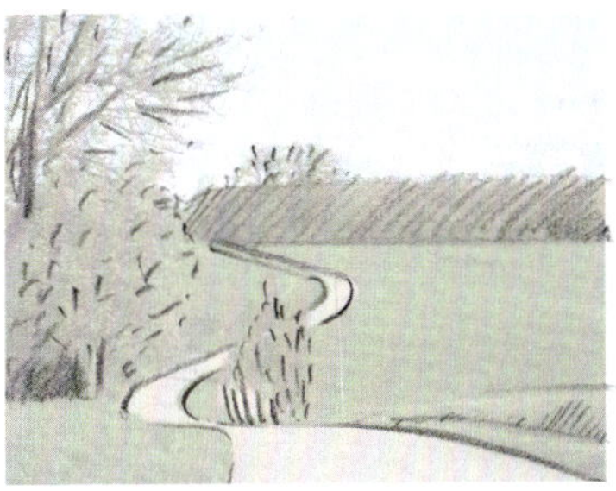

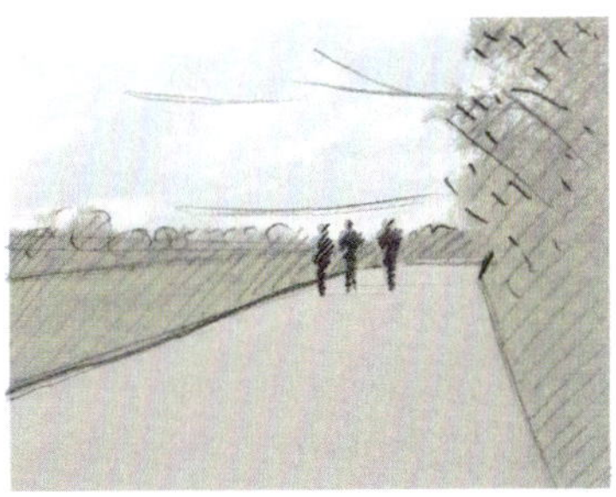

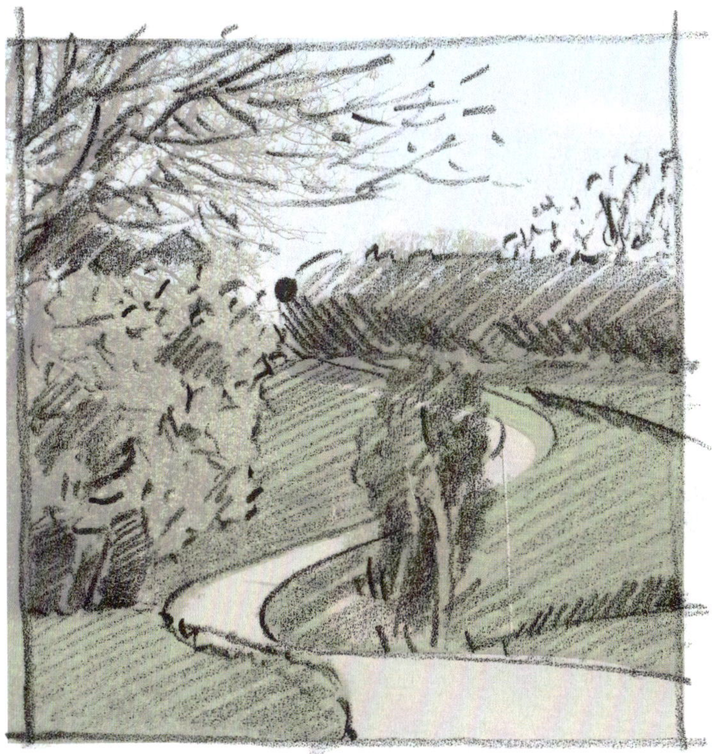

Nur selten ist ein Foto bereits eine perfekte Vorlage!

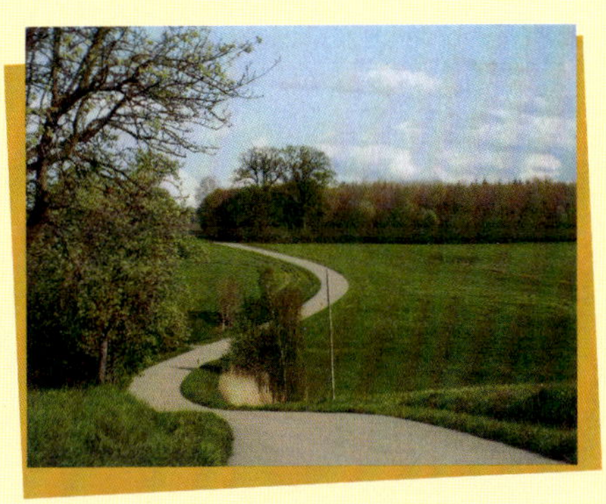

Übung 88

Momentaufnahmen im Studio

Auch bei dieser Fotoserie gehen Sie wie auf Seite 136 beschrieben vor. Bleiben Sie aber im Raum und richten Sie Ihre Kamera auch nach unten und oben. Teilen Sie Ihre Aufnahmen mit Punkt, Linie und Fläche ein.

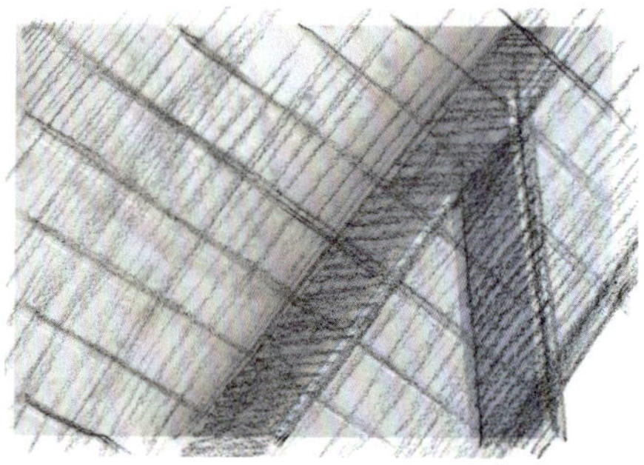

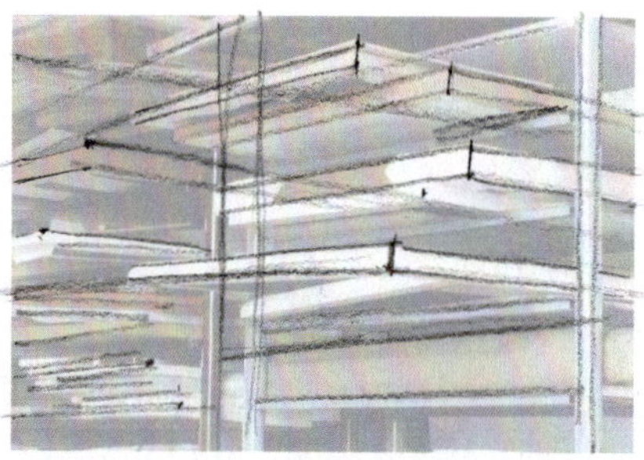

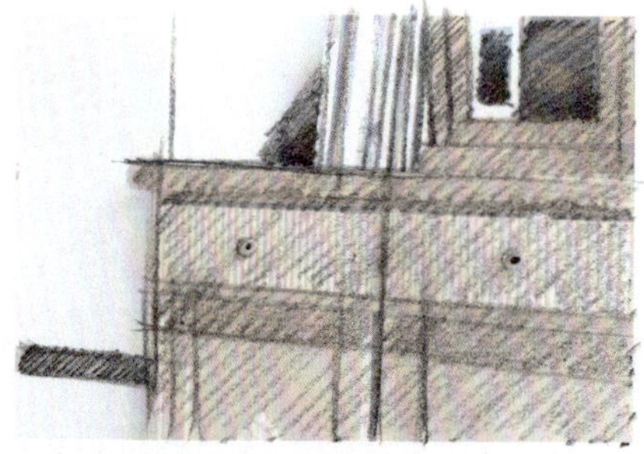

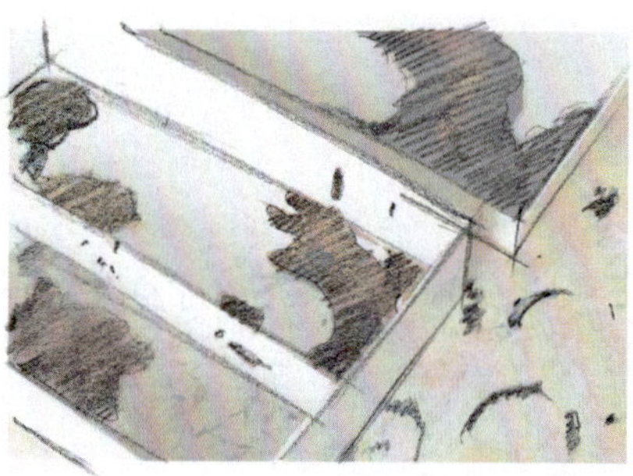

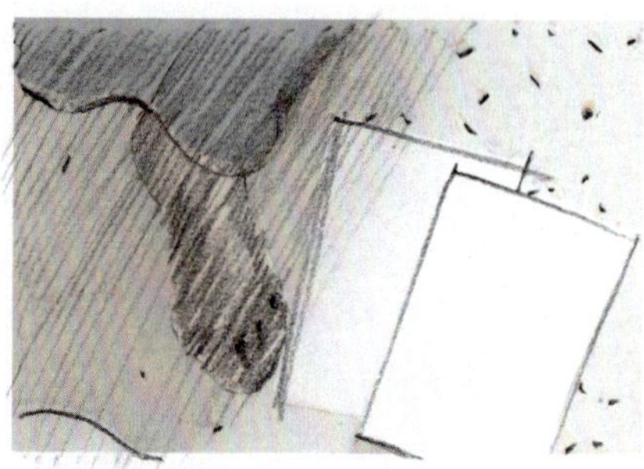

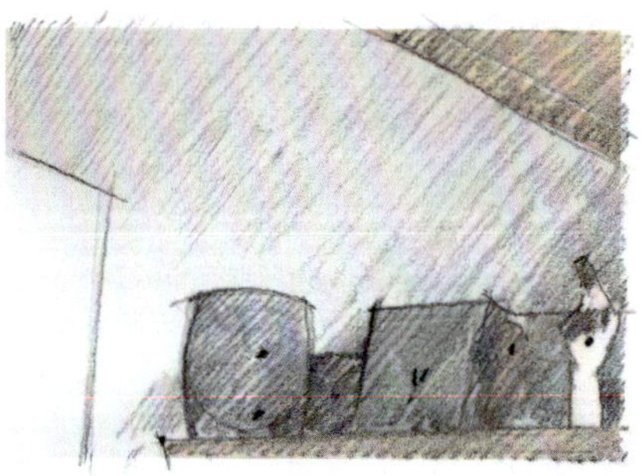

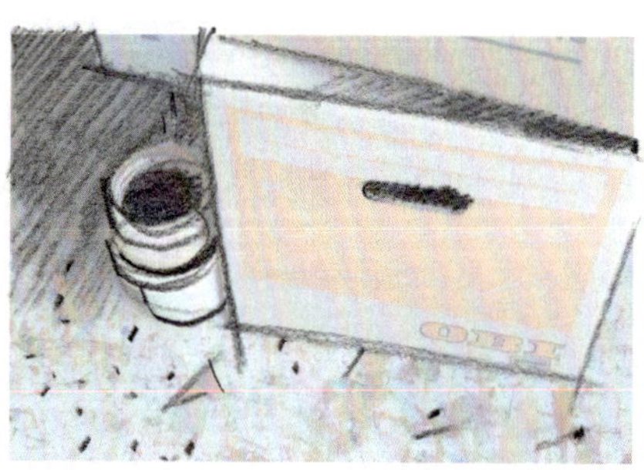

Übungsziel

- zufälliges Erforschen
- in Formen denken
- Fantasie anregen

Übung 89

Begriffspaare suchen

Entdecken Sie Begriffspaare, die ein Bild beschreiben können, bei Ihrer Fotoserie wieder. Suchen Sie außerdem noch weitere eigene Begriffe, die zu den Motiven passen. Diese schreiben Sie dann auf Ihr Transparentpapier.

Subjektive Aussagen wie schön oder hässlich eignen sich nicht für die Bildbeschreibung!

BEISPIELE FÜR BEGRIFFSPAARE:

klein – groß, gerade – gebogen, viel – wenig gefüllt

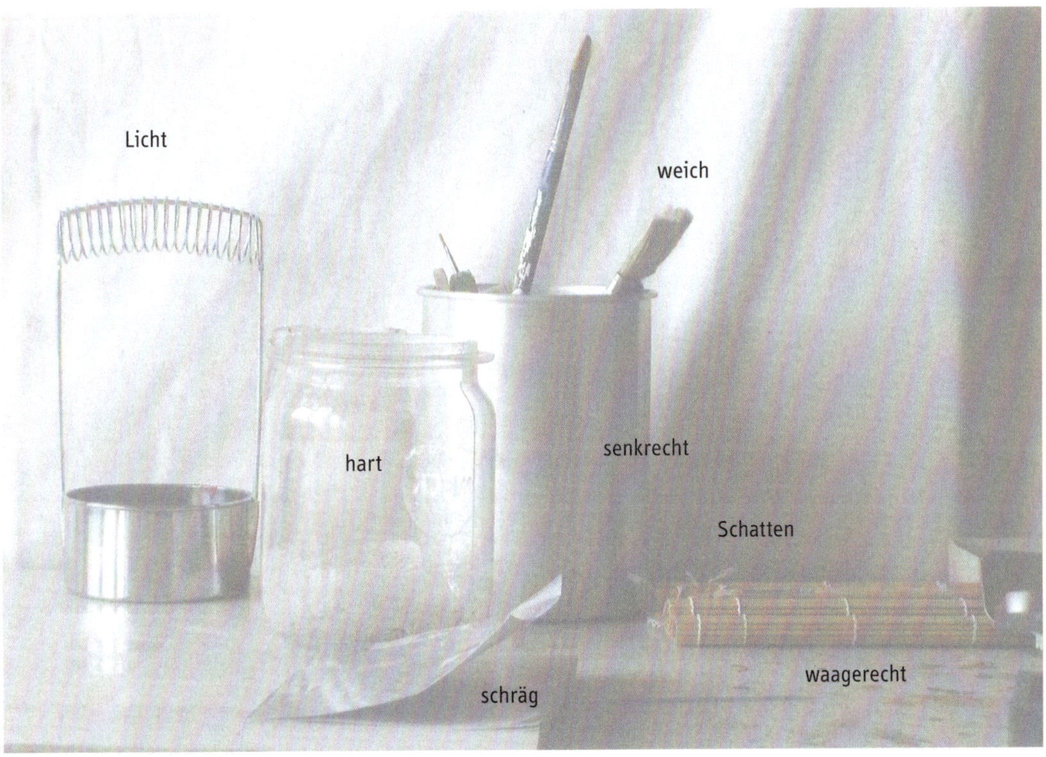

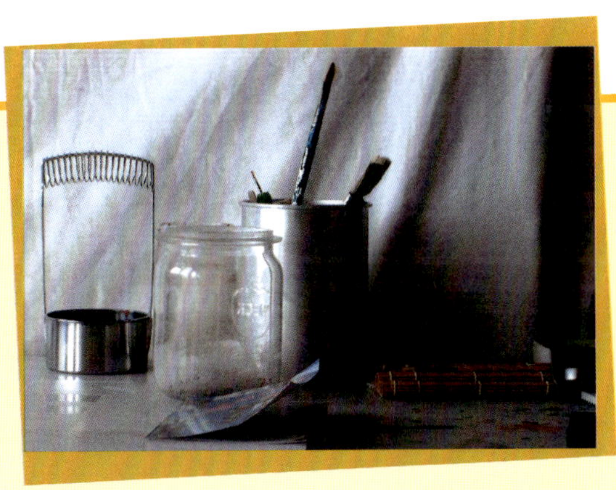

Übungsziel

- sich vom Abbild lösen
- in Begriffen denken
- eigene Begriffe finden

Mit dem Skizzenbuch

Wenn Sie ein Motiv gefunden haben, dann legen Sie Ihr Format mit einem Motivsucher oder mit den Fingern fest. So übertragen Sie es auch in Ihr Skizzenbuch. Nun können Sie das Motiv vor der Natur in Angriff nehmen. Manchmal dient die Skizze aber auch dazu, ein Motiv später auf die gleiche Weise auszuführen.

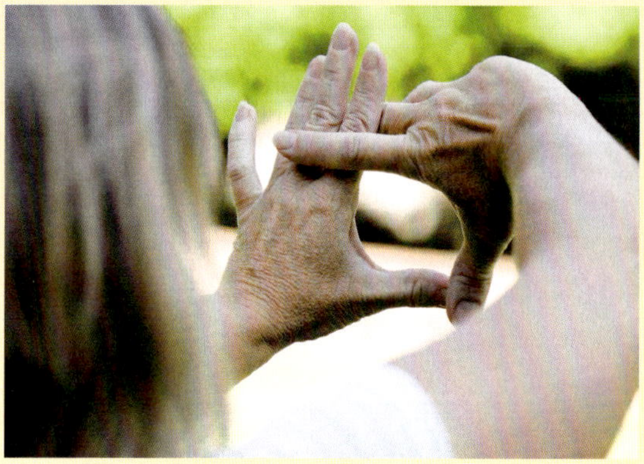

Mit den Händen messen

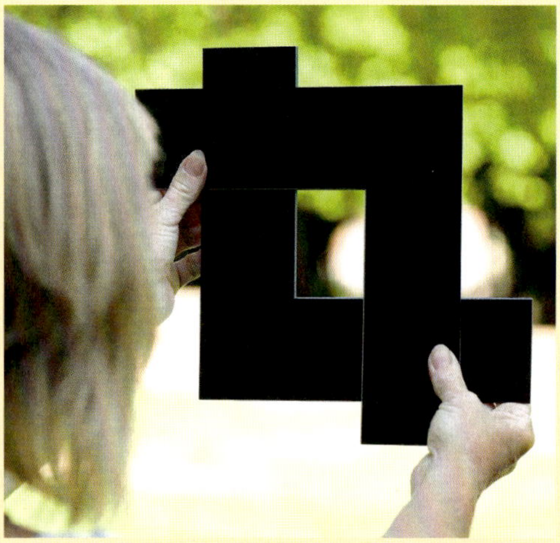

Messen mit Rähmchen

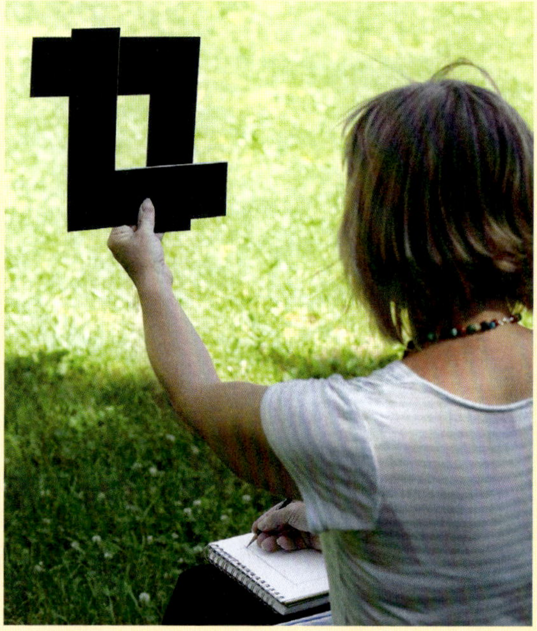

Format übertragen und Randnotizen machen

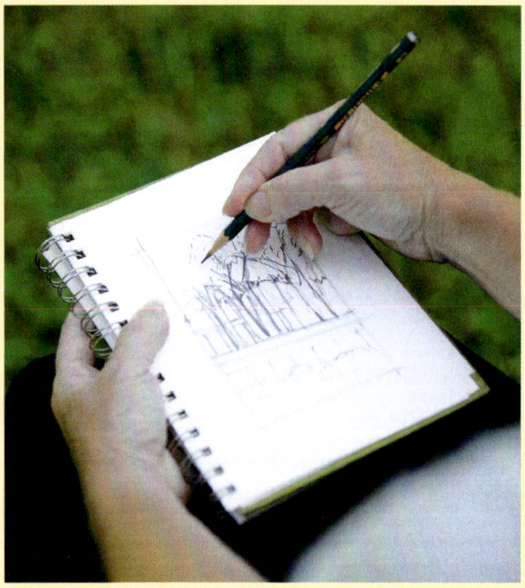

Motiv mit Linien und Punkten einzeichnen

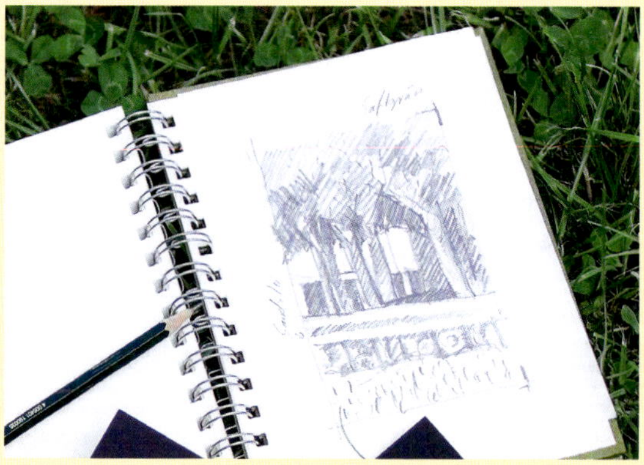

Lichtrichtung festlegen, Flächen durch Schraffur zusammenfassen, Tonwerte hell-dunkel beachten

Übung 90

Motivsucher und Skizzenbuch

Egal wo Sie gerade sind, ein Skizzenbuch und ein Bleistift sollten zu Ihren ständigen Begleitern werden. Viele Ideen werden nur deshalb nie umgesetzt, weil wir sie nicht im Skizzenbuch festgehalten haben.

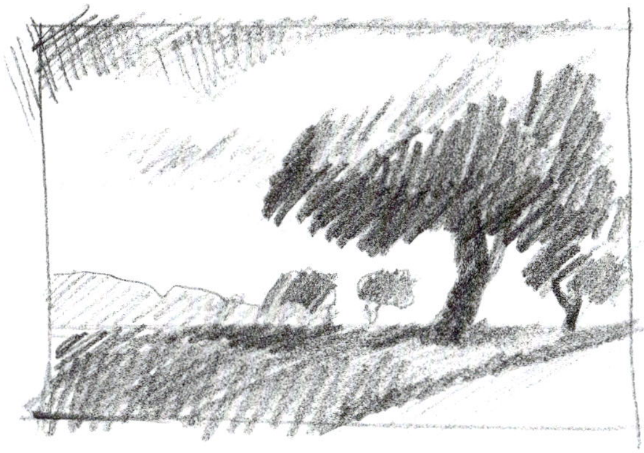

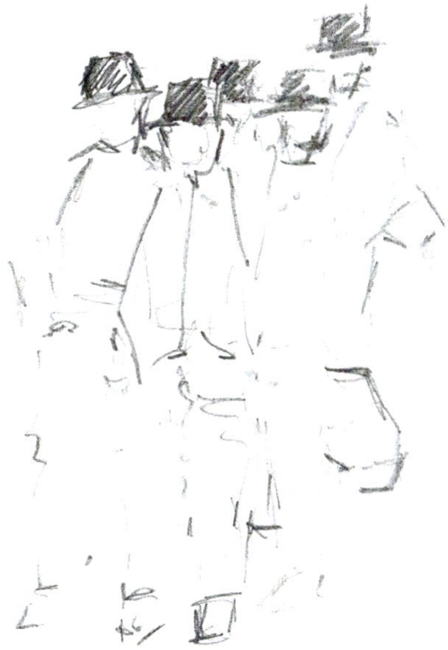

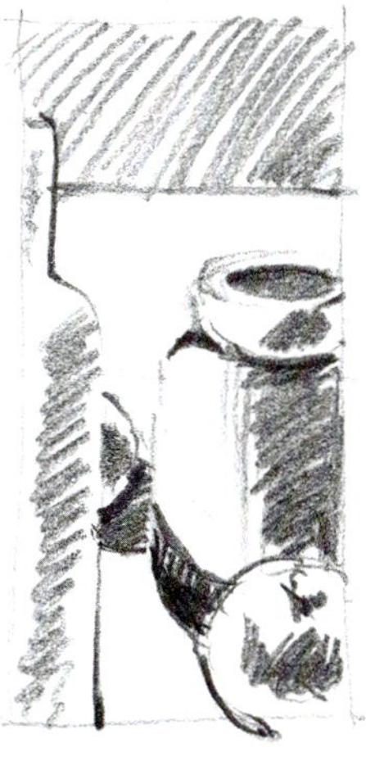

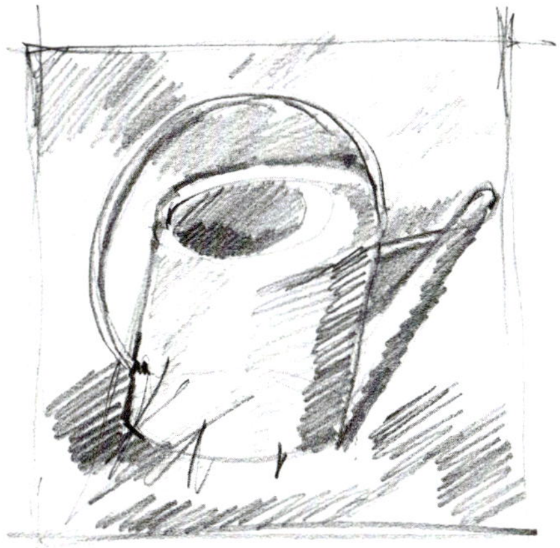

Übungsziel

- Skizzenbuch führen
- Motivsucher anwenden

Vergessen Sie in der Freizeit und auf Reisen auf keinen Fall Ihr Skizzenbuch!

Übung 91

Motive aus Vorlagen

In Zeitungen und Prospekten finden wir immer wieder Motive, die uns zu einem Bild anregen. Wenn Sie ein Bildmotiv originalgetreu übernehmen möchten, so müssen Sie das Urheberrecht beachten. Manche Motive sind im Internet frei erhältlich oder werden über Bildagenturen zum Kauf angeboten. Motive ohne Quellenangabe können Sie dagegen frei nutzen.
Achtung: Gemalte Bilder mit Künstlerangabe sind tabu!
Zeitungsauschnitte können Sie als Collagematerial oder Decoupage verfremden.
Für reine Übungszwecke können Sie natürlich auch geschützte Motive zeichnen. Diese Werke dürfen Sie jedoch nicht veröffentlichen oder verkaufen.

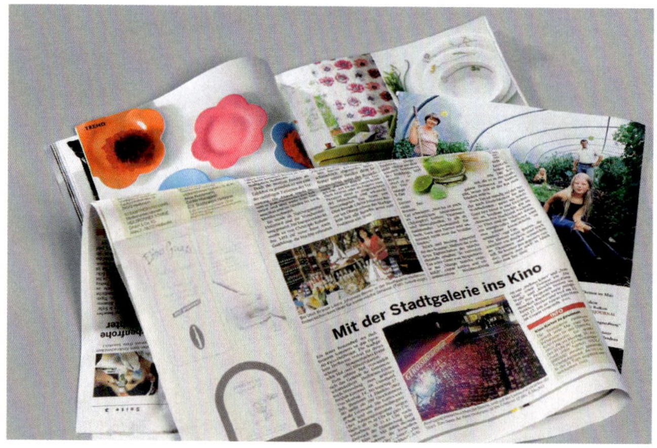

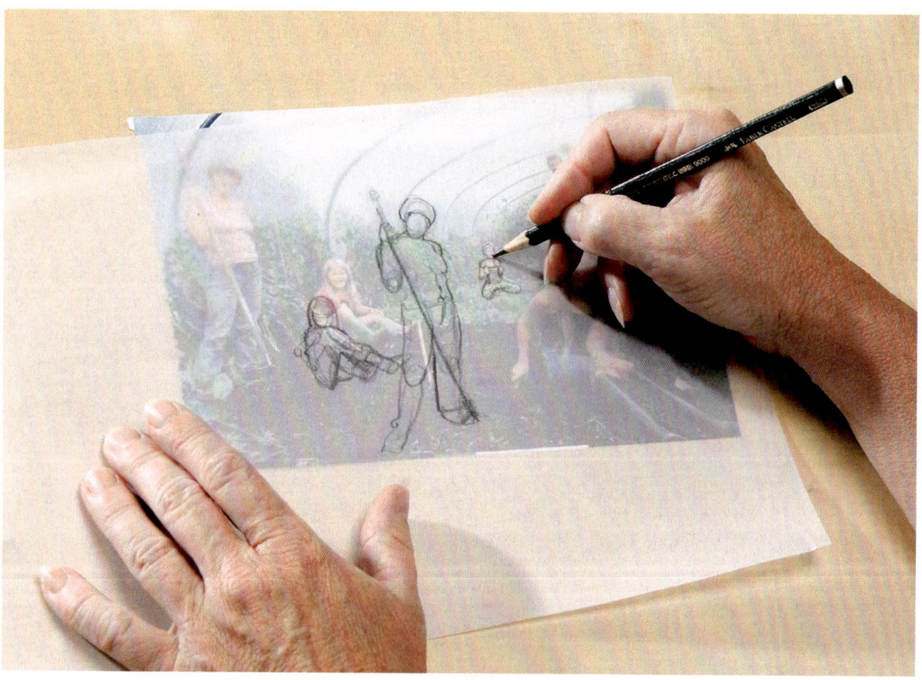

Wenn Sie eine Zeichnung im Stil eines anderen Malers machen, dann erwähnen Sie das im Titel, z. B. Hommage an Gustav Klimt.

Übungsziel

- mit fremden Motiven arbeiten
- Anregungen umsetzen

Übung 92

Draußen arbeiten

In freier Natur oder auch in verschiedenen Kursen (beispielsweise Akt und Zeichnen) können Sie vor dem Objekt üben. Naturstudien wie die beiden hier vorgestellten Beispiele sind ebenfalls sehr lohnend. Denken Sie dabei an Punkt, Linie und Fläche.

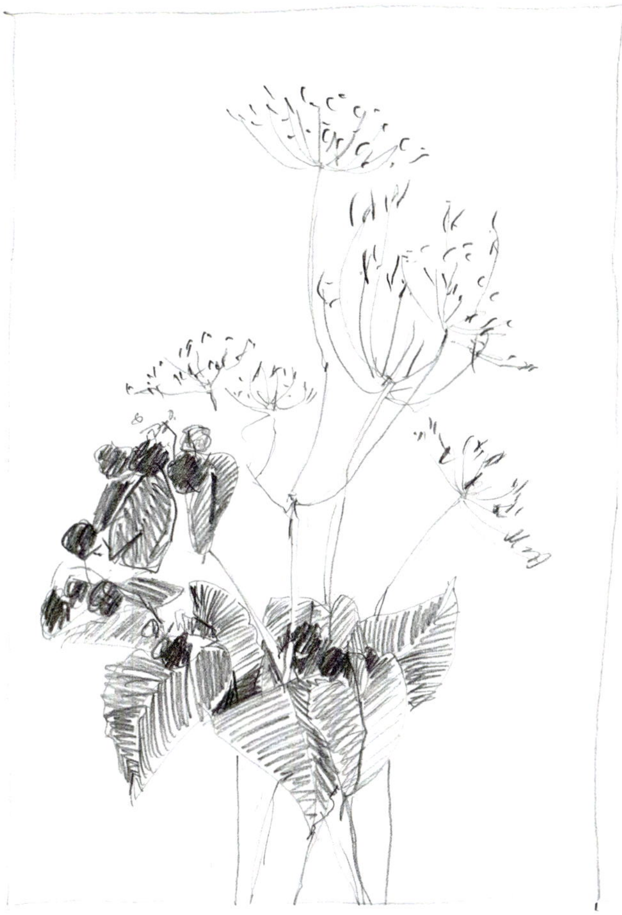

Bei dieser Studie mit einem 6B-Bleistift war die spontane Linienführung besonders wichtig.

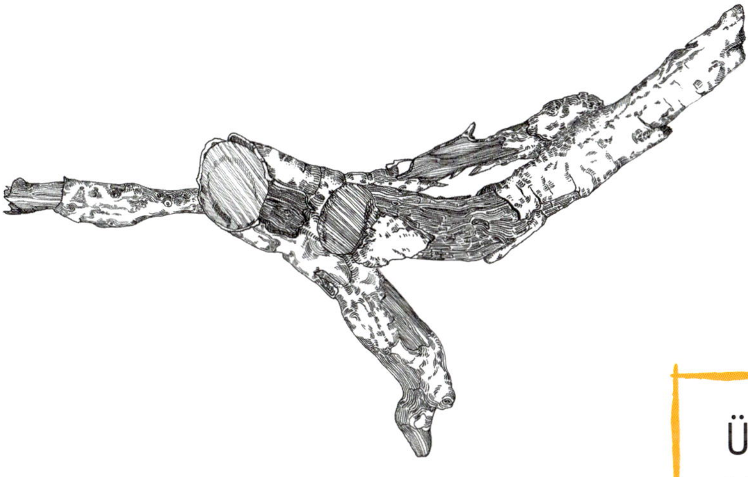

Mit Feder und Tusche habe ich diesen Ast der Form folgend nachempfunden.

Übungsziel

- vor dem Objekt zeichnen
- Studien anfertigen

Formate festlegen

Manches Format lege ich im Skizzenbuch oder mit der Kamera gleich bewusst fest. Häufig geschieht es jedoch eher zufällig und selbst Bilder entstehen oft in rechteckiger, sprich in Zeichenblockform, ohne dass man darüber nachdenkt.

Übung 93

Bildformat wählen

Überlegen Sie, was Sie mit dem Motiv ausdrücken möchten. Dann befragen Sie die Fotos nach dem Blickpunkt sowie nach gefüllten und leeren Flächen. Jetzt können Sie feststellen, wie Sie das Bildformat wählen müssen, um die Bildaussage zu steigern.

HOCHFORMAT
Filigran sitzt die Blüte auf den dünnen Stängeln.

QUADRAT
Ein quadratischer Rahmen lenkt den Blick ganz auf die dominante Blüte.

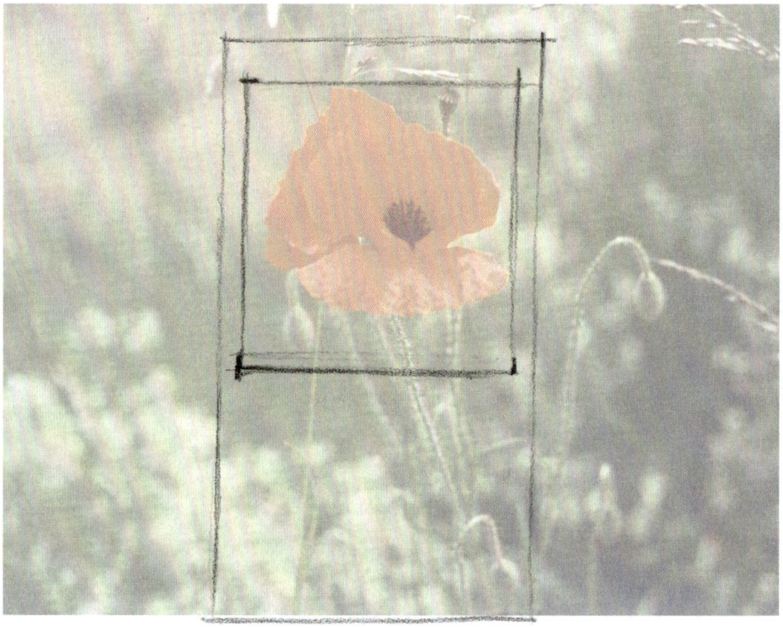

Übungsziel

- optimale Bildausschnitte finden
- Bilder befragen

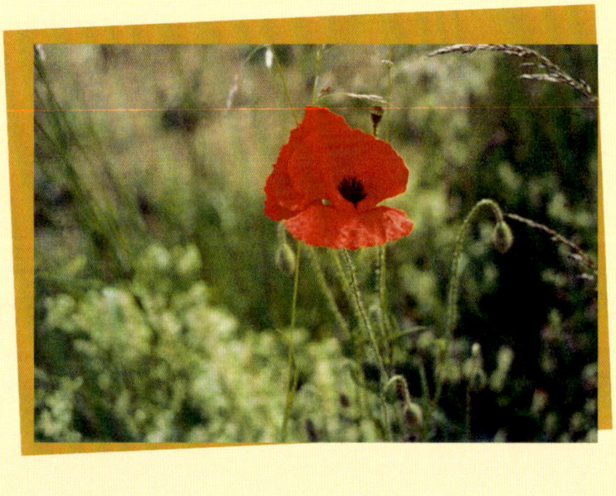

Diese Mohnblume liegt weder im Goldenen Schnitt, noch stimmt das Verhältnis von leerer zu gefüllter Fläche.

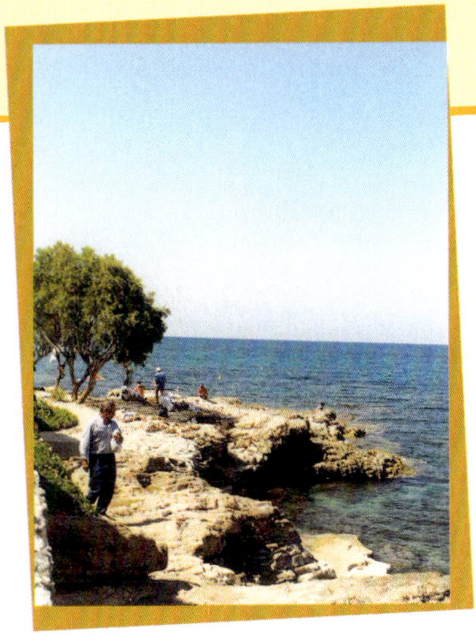

Das Missverhältnis von Himmel zu Wasser und Meer ist augenfällig.

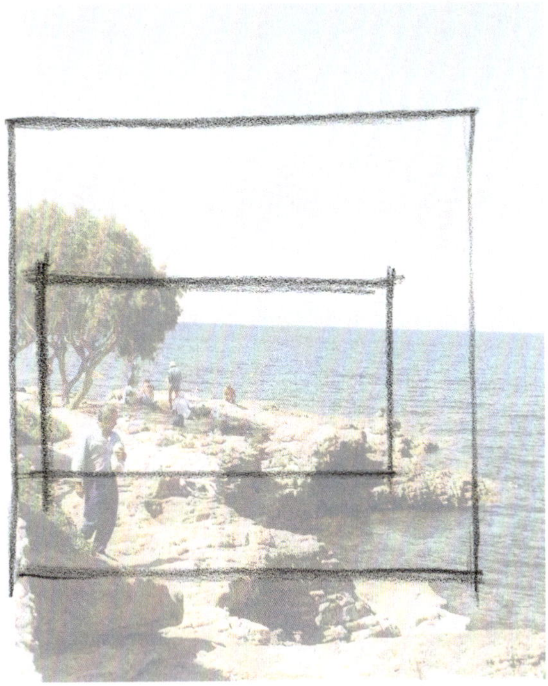

QUADRAT

Ein Quadrat lässt das Verhältnis von Himmel und Felsen harmonisch erscheinen.

QUERFORMAT

Bei diesem Bildausschnitt wird der Vordergrund betont.

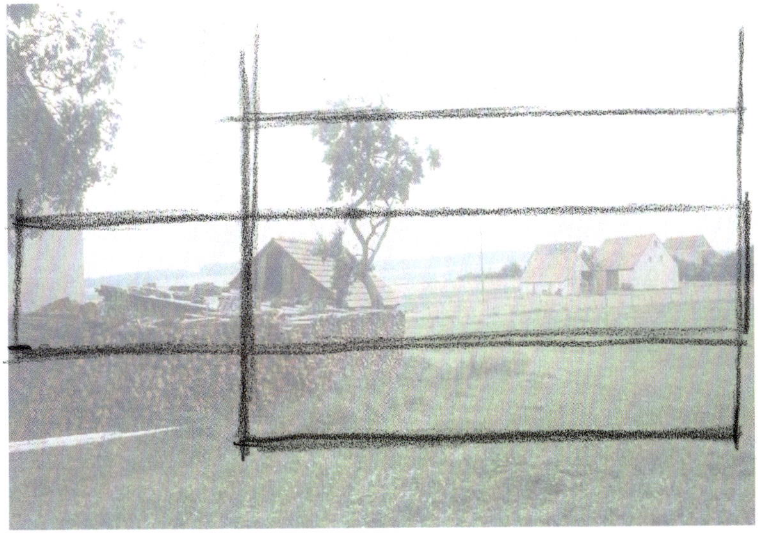

RECHTECKIGES FORMAT

Wird die Hütte im Vordergrund angeschnitten, so leitet sie den Blick auf den kleinen Weiler.

EXTREMES QUERFORMAT

Ein interessanter Landschaftsstreifen mit Tiefenwirkung entsteht.

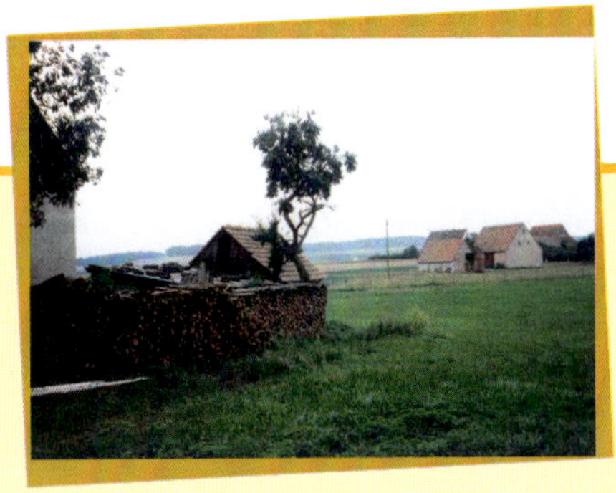

Diese Landschaft zerfällt in zwei Blickpunkte. Das Auge ist irritiert. Dadurch ergeben sich zahlreiche Möglichkeiten.

Übung 94

Unterschiedliche Bildausschnitte

Von vielen Motiven sammle ich Fotos aus unterschiedlicher Entfernung.
Das eröffnet eine große Vielzahl an Bildideen, die oft ganz unterschiedlich sind.

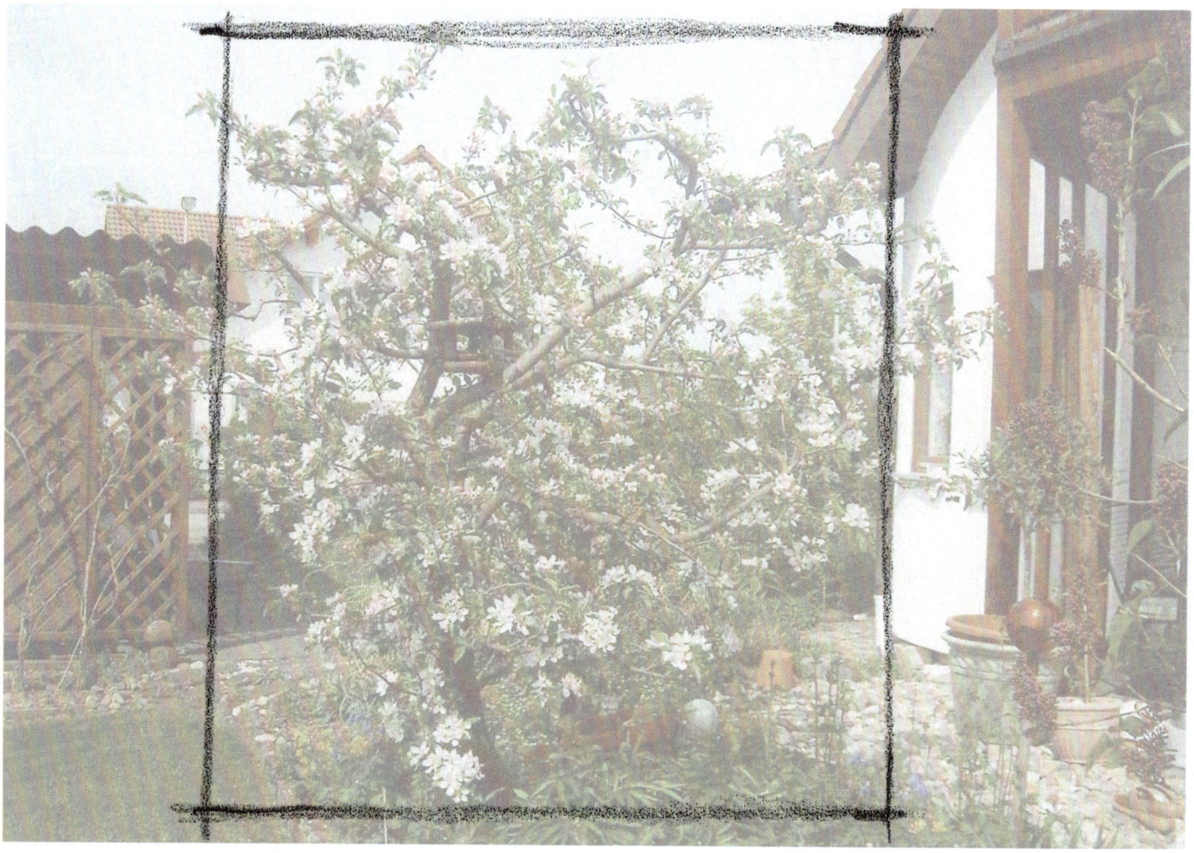

Übungsziel

- Bildidee entwickeln
- Fotovorlagen sammeln

Hier lenken zu viele Gebäude vom Bildthema „Blühender Baum“ ab. Daher wähle ich einen fast quadratischen Ausschnitt.

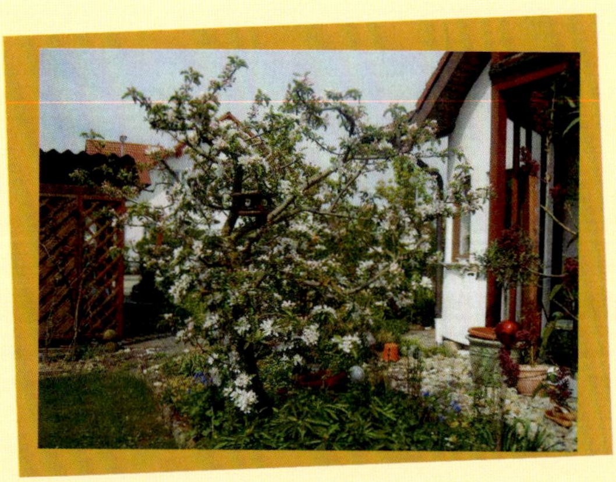

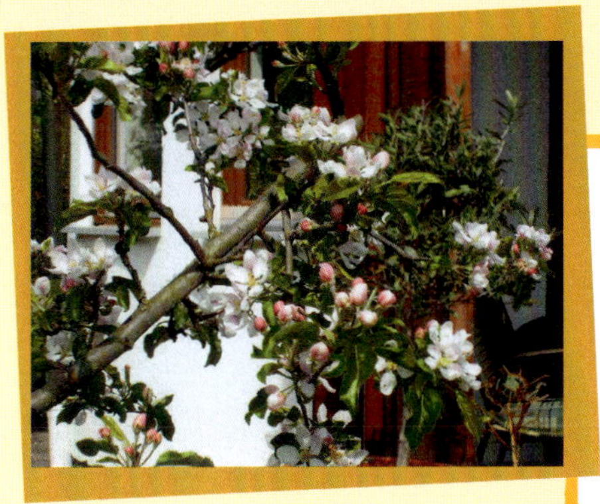

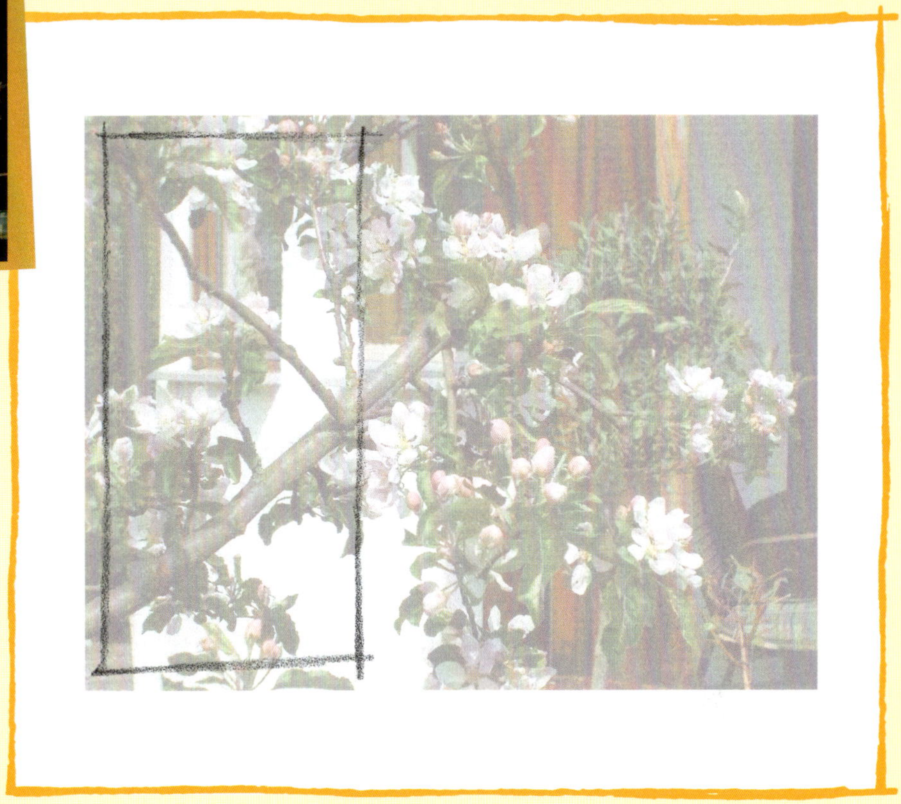

Durch das Hindurchschauen durch die Zweige wird das Fenster im Hintergrund zur Bildidee.

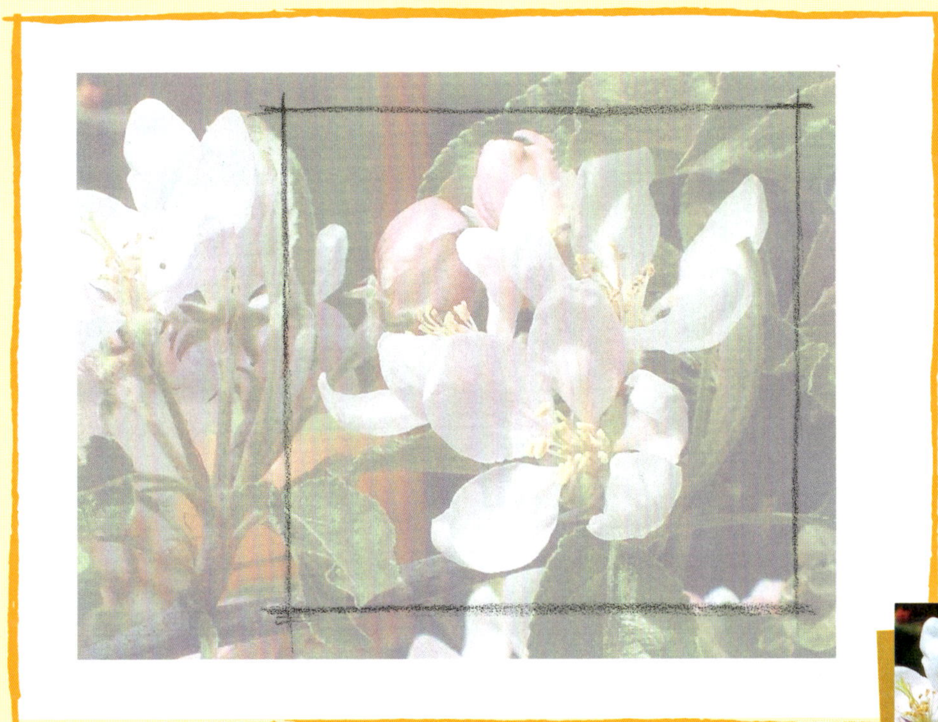

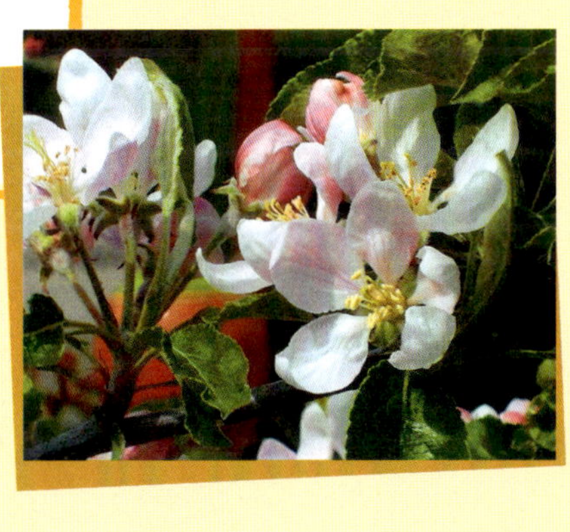

Es genügt der rechte Bildteil, um das Thema „Apfelblüten“ in Szene zu setzen.

Übung 95

Ausschnitt bestimmen

Damit Sie nicht immer wieder aus Gewohnheit das gleiche Format wählen, beginnen Sie damit, verschiedene Formate vom Quadrat bis zum extremen Format festzulegen. Suchen Sie dann dafür passende Bildausschnitte.

Dieses Motiv birgt – wie viele andere – Möglichkeiten für verschiedene Formate.

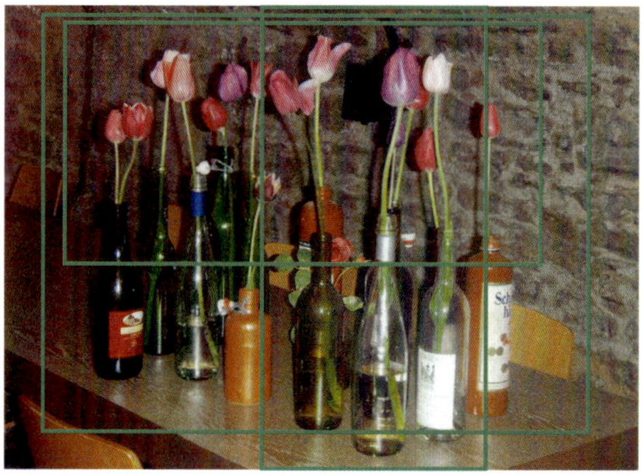

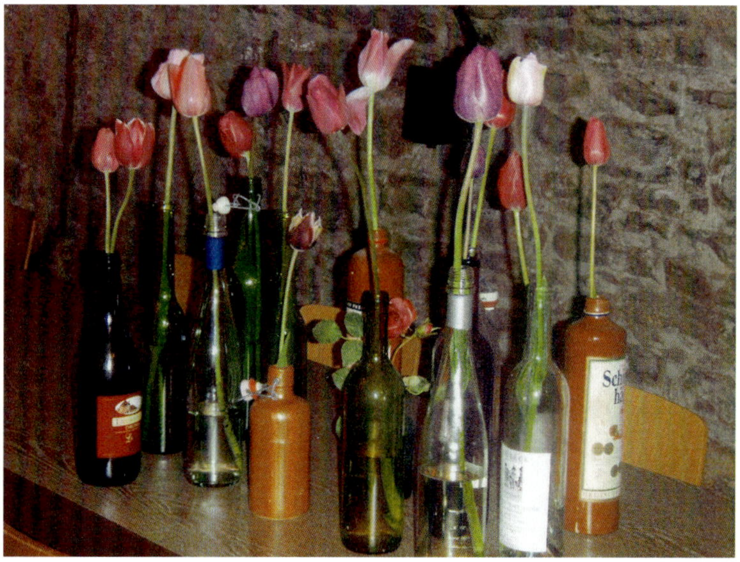

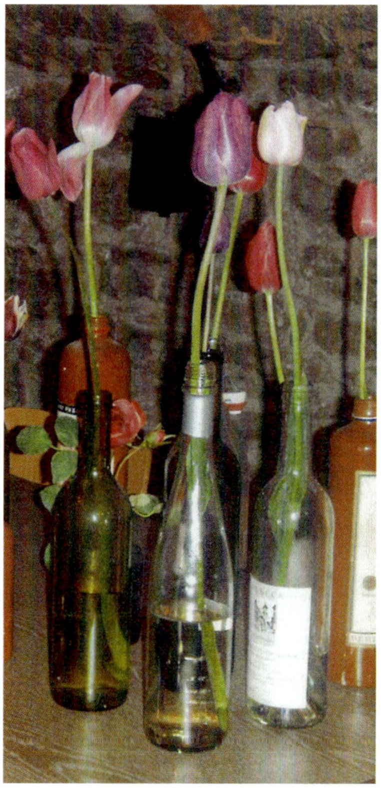

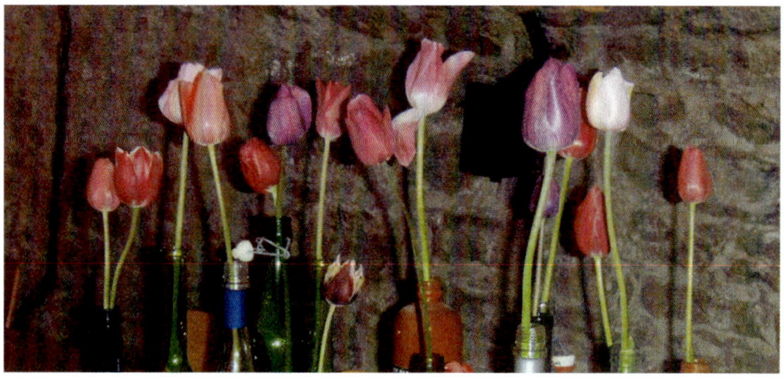

Übungsziel

- verschiedene Formate festlegen
- passenden Ausschnitt finden

Übung 96

Mit Stichworten beschreiben

Wählen Sie eine Vorlage, in die Sie verschiedene Formate einzeichnen. Überlegen Sie sich dann eine stichwortartige Beschreibung der gefundenen Bilder.
Auch vor komplizierten Motiven brauchen Sie sich nicht zu fürchten. Ganz wichtig: Verfallen Sie nicht ins Nachzeichnen von Konturen! Beginnen Sie immer vorne und zeichnen Sie wie gewohnt die gut sichtbaren Linien im zweiten Schritt nach.

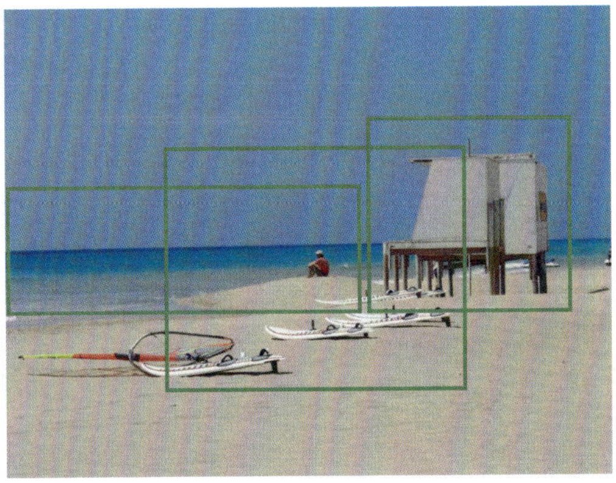

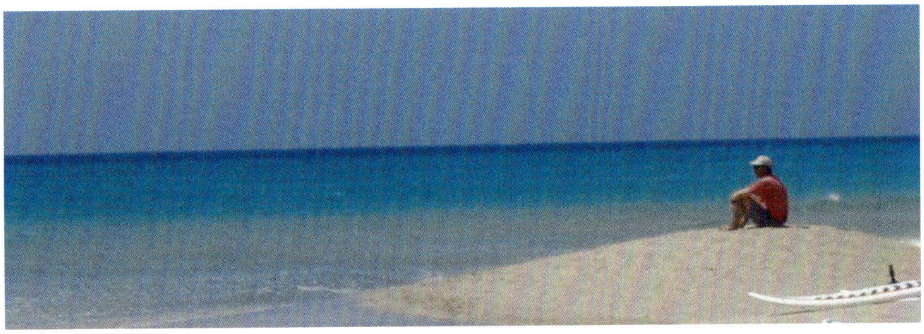

endlos – weit – einsam – dreiteilig usw.

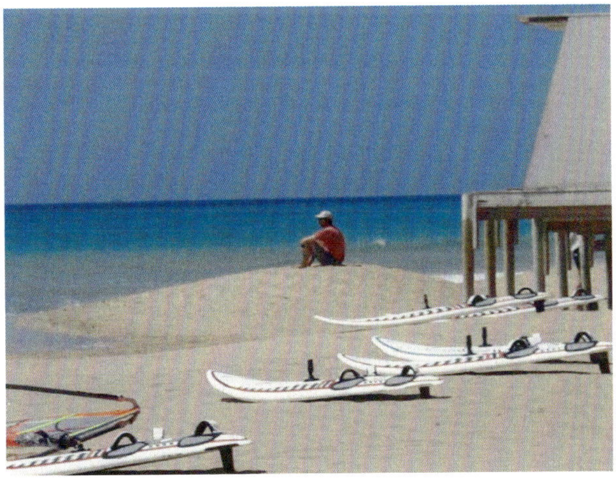

mehrteilig – belebt – nah

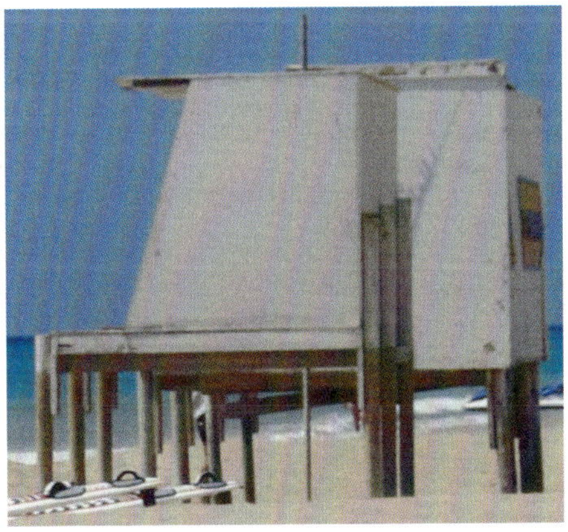

geschlossen – waagerecht – senkrecht

Übungsziel

- verschiedene Formate festlegen
- Beschreibung ausdenken

Motive erfinden

Hier finden Sie die Ansätze, die Ihre Sicht auf ein Bildmotiv grundlegend verändern werden. Denn von Übung zu Übung wird klarer, dass sowohl ein gegenständliches wie auch ein abstraktes Motiv gestalterischen Regeln folgt.

Übung 97

Unterschiedlich kombinieren

Bereiten Sie vier Transparente vor, die Sie immer wieder neu kombinieren. Auf einem leeren Transparent halten Sie dann die Bildidee fest und führen sie mit einem geeigneten Zeichengerät aus. Beschreiben Sie das entstandene Bild mit Begriffen wie weit, ruhig usw. Sie merken, gegenständliche und ungegenständliche Motive beschreibt man ähnlich.

Transparent 1

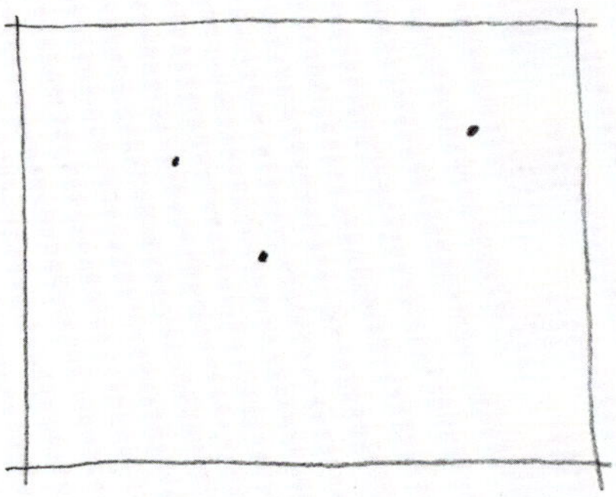

Transparent 2

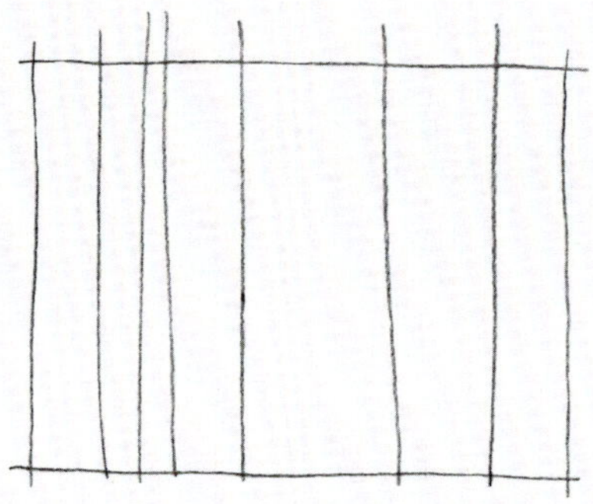

Transparent 3

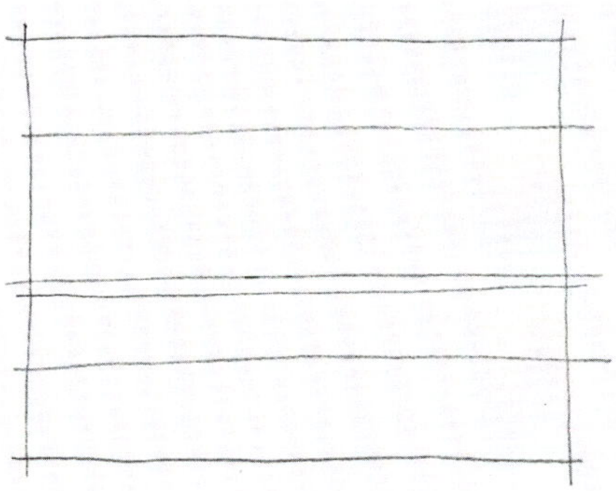

Transparent 4

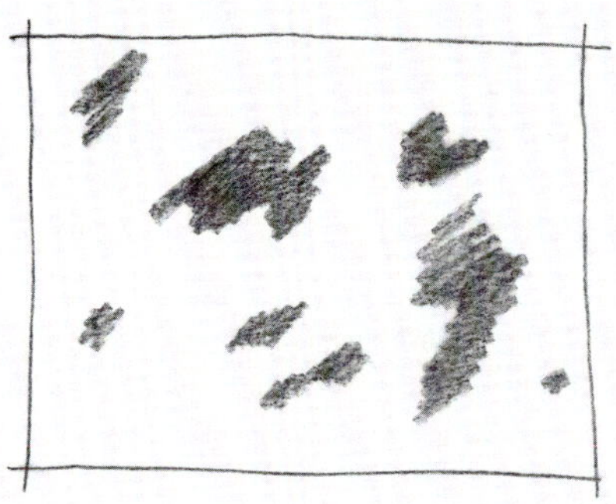

Übungsziel

- mit Punkt, Linie und Fläche komponieren
- unterschiedliches Zeichengerät verwenden
- Lust auf eine Variante wecken

gegenständlich

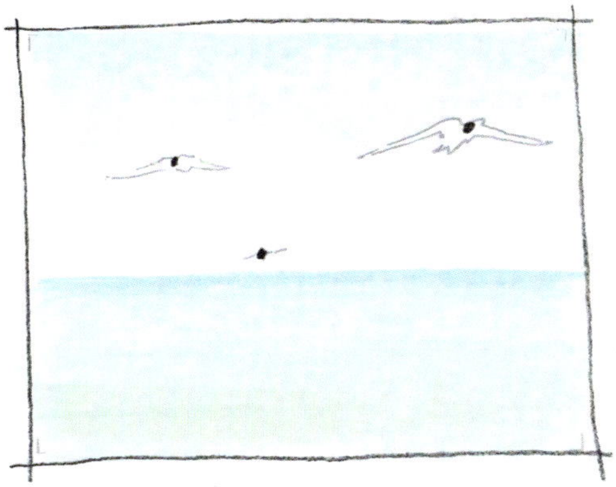

Transparent 1 + Transparent 3 (Pastellkreide, Faserschreiber)
ruhig – weit

ungegenständlich

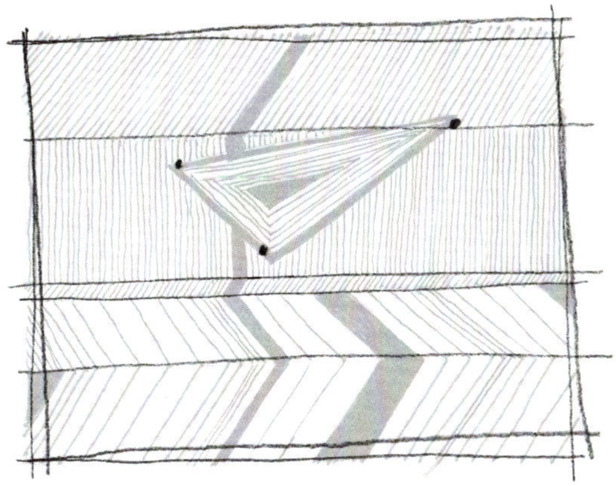

Transparent 1 + Transparent 3 (Feder)
uneben – pulsierend – zeichenhaft

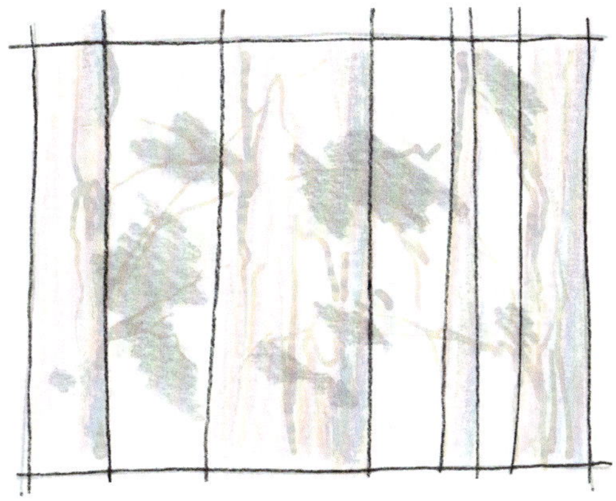

Transparent 2 + Transparent 4 (Ölpastellkreide, Feder)
ruhig – steif

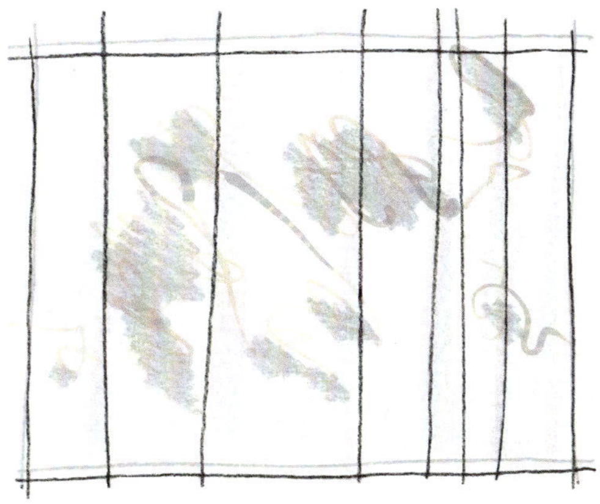

Transparent 2 + Transparent 4 (Bleistift, Farbstift)
bewegt – aufsteigend

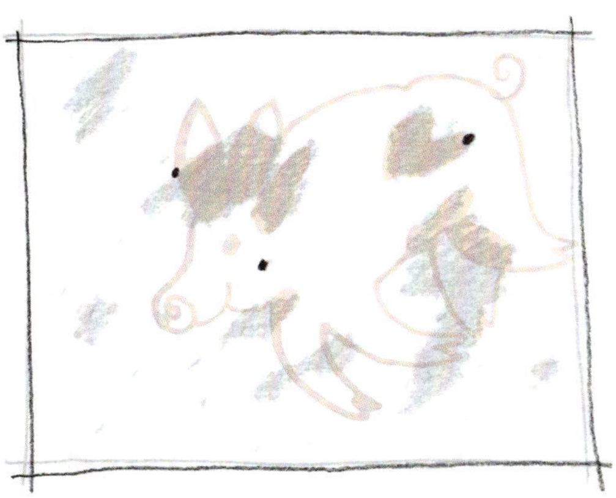

Transparent 1 + Transparent 4 (Bleistift, Feder, Pinsel)
fallend – bewegt – fleckig

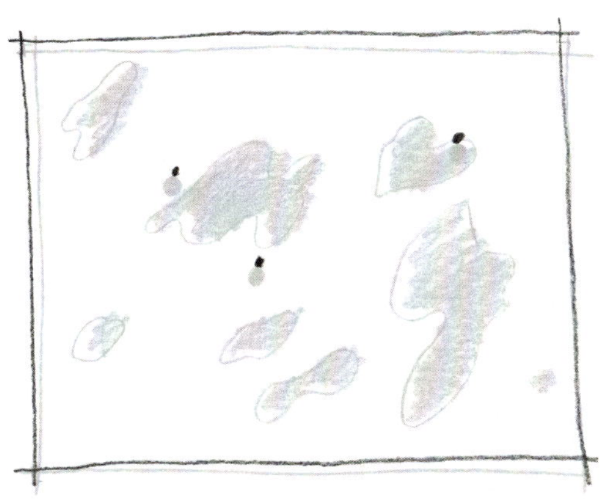

Transparent 1 + Transparent 4 (Faserschreiber)
einzeln – raumfüllend

Motive verändern

Oft wird ein scheinbar „so schönes" Motiv kritiklos kopiert, ohne dass man es vorher genauer betrachtet hat. Viele gegenständliche Motive, beispielsweise Fotos, könnten jedoch durch Weglassen, Hinzufügen, Verkleinern oder Vergrößern einzelner Bildteile in ihrer Bildaussage noch gesteigert werden.

Übung 98

Bildaussage beschreiben

Stellen Sie an Ihr Motiv Fragen: Was möchte ich zeichnen, warum, wann, wie? Befragen Sie das Motiv nach Größe, Ausschnitt sowie Format und legen Sie Ihre Technik fest. Wollen Sie Ruhe, Bewegung, Weite, Nähe usw. ausdrücken? Mit diesen Fragen kommen Sie zu Ihrer Bildaussage, die Sie als Titel unter Ihre Skizze schreiben können. Die Skizze auf Transparentpapier ändern Sie Ihren Wünschen entsprechend ab. Zur Verdeutlichung habe ich das gleiche Motiv unterschiedlich interpretiert.

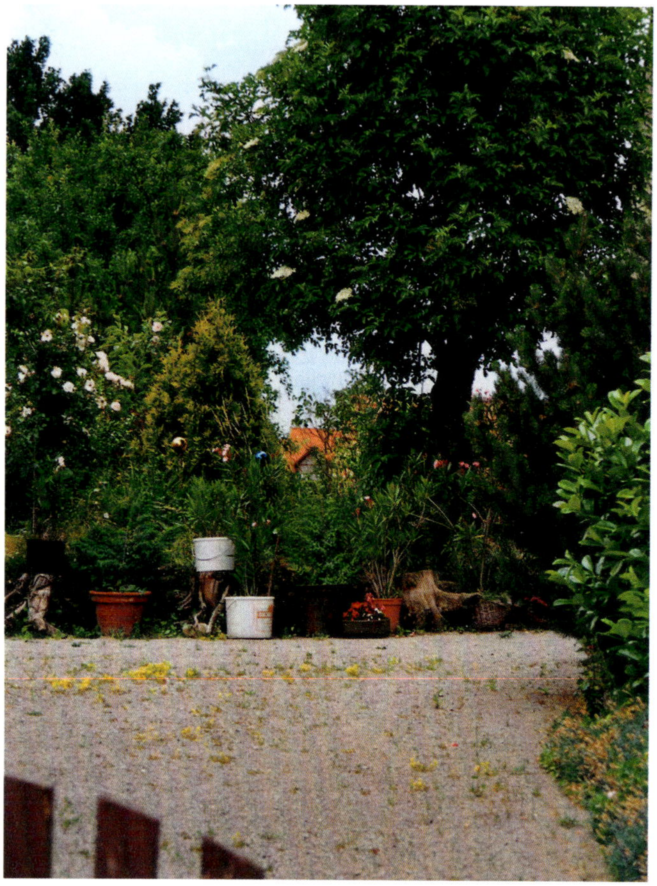

Übungsziel

- Bildtitel formulieren
- Wichtiges von Unwichtigem trennen

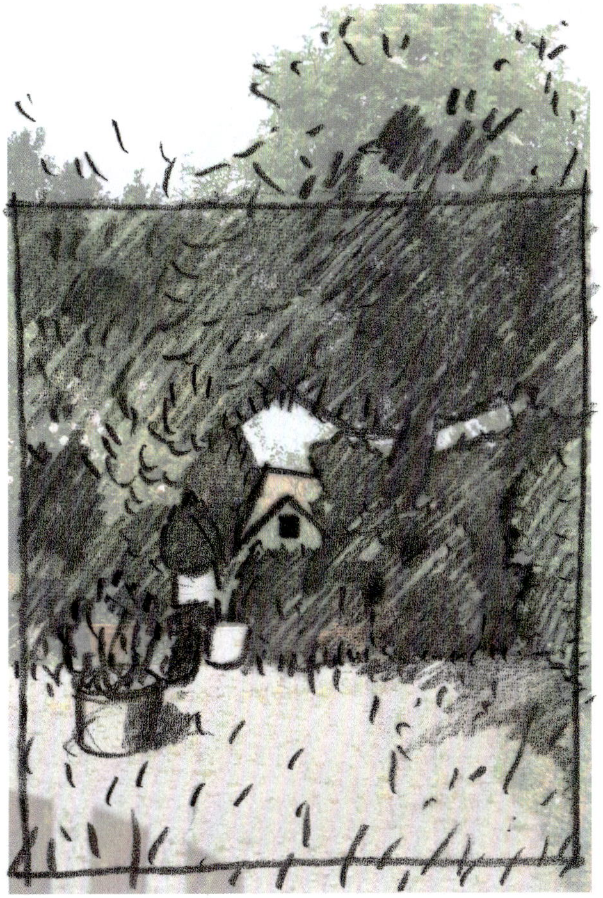

DURCHBLICK

Der Durchblick durch verschiedene Strukturen zum roten Hausgiebel wird zum Bildthema. Durch Weglassen des Himmels und der Begrünung des Hofs wird der Blickpunkt gesteigert. Die Töpfe leiten in das Bild hinein.

TOPFPFLANZEN IM HOF

Ein weiteres wichtiges Bildelement sind die Blumentöpfe im Hof. Um sie zu präsentieren, habe ich ein Querformat gewählt und sie teilweise versetzt bzw. vergrößert. Ein Durchblick ist nun für mein Motiv nicht mehr nötig.

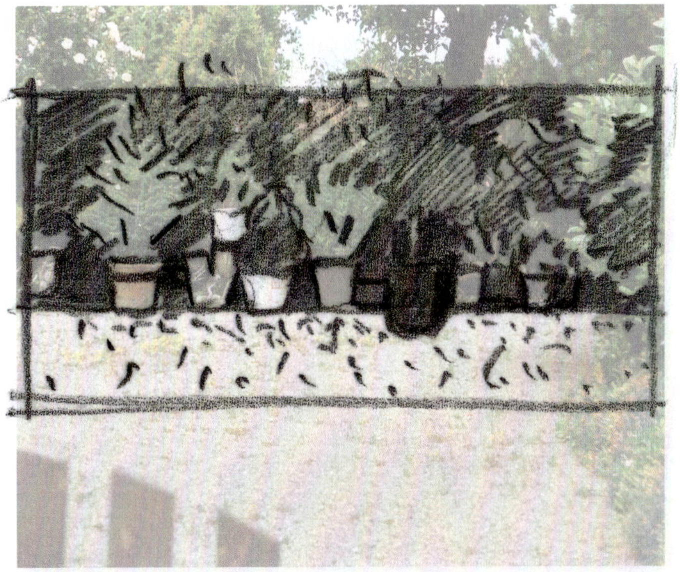

Motive abstrahieren

Sicher haben Sie inzwischen gemerkt, dass meine Bilder keine eindeutigen Rezepte dafür liefern, wie ein Motiv umzusetzen ist. Das Abstrahieren einer Bildidee ist für jeden Menschen ein individueller kreativer Vorgang.

Bereits das Suchen eines Bildausschnitts kann ein Schritt in Richtung einer abstrakten Bildwirkung sein.

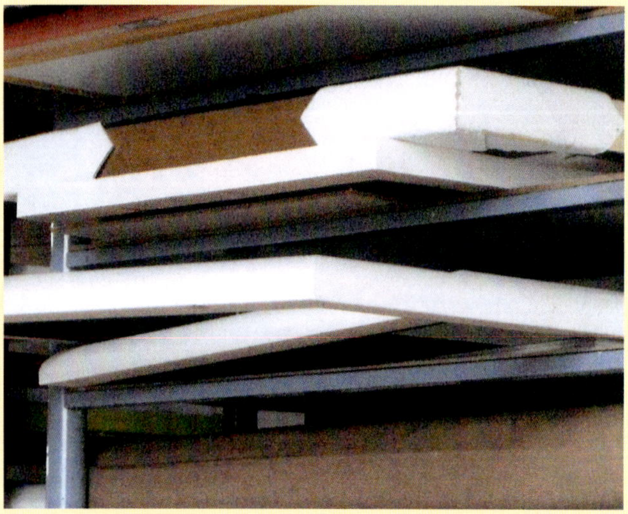

Übung 99

Abstrahieren im Kopf

Das Suchen von Bildausschnitten, das Vergrößern und Verkleinern sowie all die anderen Möglichkeiten, Bilder zu verändern, setzt Abstrahieren im Kopf voraus.

Eine rote Form taucht auf: schwarz-roter Farbkontrast

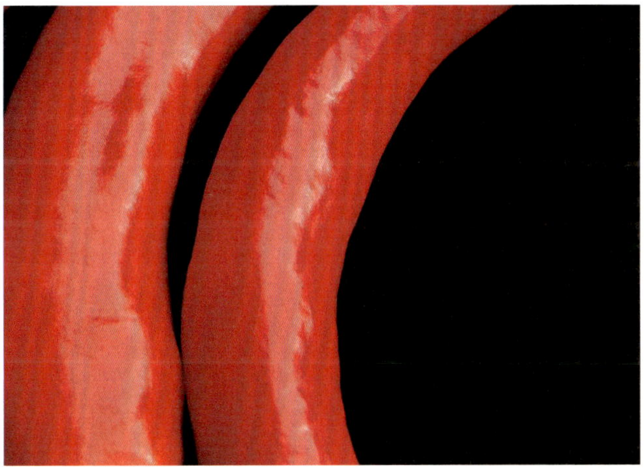

Rote Bogen erobern den Raum.

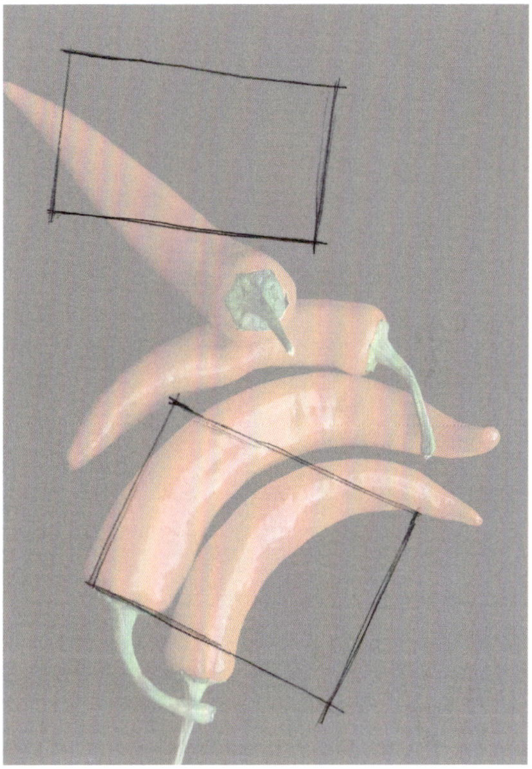

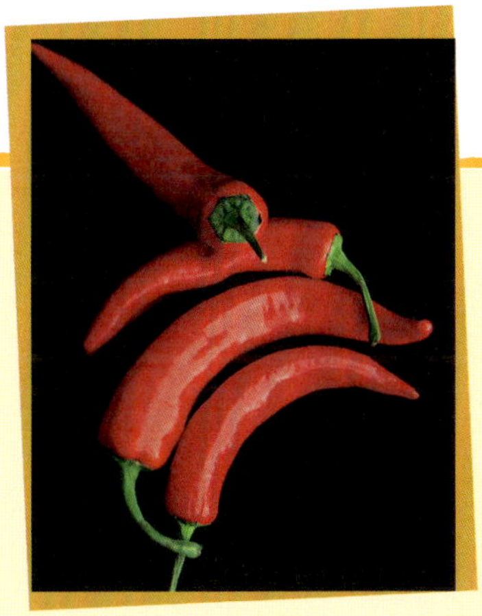

Übungsziel

- Bildausschnitte finden, die das Motiv nicht mehr erkennen lassen
- neue Bildaussage formulieren

Übung 100

Beschreiben Sie das Gesehene möglichst allgemein, also:
Fenster – dunkles Rechteck
Kabel – dünne Linie.

Das Wesentliche erfassen

Durch Feststellen der Gestaltungsmerkmale, Erforschen der Bildeinteilung und einer genauen Beschreibung werden Sie zu ganz eigenen Abstraktionen kommen, die das Wesentliche eines Motivs ausdrücken.

BESCHREIBUNG

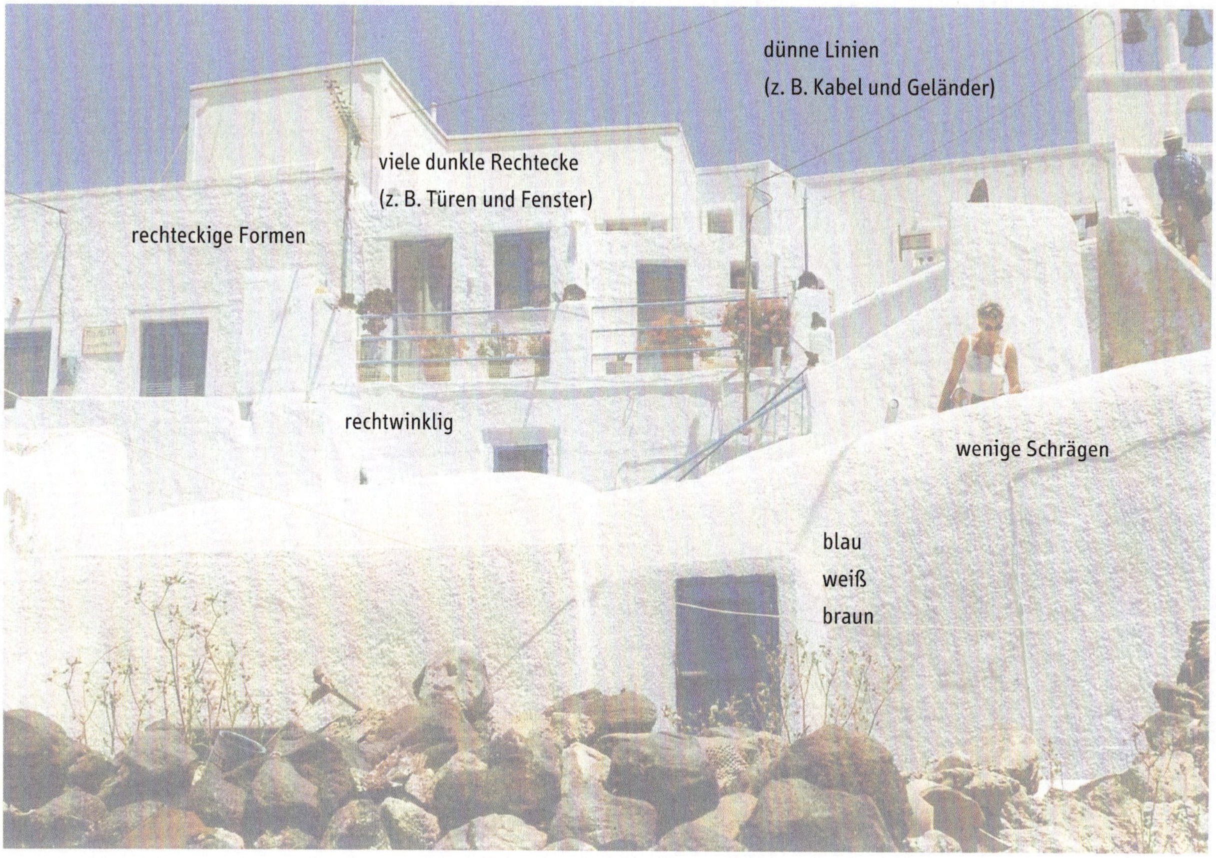

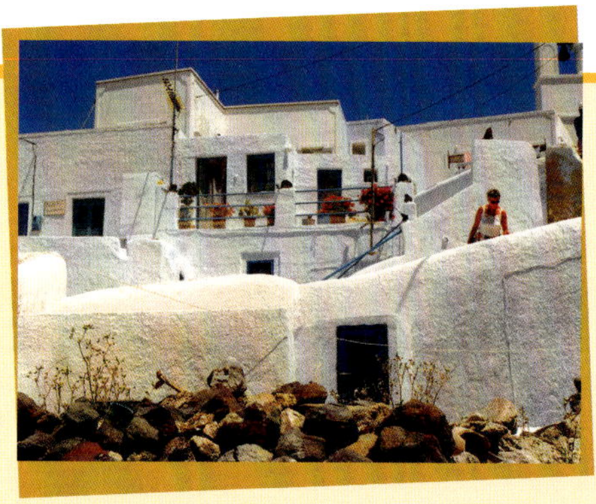

Übungsziel

- Kontraste erkennen
- Bildaussage steigern

BILDAUSSAGE

Kontrast zwischen rechtwinklig und schräg aufsteigend

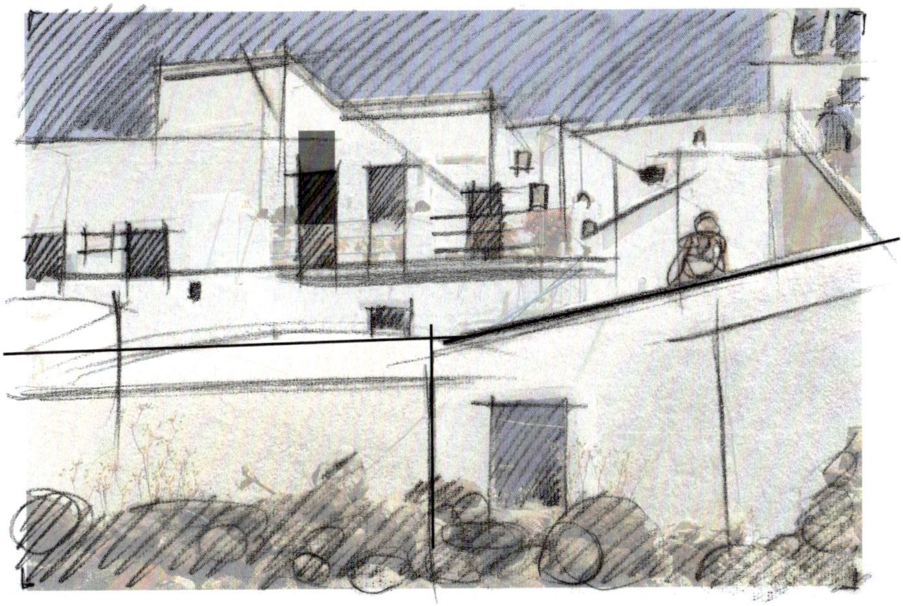

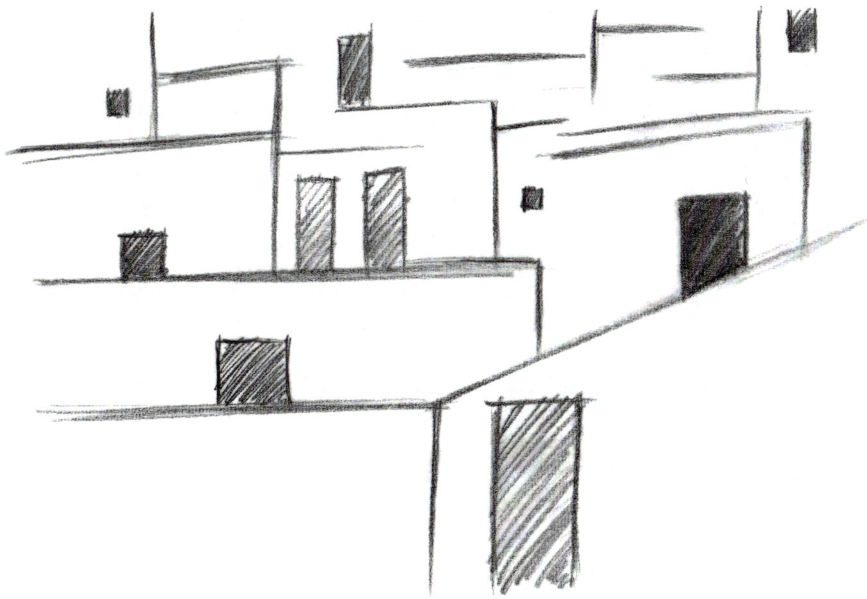

Bei der Abstraktion habe ich auf den Himmel verzichtet. Um die Bildaussage eindeutiger zu formulieren, habe ich außerdem die schräg aufsteigende Linie verändert. Da die schrägen Häuserfluchten nur abgelenkt hätten, habe ich sie einfach weggelassen.

Buchempfehlungen für Sie

Noch mehr kreative Bücher zum gleichen Thema gesucht?

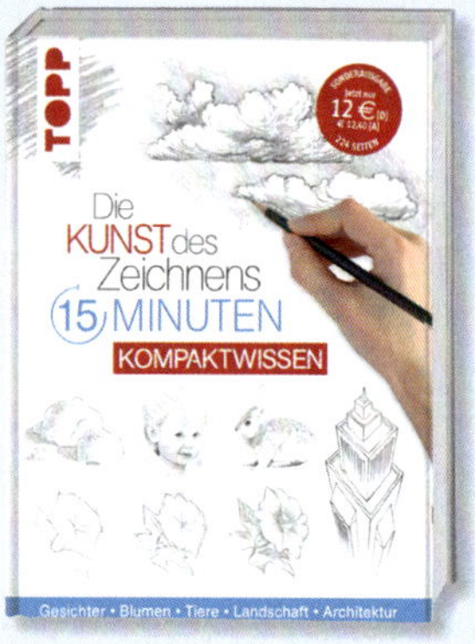

ISBN 978-3-7724-8278-6

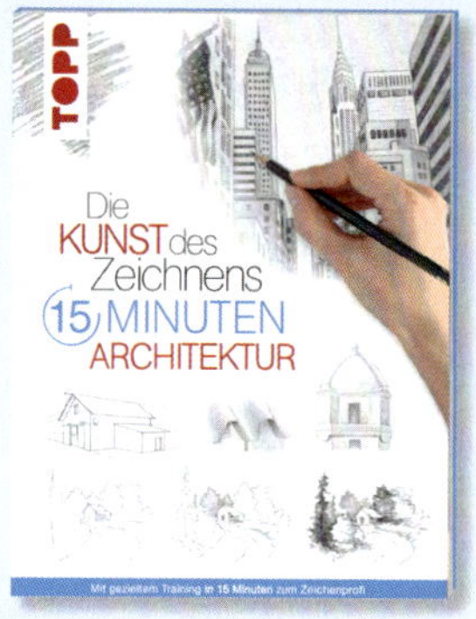

ISBN 978-3-7724-8272-4

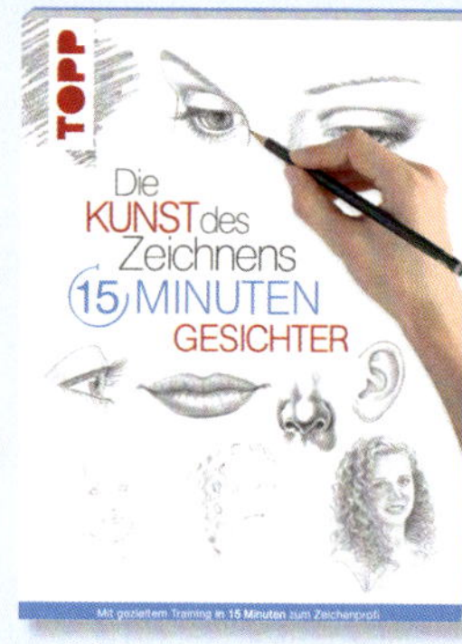

ISBN 978-3-7724-8270-0

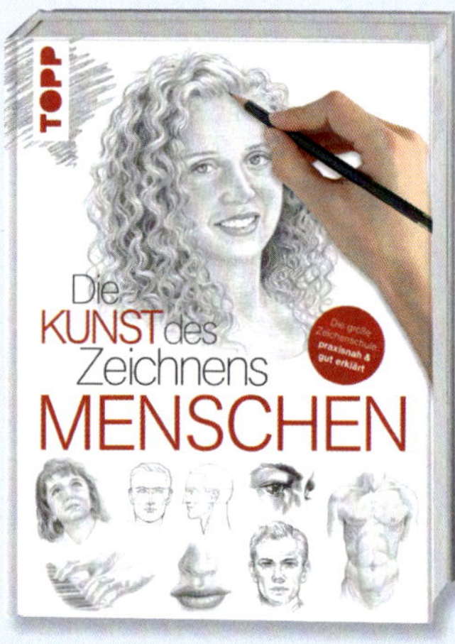

ISBN 978-3-7724-8251-9

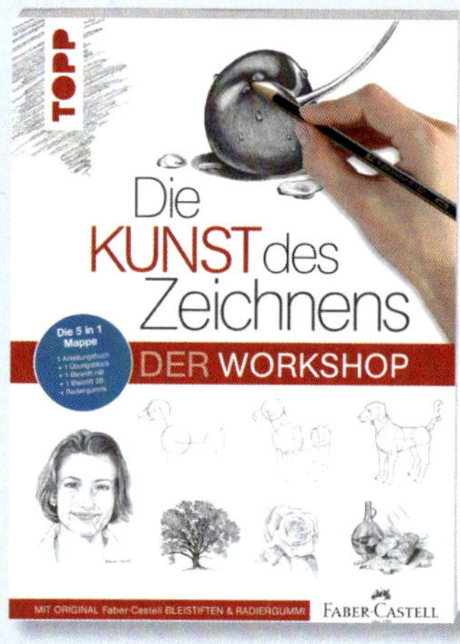

ISBN 978-3-7724-8259-5

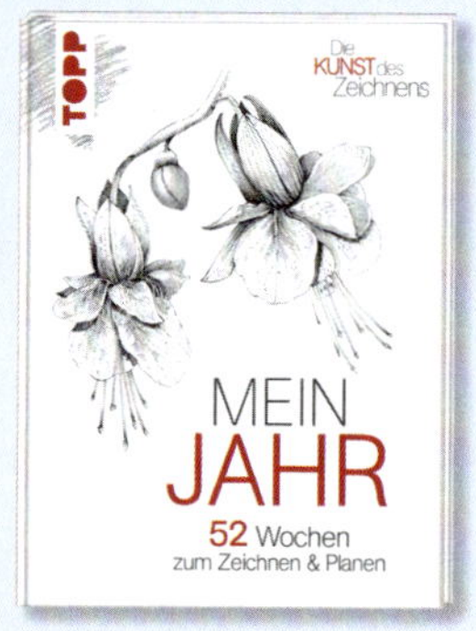

ISBN 978-3-7724-8279-3

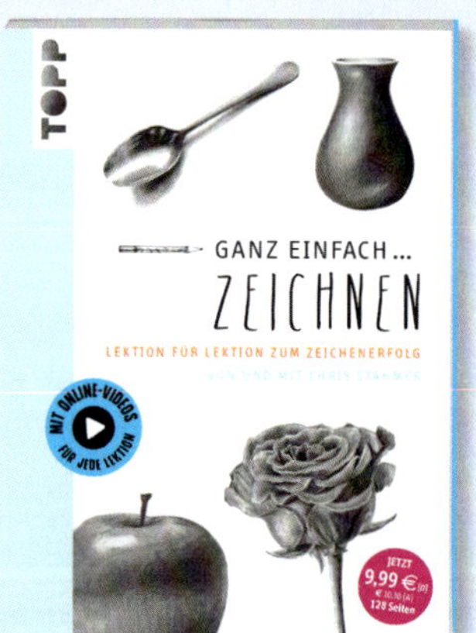

ISBN 978-3-7724-8352-3

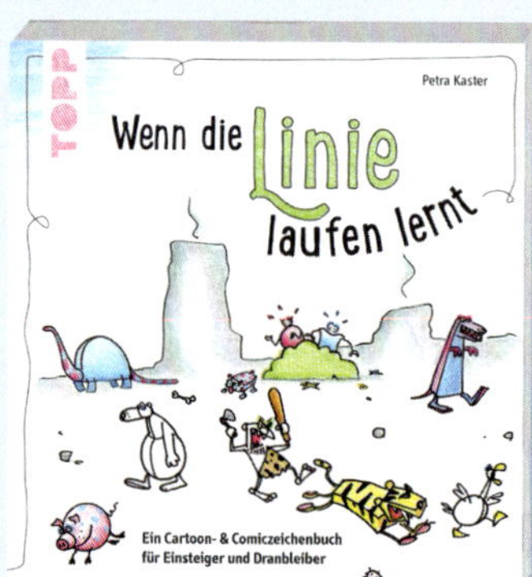

ISBN 978-3-7724-6294-8

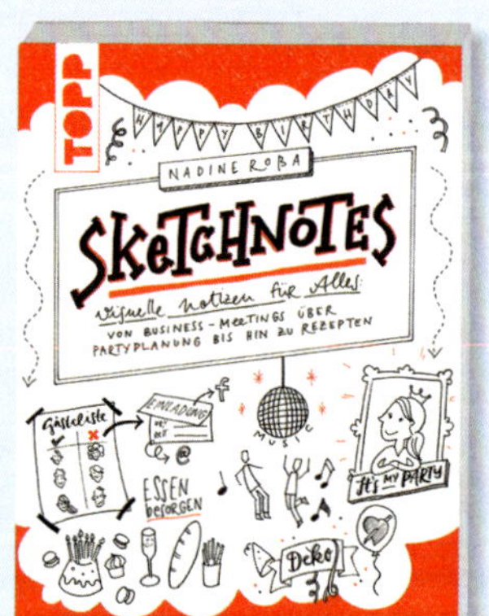

ISBN 978-3-7724-8240-3

Noch mehr Kreativ-Bücher finden Sie auf www.TOPP-kreativ.de

#TOPPprojekt

Zeige allen, wie kreativ du bist. Teile dein TOPPprojekt mit anderen Kreativen und werde Teil der Gemeinschaft.

Du bist DIY-begeistert und auf Instagram? Mach mit! Hier siehst du, was andere machen, bekommst Tipps und Feedback zu deinen Projekten und wir verlosen jeden Monat ein Überraschungspaket. Um am Gewinnspiel teilzunehmen, poste ein Bild von deinem Kreativ-Projekt aus unseren Büchern mit #TOPPprojekt und folge unserem Account @frechverlag. Mehr Infos findest du auf TOPP-kreativ.de/TOPPprojekt

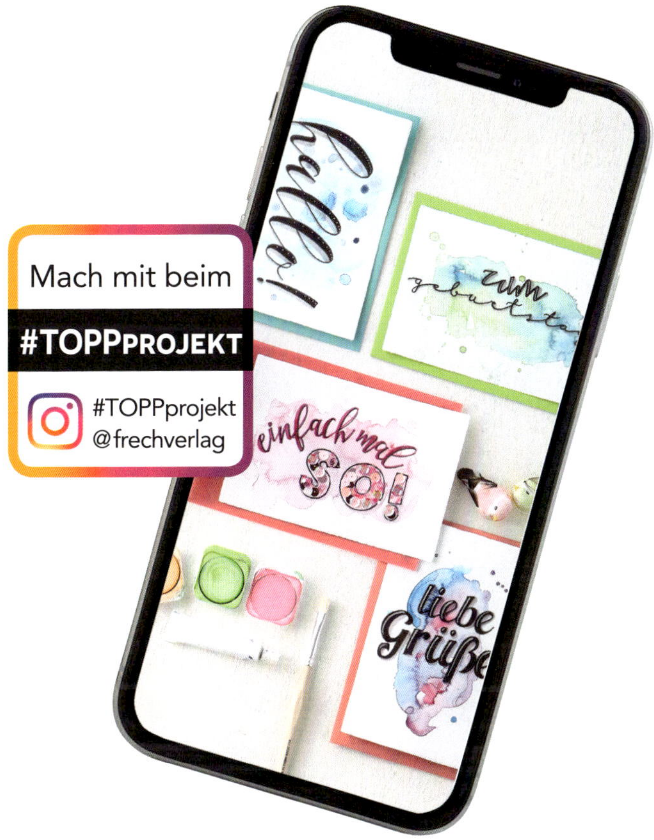

Webseite

Auf TOPP-kreativ.de findest du unser riesiges Angebot von über 1.000 Kreativbüchern, Sets & mehr.

Newsletter

Hier erfährst du als Erstes von unseren Neuheiten und Sonderaktionen: TOPP-kreativ.de/newsletter

Instagram

@frechverlag

Pinterest

pinterest.com/frechverlag

Facebook

facebook.com/frechverlag

DigiBib

Hier erhältst du zusätzlich zu einigen unserer Bücher digitale Extras, wie Video-Tutorials, Plotter-Dateien, Vorlagen, Übungsblätter & vieles mehr.

Schau im Impressum deines TOPP-Buchs nach, ob dort ein Code vorhanden ist und schalte dir deine Inhalte frei: TOPP-kreativ.de/digibib

Youtube

youtube.com/frechverlag

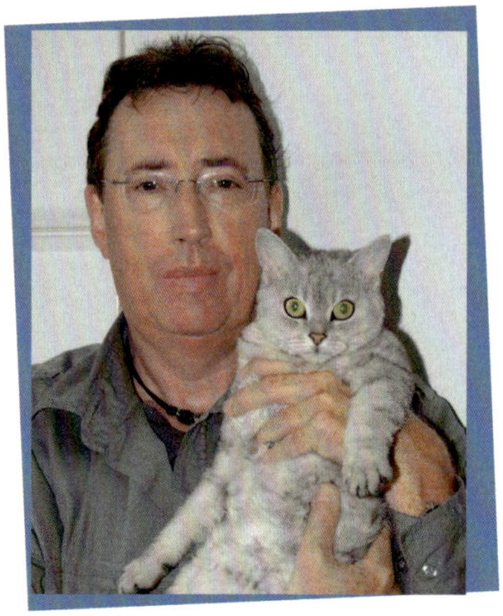

Dieter Schlautmann, geboren 1957 in Köln, gründete nach dem Studium die Kölner Malschule. Sein Arbeitsschwerpunkt ist die künstlerische Didaktik und ihre Methodik. Die aus der täglichen Praxis resultierende, vielseitige Erfahrung ist bei der künstlerischen und pädagogischen Gestaltung der Lernprogramme eine sehr wertvolle Hilfe. Im Mittelpunkt steht die Entwicklung einer individuellen Bildsprache. Sie führt zunächst über die Vermittlung von Basiswissen zur besseren Wahrnehmung und Schulung der Motorik.
Die verbesserten Darstellungstechniken ermöglichen dann in der Folge die Entfaltung der künstlerischen Begabung jedes Einzelnen. Seit über 20 Jahren unterrichten mehr als 30 Dozenten an vier Standorten (Köln, Mannheim, Bergisch-Gladbach und Kerpen) erfolgreich dieses tausendfach erprobte System (www.koelner-malschule.de).

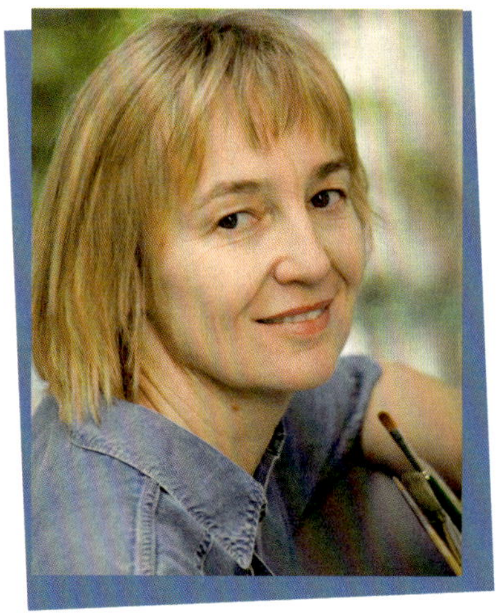

Monika Reiter, Diplom-Designerin, studierte an der Fachhochschule für Gestaltung in Schwäbisch Gmünd. Als Produktdesignerin war sie anschließend für verschiedene Firmen in freier Mitarbeit tätig. Seit über 20 Jahren arbeitet sie für unterschiedliche Institutionen der Erwachsenenbildung und vermittelt ihren Schülern alles Wissenswerte über die Aquarell- und Acrylmalerei sowie das Zeichnen.
Im frechverlag hat sie bereits zahlreiche Bücher zu Aquarell- und Acrylmalerei sowie zum Zeichnen veröffentlicht.
Aktuelle Kurstermine unter 07940/53186

Impressum

Fotos: frechverlag GmbH, 70499 Stuttgart; creativ collection Verlags GmbH (Seite 31, 36, 37, 38, 40, 125 unten, 126 rechts, 127, 155); Digitalstock (Seite 24, 27, 39, 59); Fotostudio Ullrich & Co., Renningen (Sewite 5, 12, 14, 28, 42, 50, 51, 52, 104, 105, 114, 115, 121); lichtpunkt, Michael Ruder, Stuttgart (Seite 6/7, 8/9, 10/11, 136, 140, 142); Monika Reiter (Seite 13, 32, 33, 46, 47, 57, 58, 66, 106, 107, 108, 109, 117, 118, 119, 120, 124, 126 links, 137, 139, 144, 145, 146, 147, 148, 149, 152, 154, 156); Dieter Schlautmann (restliche Seiten)
Zeichnungen: Monika Reiter (Kapitel 1, 3 und 4), Dieter Schlautmann, Viktoria Lundgrün, Nicolai Braun, Larissa Golik (Kapitel 2)
Produktmanagement: Hannelore Irmer-Romeo, Seline Gwinn
Redaktion und Lektorat: Petra-Marion Niethammer, Ludwigsburg
Layout: Sophia Höpfner
Gestaltung und Satz: Sabine Ufer, Leipzig
Druck: Neografia, Slowakei

2. Auflage 2020

ISBN 978-3-7724-8346-2 • Best.-Nr. 8346

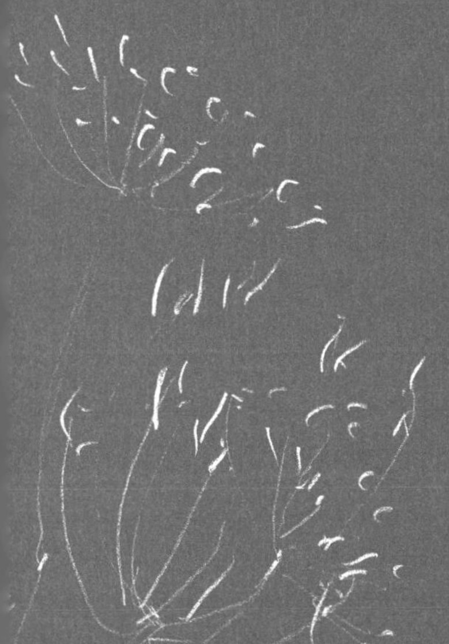